MIX
Papier aus verantwortungsvollen Quellen
Paper from responsible sources
FSC® C105338

Haftungsausschluss:
Die Ratschläge im Buch sind sorgfältig erwogen und geprüft. Alle Angaben in diesem Buch erfolgen ohne jegliche Gewährleistung oder Garantie seitens des Autors und des Verlags. Die Umsetzung erfolgt ausdrücklich auf eigenes Risiko. Eine Haftung des Autors bzw. des Verlags und seiner Beauftragten für Personen-, Sach- und Vermögensschäden oder sonstige Schäden, die durch die Nutzung oder Nichtnutzung der Informationen bzw. durch die Nutzung fehlerhafter und/oder unvollständiger Informationen verursacht wurden, ist ausgeschlossen. Verlag und Autor übernehmen keine Haftung für die Aktualität, Richtigkeit und Vollständigkeit der Inhalte und ebenso nicht für Druckfehler. Es kann keine juristische Verantwortung und keine Haftung in irgendeiner Form für fehlerhafte Angaben und daraus entstehende Folgen vom Verlag bzw. Autor übernommen werden.

Sollte diese Publikation Links auf Webseiten Dritter enthalten, so übernehmen wir für deren Inhalte keine Haftung, da wir uns diese nicht zu eigen machen, sondern lediglich auf deren Stand zum Zeitpunkt der Erstveröffentlichung verweisen.

Bibliografische Informationen der Deutschen Nationalbibliothek
Die Deutsche Nationalbibliothek verzeichnet diese Publikation in der Deutschen Nationalbibliografie; detaillierte bibliografische Daten sind im Internet über http://dnb.dnb.de abrufbar.

1. Auflage 2024
© 2024 by Remote Verlag, ein Imprint der Remote Life LLC, Fort Lauderdale, Fl., USA
Alle Rechte vorbehalten. Vervielfältigung, auch auszugsweise, nur mit schriftlicher Genehmigung des Verlages.

Projektmanagement: Tatjana Helmke
Lektorat und Korrektorat: Antje Nevermann, Fabian Galla
Umschlaggestaltung: Zarka Bandeira
Satz und Layout: Zarka Bandeira
Illustrationen und Grafiken: Verena Klöpper
Abbildungen im Innenteil: © Dr. Anabel Ternès
Abb. 5: „Was passiert im Körper beim Fasten", erstellt nach der gleichnamigen Infografik in: Donnersberg-Apotheke, 2024
Abb. 6: s. Grafik „Fastenmethoden", Tschech 2022

ISBN Print: 978-1-960004-35-2
ISBN E-Book: 978-1-960004-36-9
www.remote-verlag.de

DR. ANABEL TERNÈS

Der Genetische *Glücks*code

Mein Schlüssel zu Selbstliebe, Lebensfreude und jugendlicher Ausstrahlung

Die Autorin spricht mit seiner Ansprache jedes Geschlecht sowie Diverse Personen an. Das generische Maskulinum wurde ausschließlich für eine bessere Lesbarkeit des Sprachflusses gewählt.

Inhaltsverzeichnis

Vorwort und Danksagung — 15

Mein Geschenk für dich — 17

Über mich — 18

Die drei Kernaussagen dieses Buches — 21

1. Dein Leitfaden für den »Genetischen Glückscode« — 22

EMBRACE YOU(RSELF):
Das ist dein Weg zu jugendlicher
Gesundheit und Glück — 24

EMBRACE YOU:
Dafür steht jeder einzelne Buchstabe
des Glückscodes — 26

2. Yearning for growth: Die Sehnsucht nach Wachstum   29

Persönliches Wachstum durch Veränderungen,
Neugier und neue Perspektiven   42

Welche Einstellung ist notwendig, um
Veränderungen positiv zu begegnen?   45

Wie kannst du Neugier und Wissensdurst
im Alltag kultivieren?   45

Welche Vorteile hat es, regelmäßig
neue Erfahrungen zu suchen und zu machen?   46

Wie kannst du lernen, Dinge aus
verschiedenen Perspektiven zu betrachten?   47

Welche Techniken fördern deine
Bereitschaft, dich ständig weiterzuentwickeln?   47

Wie kannst du Herausforderungen als
Chancen für persönliches Wachstum sehen?   48

Zusammenfassung mit wichtigen
Tipps für dich   48

3. Reciprocal gratitude: Dankbarkeit, die zu dir zurückkommt   54

Was steckt hinter dem Begriff und der
Wirkung von Dankbarkeit?   65

Wie tägliche Dankbarkeit dein Leben
positiv verändern kann   68

Methoden für deine tägliche Dankbarkeitspraxis	68
Das Führen eines Dankbarkeitstagebuchs	70
Wunder wirken: Regelmäßige Dankbarkeit in Beziehungen	70
Dein tägliches »Danke« – vor allem in stressigen Zeiten	71
Kleine Gesten der Dankbarkeit im Alltag	72
Meine Dankbarkeits-Hacks für schwere Fälle	73

4. Enjoy every day: Genieße jeden Tag 76

Warum sparen sich viele ihr Leben auf, bis sie in Rente gehen?	84
Die Wissenschaft liefert uns wertvolle Erkenntnisse	89
Welche Strategien helfen dir, deinen Alltag bewusst und achtsam zu genießen?	92
Wie kannst du lernen, die kleinen Dinge im Leben wertzuschätzen?	93
Welche täglichen Rituale können dir mehr Freude und Zufriedenheit schenken?	94
Wie entwickelst du eine positive Einstellung, mit der du jeden Tag wertschätzt?	95

Welche Rolle spielt Dankbarkeit dabei,
die kleinen Momente des Lebens zu feiern?   96

Wie kannst du trotz Herausforderungen und Stress
deinen Fokus auf die positiven Aspekte
des Tages richten?   97

5. Always centered: Bleib immer zentriert   100

Wie du geerdet bleibst   111

Wie du dein inneres Gleichgewicht
findest und bewahrst   114

Wie kannst du dein Selbstbewusstsein durch
tägliche Reflexion und Meditation stärken?   116

Welche Rolle spielt körperliche
Bewegung bei der Aufrechterhaltung deiner
inneren Balance?   118

Wie kannst du dich in hektischen Zeiten auf dich
selbst besinnen und zentrieren?   120

Welche Übungen fördern
deine Selbstwahrnehmung und
dein Selbstbewusstsein?   121

Wie kannst du dich gegen äußere
Einflüsse schützen, um dein inneres
Gleichgewicht zu bewahren?   123

6. Mindful positivity: Deine perfekte Einstellung für ein langes Leben   127

Lachen kann so erlösend wirken   131

Finde dein inneres Kind wieder:
Ein psychologischer Ansatz   141

Übung für dich:
Die Reise zu deinem inneren Kind   145

Welche Techniken kannst du verwenden,
um eine positive Denkweise zu kultivieren?   148

Wie kannst du Humor im Alltag integrieren,
um Stress abzubauen und Freude zu fördern?   150

Wie kann dir Achtsamkeit helfen,
negative Gedankenmuster zu durchbrechen?   152

Welche Übungen unterstützen das Training
deines positiven Mindsets?   154

Wie beeinflusst eine positive Einstellung
deine Beziehungen zu anderen Menschen?   155

7. Optimize senses: Optimiere deine Sinne — 156

Mach es wie Dr. Walter — 159

Schärfe deine Sinne nach Vorbild indigener Völker — 163

Von Fühlrohren, Schüttel- und Riechdosen — 167

Schärfe deine Intuition und die Wahrnehmung subtiler Signale — 169

Entwickle mentale Stärke und Vorstellungskraft — 171

Wie dich Menschenkenntnis und empathisches Zuhören stärken und erfolgreicher machen — 174

8. Uplift Nutrition: Die Schlüsselrolle deiner Ernährung — 181

Tony und ein Leben mit Zukunft — 186

Was passiert im Körper beim Fasten? — 188

Tipps für dich, wenn du fasten möchtest — 191

Einen verträgst du doch – oder: Von Tanten und Torten — 194

Mythen rund um Ernährung,
Gesundheit und Lebensstil　　　　　　　　196

Einige Ernährungsweisen im Überblick:
Blutgruppendiät, Trennkost,
Makrobiotik und mehr　　　　　　　　　199

So entwickelst du gesunde
Trinkgewohnheiten und bleibst am Ball　　207

Tipps für eine achtsame und
ausgewogene Ernährung　　　　　　　　213

9. Create reality: Verwirkliche deine Visionen　　223

Die »Bevor-du-den-Löffel-abgibst«-Liste　　226

Wie willst du gehen, wenn du noch
nicht aufgestanden bist?　　　　　　　　229

Die Kraft negativer Nachrichten　　　　　　232

Verhext im Krankenhaus　　　　　　　　234

Wo manifestieren wir einen Traum
und wo beginnt die Lüge?　　　　　　　　237

Mit Glaube und Ehrlichkeit zum Ziel　　　　239

Mit beiden Beinen auf dem Boden und nach vorn – Mission und Vision	241
Take it, make it or leave it	242

10. Beats & Rhythms: Die Kraft der Musik — 246

Menuett mit Gänsehaut	251
Musik ist Therapie	254
Mit dem ganzen Körper singen	258
Stärkung deiner inneren Kraft durch Affirmationen und die Komposition eines eigenen Musikstücks	261

11. Elegance & Charisma: Von innen nach außen — 266

Emotional heilen	270
Wie beeinflusst Selbstliebe dein äußeres Erscheinungsbild und deine Ausstrahlung?	272
Tägliche Rituale für ein positives Körperbewusstsein	275
Erster Geburtstag mit Kuchen und Kerze	280

Das Geheimnis vom langen Leben: Die Blue-Zone-Menschen	282
Schlaf – der verkannte Unterstützer für ein langes Leben	285
Kälte und Hitze für deine Gesundheit	287
Von emotionaler und sozialer Intelligenz	289
Von guten Storys und Rollenspielen	292
Schlusswort	297
Literaturverzeichnis	299
Glossar	313

Vorwort und Danksagung

Du fühlst dich erschöpft, suchst nach Lebensfreude und sehnst dich nach einer jugendlichen Ausstrahlung? Mein Buch »Genetischer Glückscode: Mein Schlüssel zu Selbstliebe, Lebensfreude und jugendlicher Ausstrahlung« ist genau das, was dich in deine Kraft bringt. Es basiert auf meinen persönlichen Erfahrungen und bietet dir konkrete Werkzeuge, um dein Leben leichter und erfüllter zu gestalten. Ich teile mit dir bewährte Techniken, die mir geholfen haben, aus tiefster Dunkelheit ins Licht zu treten und ein lebenswertes Leben zu führen.

Dieses Buch ist für alle, die sich nicht zu 100 Prozent wohlfühlen und die Verantwortung für ihr eigenes Leben übernehmen wollen, um sich endlich leichter, jünger und gesünder zu fühlen und ein kraftvolles, glückliches und erfolgreiches Leben zu führen. Du wirst lernen, wie du durch Self-Leadership deine Lebensfreude wiederentdeckst und mit mehr Sinn durchs Leben gehst. Deine Schönheit und Gesundheit werden von innen heraus strahlen. Gemeinsam können wir nicht nur dein Leben verbessern, sondern auch einen lebenswerteren Planeten gestalten.

Mach es dir gemütlich und starte deine Reise zu einem leichteren, jugendlicheren und erfüllteren Leben. Dein neues, strahlendes Ich wartet auf dich!

Mit diesem Buch möchte ich einigen Menschen meine tiefe Dankbarkeit ausdrücken, stellvertretend für all die, die Licht, Sinn und Leichtigkeit in unsere Welt bringen – und ich möchte meine Hoffnung darauf ausdrücken, dass wir Menschen uns ändern können, wenn wir begreifen, dass jeder von uns wertvoll, einzigartig und liebenswert ist.

Heron, Walter und Andree – ihr habt mir gezeigt, für was es sich zu leben lohnt.

Eleni – du bist immer an meiner Seite, in guten und schlechten Zeiten.

Eike – du hast mir in den dunkelsten Stunden zur Seite gestanden, um dann selbst zu gehen.

Mein Geschenk für dich

Mit dem »Genetischen Glückscode«, liebe Leserin, lieber Leser, gehst du ein wichtiges Stück deines Weges zu DIR, deiner Gesundheit, Ausstrahlung und deiner Jugendlichkeit. Ich möchte dich dazu anstiften, dranzubleiben, und dir deshalb zusätzlich noch etwas schenken: Mit dem unten stehenden QR-Code gelangst du auf die Seite meiner Academy, mit der ich großartige Menschen wie dich unterstütze, ihren eigenen Weg so zu gehen, dass sie ihr gesamtes in sich liegendes Potenzial voll ausschöpfen. Bleib auch du dran, gib nicht auf! Dieses ist dein Leben und deine Chance, es voller Leichtigkeit zum Strahlen zu bringen. Dabei helfe ich dir gern mit diesem Geschenk, das für dich als Leserin des »Genetischen Glückscodes« komplett kostenfrei ist. Es wird dir helfen, weiter in deine Kraft zu kommen, in dein Strahlen und in deine Leichtigkeit. Tu dir damit etwas Gutes! Ich freue mich, wenn ich dich auch nach dieser Lektüre weiter begleiten kann. Und wer weiß, vielleicht sehen wir uns ja sogar live bei einem Workshop, Coaching, auf einem Festival oder einer anderen Veranstaltung.

Du bist einzigartig und zusammen können wir Großes bewegen! Scanne gleich hier den QR-Code und erhalte dein Geschenk:

Über mich

Ich bin Prof. Dr. Anabel Ternès, für dich Anabel, die Autorin des Buches »Genetischer Glückscode: Mein Schlüssel zu Selbstliebe, Lebensfreude und jugendlicher Ausstrahlung«. Heute gelte ich als LinkedIn-Top-Voice, werde international eingeladen, gebucht bzw. interviewt und habe viele Auszeichnungen für meine ehrenamtliche und berufliche Arbeit bekommen. Ich bin stolz darauf, denn all das habe ich mir nach meinem schweren Unfall aufgebaut, obwohl viele nicht daran geglaubt haben, dass ich überleben würde.

In meiner Rolle als Expertin für Nachhaltigkeit, Innovation und Leadership habe ich mehrere Gesundheits-Start-ups gegründet, darunter zwei, die sich speziell der mentalen Gesundheit widmen. Seit fast 20 Jahren bin ich als Top-Business-Coach für Executives tätig und entwickle ganzheitliche Gesundheitskonzepte. Ich habe viele Bücher geschrieben, moderiere meine eigene Radiosendung und bin Fernsehmoderatorin, Podcasterin, schreibe Reportagen und Artikel für Magazine und werde häufig als Expertin für Radio, TV und Print interviewt. Ich engagiere mich vor allem für die UN, den Club of Rome, den Club of Budapest, Plant for the Planet und die Stiftung Lesen. Von Kindheit an war ich von Ärzten, Heilpraktikern und anderen Gesundheitsexperten umgeben, was meine berufliche Ausrichtung stark geprägt hat. Mit meinem Medizinstudium, meiner Ausbildung zur Heilpraktikerin und meiner Erfahrung als Gesundheitsauditorin und Journalistin konnte ich mein Wissen weiter vertiefen.

Meine Reise in den Gesundheitsbereich begann mit einem Medizinstudium, das ich damals unterbrechen musste. Nach meinem Unfall, einer schweren Operation und mehreren Folgeeingriffen durfte ich lernen, meinen Körper und meine Gesundheit selbst in die Hand zu nehmen. Diese Erfahrung hat mich dazu gebracht, mein Wissen und meine Erkenntnisse mit anderen zu teilen. Viele Menschen haben mich um Rat gefragt, daher möchte ich meine Tipps jetzt dir und allen Interessierten zugänglich machen.

Vielleicht kennst du das Gefühl, in einem fremden Land zu sein und die Sprache nicht zu verstehen. Plötzlich triffst du jemanden, der ebenfalls aus deinem Heimatland kommt. Sofort entsteht ein Vertrauen, das dir Sicherheit gibt. Genau dieses Vertrauen möchte ich dir schenken. Nach meinem schweren Unfall fühlte ich mich allein, herauskatapultiert aus meiner funktionierenden Karriere im oft sehr schillernden, aber hektischen internationalen Konsumgüterbusiness, enttäuscht vom Partner und ohne wirkliche Zukunftsperspektive. Der Verlust meiner Haare durch die notwendigen Eingriffe am Kopf und meine Bewegungslosigkeit waren für mich die Zeichen, dass ich aus meinem sicheren Leben herausgeworfen worden war in eine schmerzhafte Ungewissheit. Doch ich holte mir mein Leben zurück, und zwar ein neues, das mich mehr strahlen, erleben und leben ließ als je zuvor.

Zwei Jahre verbrachte ich auf der Intensivstation und bekam schließlich die Diagnose, nur noch drei Tage zu leben: Mein Körper boykottierte, Organe fielen aus und die Ärzte hatten kaum Hoffnung, dass ich es schaffen würde. Aber ich kämpfte mich zurück – mit der Unterstützung von Experten, Familie und Freunden.

Die Idee für mein Buch entstand aus dem Wunsch, anderen in ähnlichen Situationen zu helfen, die sich vielleicht auch gerade an einem

Tiefpunkt ihres Lebens befinden. Ich möchte all denen Unterstützung bieten, die sich nicht wohlfühlen und nach mehr Freude und Ausstrahlung suchen. Self-Leadership und die Übernahme von Verantwortung für sich selbst sind dabei zentrale Elemente, die nicht nur das individuelle Wohlbefinden steigern, sondern auch zu einem bewussteren und nachhaltigeren Leben beitragen können.

In meinem Privatleben liebe ich Tech-Trends, Innovationen und das Schreiben. Ich genieße es, mich mit Menschen auszutauschen, auf Bühnen über Innovation, Nachhaltigkeit und Leadership zu sprechen und mich von allem inspirieren zu lassen, was meine Sinne anspricht: gutes Essen, schöne Räume, Interieur, Design, Kunst und Natur. Reisen, das Kennenlernen anderer Kulturen und mein Engagement für Kinderrechte, Umwelt, Fauna und Flora bereichern mein Leben. Auch Bewegung, in der Natur sein, Singen und das Komponieren von Musik gehören zu meinen Leidenschaften.

Mein Migrationshintergrund hat mich früh gelehrt, mich anzupassen und mein Anderssein möglichst zu verbergen. Ich fühlte mich dennoch oft nicht zugehörig: Ich sah anders aus, sprach anders und verhielt mich anders als die Kinder um mich herum. Aber ich mochte mich so. Und ich erkannte, dass ich einzigartig bin und meine Talente und Vorlieben ausleben darf, um in meiner Kraft zu sein. Dafür lebe ich auch meine Rituale: Mein Tag beginnt früh mit einer kalten Dusche, selbstgemachter Kosmetik, Atemübungen, Bürstenmassage, Gymnastik oder Tanz. Ich trinke lauwarmes Wasser und Reismilch, ich nehme meine Nutritions. Yogaübungen oder Spaziergänge in der Natur gehören ebenso zu meinem Alltag wie das Führen eines Dankbarkeitstagebuchs am Abend. Routinen wie diese stärken mich und geben mir die Energie, meine Ziele zu verfolgen und ressourcenorientiert den Menschen, der Umwelt und der Natur viel zurückzugeben.

Die drei Kernaussagen dieses Buches

1.

Du findest die Kraft in dir selbst, um dein Leben positiv zu verändern, indem du alte Muster durchbrichst und neue, positive Gewohnheiten etablierst.

2.

Durch Self-Leadership und bewusste Entscheidungen kannst du die Verantwortung für dein Leben übernehmen und so deine Gesundheit und dein Wohlbefinden steigern.

3.

Mit den richtigen Werkzeugen und der richtigen Einstellung kannst du deinen genetischen Glückscode entdecken und ein erfülltes, jugendliches Leben führen, das von innen heraus strahlt.

1.

Dein Leitfaden für den »Genetischen Glückscode«

Die Menschen, von denen du in diesem Buch liest, gibt es wirklich. Natürlich auch mich. Sonst würdest du dieses Buch nicht in Händen halten. Auch meine Geschichte ist so passiert, wie sie hier steht, und ich bin jedem begegnet, von dem du liest. Vieles davon habe ich bisher noch nie geteilt. Warum ich es jetzt tue? Weil es mir wichtig ist und weil ich denke, dass jetzt der Moment dafür gekommen ist.

Wir leben aktuell in einer Zeit, in der im Außen so viel passiert, was wir schlecht wirklich fassen können – von Kriegen über Gewaltattacken bis hin zu Amokläufen. Wie schützen wir uns? Oft, indem wir uns verschließen vor negativen Informationen und Diskursen, jeden Tag unser Hamsterrad an Gewohnheiten abspulen und das wirkliche Leben oft zu kurz kommen lassen. Chronische Krankheiten, psychosomatische Beschwerden, depressive Episoden, Erschöpfung – von all dem höre ich in den letzten Monaten immer mehr. Deshalb gibt es jetzt dieses Buch. Auch weil ich daran glaube, dass wir unseren Planeten nur dann als liebenswert erkennen, ihn für lebenswert halten und ihn erst dann kreativ gestalten können, wenn wir uns selbst lieben, schätzen und achten. Das eine bedingt das andere.

Ist es nicht schön, wenn du weißt, dass du mit einer jugendlichen Ausstrahlung, ausgestattet mit kraftvoller Gesundheit und Leichtigkeit auch genau so in deine Welt hineinwirkst und genau das auch noch zurückbekommst? Es lohnt sich, dass du für dich selbst einstehst, für dein Heute, für dein Morgen und für dein gesamtes Leben.

EMBRACE YOU(RSELF):
Das ist dein Weg zu jugendlicher Gesundheit und Glück

Ich habe den Claim »Embrace You« als Glückscode entwickelt, weil ich erkannt habe, dass wahres Glück und Erfüllung aus der bewussten Umarmung deiner gesamten Persönlichkeit und Lebensweise entstehen. Dabei geht es darum, auf allen Ebenen – körperlich, mental und emotional – fit, leicht und beweglich zu sein. Durch die Kombination von positiven Denkweisen, Musik, Bewegung, Schlaf, Dankbarkeit, Balance, Zielsetzung, Genuss, Wachstum, Sinneswahrnehmungen und guter Ernährung kannst du dein Leben in vollen Zügen genießen und ein erfülltes, jugendliches Leben führen. Dieser Glückscode ist wie ein Leitfaden für dich, um authentisch zu bleiben, kontinuierlich zu wachsen und dein volles Potenzial auszuschöpfen. Jeder Buchstabe in »Embrace You« steht für einen zentralen Aspekt, der dich dabei unterstützt, dein bestes Leben zu leben. Indem du dich diesen Prinzipien widmest, schaffst du eine starke Basis für nachhaltiges Glück und Wohlbefinden. Dieser Weg führt dich zu einem erfüllten Leben, in dem du deine innere und äußere Schönheit gleichermaßen pflegst und lebst.

Indem du deine Selbstliebe lebst, dich um dich selbst sorgst und auf dich achtest, nimmst du mit kluger Vorsorge deine Gesundheit selbst in die Hand. Damit übernimmst du Verantwortung für deine jugendliche Ausstrahlung, deine Gesundheit und dein Glücklichsein. Die folgenden Praktiken helfen dir, fit, gesund und glücklich zu werden und zu bleiben, ganz unabhängig von deinem Alter. Nutze dein eigenes Potenzial aus deinen Sinnen, deiner Intuition und deinem Glauben an dich selbst. So entfachst du Kräfte, von denen du bisher nicht einmal geahnt hast, dass du sie besitzt.

Mit **EMBRACE YOU**, dem von mir kreierten Glückscode in Form der aneinandergereihten ersten Buchstaben der zentralen Inhalte, machst du dich auf allen Ebenen fit, leicht und beweglich: körperlich, mental und emotional. Kombiniere deine positive Denkweise, Musik, Bewegung, Schlaf, Dankbarkeit, Balance, Zielsetzung, Genuss, Wachstum, alle fünf Sinne und gute Ernährung. Genieße dein Leben in vollen Zügen und führe ein erfülltes Leben. Bleibe authentisch, wachse kontinuierlich und nutze dein volles Potenzial – das ist dein Weg zu deinem jugendlichen und glücklichen Leben.

»*Embrace You* – dein Glückscode für ein erfülltes, authentisches Leben.«

EMBRACE YOU:
Dafür steht jeder einzelne Buchstabe des Glückscodes

Das folgende Schaubild zeigt dir den Glückscode auf einen Blick (Abb. 1):

 wie **Elegance & Charisma:** Werde zum Schöpfer deiner Ausstrahlung, deiner Selbstliebe und deines Körpergefühls, um ein starkes Selbstbewusstsein auszustrahlen. Menschen, die sich gut um ihr Inneres und Äußeres kümmern, fühlen sich oft selbstbewusster und glücklicher. Pflege deinen Körper und betone deine natürliche Eleganz – das stärkt nicht nur dich, sondern auch die Art, wie andere dich wahrnehmen.

 wie **Mindful Positivity:** Verinnerliche, dass Lachen, Humor und eine positive Denkweise für mentale Langlebigkeit stehen. Neurowissenschaftliche Untersuchungen haben gezeigt, dass bei diesen Glücksprozessen Endorphine freigesetzt werden, die als natürliche Stimmungsaufheller wirken. Indem du eine optimistische Einstellung kultivierst, kannst du Stress abbauen und deine mentale Gesundheit verbessern.

 wie **Beats & Rhythms:** Integriere Musik, Melodien und Rhythmus in dein Leben und ergänze sie mit aufbauenden, affirmativen Texten. Musik hat die Kraft, unsere Emotionen tief zu beeinflussen. Forschungen belegen, dass das Hören von Musik mit positiven Botschaften den Dopaminspiegel erhöht und unser Wohlbefinden steigert.

 wie **Reciprocal Gratitude**: Praktiziere täglich Dankbarkeit, denn dieses Ritual ist mit zahlreichen gesundheitlichen Vorteilen verbunden. Dazu gehören verbesserter Schlaf, die Reduktion von Angstzuständen und ein stärkeres Immunsystem. Schreibe jeden Tag drei Dinge auf, für die du dankbar bist – das wird dein Leben nachhaltig positiv verändern.

 wie **Always Centered**: Halte deine innere Balance, deine Selbstwirksamkeit und deinen Sinn für ein geerdetes Leben stabil. Achtsamkeitstechniken wie Meditation und Yoga können dir helfen, zentriert und ausgeglichen zu bleiben. Regelmäßige Praxis reduziert nachweislich Stress und fördert ein Gefühl der inneren Ruhe und Klarheit. Achte auf deinen Schlaf. Er gibt dir die Basis, um ausgeglichen zu sein und aus deiner Kraft heraus zu schöpfen.

 wie **Create Reality**: Manifestiere deine Visionen, setze dir Ziele und halte eine Bucketlist für zukünftige Vorhaben bereit. Die Psychologie zeigt, dass klar definierte Ziele die Motivation und die Wahrscheinlichkeit des Erfolgs erhöhen. Schreibe deine Träume auf und arbeite täglich daran, sie zu verwirklichen.

𝓔 wie **Enjoy every Day**: Feiere die kleinen Momente des Lebens und lebe jeden Tag, als wäre es dein bester. Die Positive Psychologie hebt hervor, dass das Bewusstsein für kleine Freuden im Alltag das allgemeine Glücksniveau erheblich steigern kann. Nimm dir also immer auch Zeit, die einfachen Dinge des Lebens zu schätzen.

𝓨 wie **Yearning for Growth**: Begrüße Veränderung, bleibe neugierig und betrachte Dinge aus neuen Perspektiven, um zu wachsen. Neugierde und die Bereitschaft zum Wandel sind Schlüsselfaktoren für persönliche Entwicklung und Zufriedenheit. Setz dir regelmäßig neue Lernziele und sei offen für neue Erfahrungen.

𝓞 wie **Optimize Senses**: Schärfe deine Intuition und sei achtsam gegenüber der Natur, Tieren, Menschen und symbolhaften Hinweisen. Die Feinabstimmung deiner Sinne kann dein Bewusstsein und deine Verbindung zur Umwelt vertiefen. Praktiken wie Achtsamkeit und sensorische Meditation können dir dabei helfen, diese Fähigkeiten zu entwickeln.

𝓤 wie **Uplift Nutrition**: Iss achtsam, trinke gesund, nutze Nahrungsergänzungsmittel nach ärztlicher Empfehlung und integriere Fasten in deinen Alltag. Eine ausgewogene Ernährung und regelmäßige Essenspausen können deine Gesundheit erheblich verbessern. Intermittierendes Fasten reduziert Entzündungen und kurbelt den Stoffwechsel an.

Abb. 1 EMBRACE YOU(RSELF) – der Glückscode in Kürze

EMBRACE YOU – nutze dein volles Potenzial aus all deinen Sinnen, deiner Intuition und dem Glauben an dich. Lebe dein eigenes Self-Leadership. So entfachst du deine Kräfte, deine Jugendlichkeit und deine Gesundheit – und zwar so, wie du es nie für möglich halten würdest!

Es gab eine Zeit, da war nicht sicher, ob ich die nächsten Tage überleben würde. Gerade in dieser Phase meines Lebens habe ich verstanden, was es heißt, Verantwortung für mich zu übernehmen. Vor allem in dieser Zeit habe ich begriffen, was es bedeutet, zu leben. Und ich habe insbesondere in dieser Situation verinnerlicht, wie wichtig es ist, sich selbst zu lieben, sich auf sich selbst verlassen zu können und an sich zu glauben.

Ich habe meine Chance genutzt. Und genau die Möglichkeiten dieser Chance möchte ich jetzt mit dir teilen – egal wo du gerade stehst oder welche Herausforderungen du gerade durchlebst. Vielleicht inspirieren dich meine Erfahrungen, vielleicht bringen sie dich zum Nachdenken. Aber vor allem hoffe ich, dass sie dir die Gewissheit geben, wie wichtig du für diese Welt bist. Du hast die Kraft, dein Leben zu gestalten, zu verändern, zu korrigieren und zu ergänzen. Dein Leben liegt in deinen Händen. Es ist so kostbar und bietet dir unzählige Chancen und Möglichkeiten. Greif zu! Nimm sie an, schätze sie und mach das Beste draus. Es warten so viele Wunder auf dich. Du bist wichtig, du bist wertvoll und du hast die Macht, dein eigenes Schicksal zu formen. Nimm dein Leben in die Hand, es ist ein Geschenk!

Die nun folgenden Kapitel orientieren sich nicht an der Buchstabenfolge von **EMBRACE YOU**, sondern am chronologischen Ablauf meiner Geschichte.

2.

Yearning for growth: Die Sehnsucht nach Wachstum

Umarme den Wandel, bleibe neugierig und betrachte die Dinge aus neuen Perspektiven, um zu wachsen

*E*s war ein Tag wie gemalt: Die Sonne schickte ihre warmen Sonnenstrahlen auf die Gesichter, als würde sie die Haut streicheln wollen. Man musste direkt ein klein wenig blinzeln, wie bei einem Licht, das einen plötzlich blendet. Der Himmel ließ ein paar duftige, zuckerwatteweiße Kugelwolken schweben und das leise Vogelgezwitscher vermischte sich dort im Außenbereich des Cafés am Meer mit dem Rauschen der Wellen. An einem Tisch saßen zwei Frauen, die eine mit dunklen, locker zum Dutt zusammengefassten Haaren, die andere mit offenen langen dunklen Haaren. Sie lachten, waren vertieft in ein Gespräch.

Die Worte wehten herüber: »Das ist so unwirklich. Jetzt sitze ich hier. So lange ist das noch gar nicht her. Der Moment, als mich der Glaube durchdrang, dass ich es schaffe, und als ich mich plötzlich so kraftvoll und dankbar fühlte, obgleich ich ein paar Minuten zuvor noch ein Häufchen Elend war. Raus aus dieser nach Desinfektionsmittel riechenden Intensivstation, raus aus diesem dunklen Raum, der mir über die Zeit fast zum Zuhause geworden war, raus aus diesem Bett mit der immer zu dünnen Krankenhausdecke. Weg von diesen Menschen mit weißen Kitteln und ernsten Gesichtern, die sich in meinem Raum immer sorgenvoll über eine Mappe mit einer immer anderen Kurve gebeugt hatten, Fachbegriffe murmelnd und nickend wie der Dackel auf der Ablage der Oldtimer. Ich wusste, dass ich bald weg musste von den Maschinen, an denen ich mit meinem Leben hing, um leben zu können. Sie machten andauernd Geräusche wie ein Organismus: Eines klang wie ein Schnarchen, eines wie ein hohes Japsen nach Luft, ein anderes wie ein Glucksen, mit dem ein großes Lachen beginnt. Noch heute habe ich manchmal das Gefühl, diese Geräusche zu hören. Damals stellte ich mir immer vor, wie es sein würde, wieder allein gehen zu können. Einfach so aufzustehen, ohne die ganzen Kanülen am Körper, ohne diese Geräusche. Einfach mal ruhig schlafen, meinen Atem hören und nicht den der Maschinen. Du warst für mich da im Krankenhaus, du hast mich die ganze Zeit begleitet!« Spontan umarmte sie die Frau mit dem Dutt, weinte und lachte befreit.

Rückblick:

Ich erinnere mich noch genau an diesen Moment vor zehn Jahren: Ich wachte auf in einem fremden Bett, alles weiß um mich herum. Überrascht wollte ich mich umdrehen, aber ich merkte in dem Moment: Das geht gar nicht. In meinem Hals steckten rechts Schläuche. Vorsichtig! ›Pass auf, reiß da nichts raus.‹ Meine rechte Hand glitt über meinen Kopf – da, wo ich Haare erwartete, war ein Verband. ›Ob ich noch Haare habe?‹, schoss es mir plötzlich durch den Kopf, während eine andere Stimme in mir sagte: ›Woran du denn denkst! Als wenn das nun deine größte Sorge wäre. Schau doch erst einmal, wie der Rest von dir aussieht.‹ Irgendwie war ich erleichtert, als ich beim Zurückschlagen der Decke meine beiden Beine sah, auch wenn sie komplett bandagiert waren und ich sie kaum spürte. Mein Bauch war ebenfalls mit Verbänden gepflastert, ebenso wie meine Hände und Arme und auch meine Schulter. Ich fühlte mich auf eine merkwürdige Art und Weise nicht und gleichzeitig wie ein einziger Schmerz: wund, ausgeliefert.

›Hey, was ist passiert?‹ In meinem Kopf hämmerte es. Da war der Berg, ich oben auf Skiern. Einmal wollte ich es noch wissen, einmal noch runter, dann Schluss für heute. Da war dieser grandiose Blick – die Sonne ging langsam unter und der tiefrote Ball warf einen warmen Glanz auf die Piste. Ich war blutige Anfängerin. Es ist schon beinahe sarkastisch, wie das Wort ›blutig‹ innerhalb von Sekunden noch eine ganz andere Bedeutung bekommen kann. Mein Freund war unglaublich eifersüchtig – er hatte im Studium eine Ausbildung zum Skilehrer absolviert. Damals habe er das wegen der Mädchen gemacht – »Die hübschen stehen doch immer alle auf den muskulösen, braungebrannten Skilehrer«, hatte er mir einmal zwinkernd verraten. Das war für ihn auch der Grund, warum er mir zeigte, wie es ging, und ich nicht bei einem anderen Skilaufen lernte. Ich konnte meine Fähigkeiten auf Skiern damals noch gar nicht einschätzen. Acht Stunden hatte ich bisher in meinem ganzen Leben darauf gestanden. »Schaffst du das? Du bist doch Anfängerin.« Das wollte ich mir von ihm nicht sagen lassen. »Ob ich das schaffe? Klar, was denkst du denn? Ich bin doch kein Schwachlappen!« Einfach losgelaufen war ich nach dem »LOS!« meines Freundes – und dann der Aufprall. Ich erinnerte mich nur noch an Fetzen von Bildern, Tönen, Filmsequenzen, wie aus einem Film, der nicht zu mir gehörte. Erst dieser wahnsinnig schöne Blick nach unten vom Berg herunter über die verschneite Landschaft, die wie unter Zuckerguss aussah, die tolle Luft, die sich wie von selbst einatmete, und darüber eine strahlende Sonne. Dass meine Knie schon zitterten nach acht Stunden Skilaufen ... Hallo? Das ist doch etwas für Memmen! Einfach runter, den Wind spüren, die Geschwindigkeit, das elegante Gleiten über das Eis. Das wollte ich. Dann bekam der Film jäh einen harten Schnitt und ich erinnerte mich als Nächstes an meinen Blick herunter auf die Schultern meines Partners. Meine Beine lagen dort, meine Hände und Füße waren mit ein paar Stoffstreifen meiner Kleidung an seinen Körper gebunden. Ich ließ alles einfach nur geschehen, da war keine Kraft mehr für Machen. Ich spürte meinen Körper nicht. Irgendwie fuhr mich mein Freund vom Berg herunter, irgendwie lag ich angeschnallt in einem Hubschrauber und irgendwie dann in diesem Krankenhaus in diesem Zimmer. Und da lag ich nun. Gestern noch mit einem Gefühl von Freiheit auf Skiern da oben, heute da unten: ein bisschen Mensch, viel Leid und an dieses Bett gefesselt. Ein hämmernder Schmerz durchzog mich wie ein Geäst. Wie lange ich dort war? Ich wusste es nicht. Minuten waren wie Stunden. Vielleicht Tage? Es sollten

Wochen werden, Monate, Jahre. Irgendwann hatte ich mal kein Zeitgefühl mehr. Keiner wartete auf mich. Kein Telefon klingelte. So schnell war man raus aus dem Gedächtnis der anderen. War ich vergessen? Ich erinnerte mich, dass Jahre zuvor eine Freundin an einer schlimmen Krankheit erkrankt war: Diagnose Krebs, unheilbar, nur noch wenige Monate zu leben. Wir trafen uns zu Beginn der Diagnose sehr oft. Sie sah schlecht aus, immer schlechter, jedes Mal mehr, wenn wir uns sahen. Irgendwann fiel es mir schwer, sie zu sehen. Ich hielt es einfach nicht aus, sie leiden zu sehen und das Gefühl zu haben, nichts tun zu können. Ich dachte an mich – wie wäre es, wenn … Der Gedanke war unerträglich. Ich wollte das nicht in meinem Leben haben, hatte das Gefühl, dass es mir zu viel ist. Ich machte keine weiteren Treffen aus, telefonierte nur noch mit ihr. Und fühlte mich feige. Sie sagte, keiner außer mir möge mehr Kontakt zu ihr haben. Ich fühlte mich trotzdem mitgezählt. Als wenn man sich anstecken könnte, so ein Gefühl war es, wenn ich mit ihr Kontakt hatte. Ja, jeder hätte sich stattdessen mit Mut, Fürsorge und Selbstfürsorge anstecken können. Aber die Auseinandersetzung mit sich selbst, der eigenen Endlichkeit und der Ehrlichkeit, was man von seinem Leben erwartet, das trauen sich viele nicht. Ich traute mich das damals auch nicht. Als sie wenige Monate später starb, wurde ich zur Wunschbotschafterin für todkranke Kinder ernannt: Make a Wish. Manchmal den letzten. Ich stellte mich meiner gefühlten Feigheit von damals. Das tat gut und ließ mich stärker werden. Es ließ mich aber auch noch mehr verstehen, was passiert, wenn man allein mit seiner Krankheit ist und sich keiner mehr zu kümmern scheint. Eine Freundin rief während der ersten Wochen im Krankenhaus einmal an: »Gut, dass ich dank dir jetzt weiß, wie wichtig es ist, eine Berufsunfähigkeitsversicherung rechtzeitig abzuschließen. Erzähl bitte keine Details – ist ja schon schlimm genug. Meld dich doch einfach dann, wenn du wieder ganz fit bist.«

Ich fühlte mich schwach. Alles an mir war wie ausgelaugt, schlaff, ohne Energie. ›So musste sich eine leere Batterie anfühlen‹, lächelte ich in mich hinein. Nicht einmal ein Handy konnte ich allein in der Hand halten. ›Was wird das?‹, fragte ich mich. ›Was, wenn das so bleibt?‹ Selbst ein Baby hatte mehr Kraft in den kleinen Händen. ›Nein, das durfte nicht sein.‹ Das war die andere Stimme. ›Hey, du hast doch noch so viel vor. Dann kann es nicht zu Ende sein, weißt du?!‹ Aber meine Intuition, die Momente, in denen mich mein Mut verließ, und meine unterdrückte Angst hatten recht: An diesem einen Tag kam morgens keine Gruppe zur Visite, wie sonst immer. Diesmal klopfte es an der Tür: der behandelnde Chefarzt. »Das wird Sie jetzt nicht freuen«, fing er an. Ich schaute erstaunt auf, denn es hatte bisher keinen Tag gegeben, an dem mich etwas aus seinem Mund erfreut hatte. »Aber Sie müssen es wissen«, holte er aus, machte eine bedeutungsvolle Pause und schaute mich ernst an. ›Auch nichts Neues‹, dachte ich in dem Moment. Ich versuchte, der Situation etwas Komisches abzugewinnen. Aber es gibt Momente, die sich wie Jahre hinzuziehen scheinen und die schwer wie Zentner wiegen. »Sie haben noch ein paar Tage, vielleicht drei, vielleicht eine Woche. Schauen Sie, wer Ihnen wichtig ist, was Sie noch erledigen wollen.« Ich konnte es nicht glauben. Dieser Mensch hatte mir gerade gesagt, dass ich in ein paar Tagen sterben werde, und das jetzt, obwohl ich schon Monate hier lag. Was war denn nur passiert, dass mein Körper jetzt aufgab? Wie in Trance ließ ich meine Mutter anrufen: »Mama, ich habe nur noch ein paar Tage zu leben, sie können nichts mehr machen, sagen die Ärzte. Ja, was? Ja. Wahrscheinlich habe ich noch drei Tage. Du kommst doch? Wie, du hast keine Zeit?« Sie kam doch. War einfach da. Stunden, in denen sie mir näher war als jemals zuvor. Und doch spürte ich mehr denn je: Das ist meine Sache, ganz allein meine. Ich kann die Chance ergreifen oder ich lasse es bleiben. ›Was wählst du?‹, fragte die eine Stimme in mir. ›Hey, ist ja wohl klaro: Ja zum Leben. Ich schaffe das!‹ Und beide Stimmen in mir lachten zufrieden.

Ich spürte tiefe Dankbarkeit in dem Moment. Es war so, als wenn sie mich durchströmte. Dabei hatte ich doch noch gar nichts gemacht. Tatsächlich hatte sich noch nichts geändert. Ich lag weiterhin einfach nur so da. Faktisch musste man sogar sagen, es hätte nie schlimmer um mich stehen können als jetzt. Jetzt, wo ich die Diagnose wusste. Warum ging es mir dann so gut? In diesem Moment wusste ich es nicht. Heute weiß ich, dass wir es selbst in der Hand haben: Ja sagen können oder Nein sagen zu uns, zu unserem Leben und dazu, dass wir etwas bewegen können.

Was ging mir an diesem Tag noch alles durch den Kopf? Ich stellte mir vor, wie ich im Cockpit eines Flugzeugs den Steuerknüppel selbst betätigte und abhob. Ich träumte davon, wie ich auf einem Rennrad saß, den Berg herunter raste und mir den Wind um die Ohren pusten ließ. Ich sah vor mir, wie ich mit bloßen Füßen am Strand entlanglief, immer wieder mal innehielt, den Möwen zuhörte und die Füße in den Sand bohrte, der von der Sonne ganz warm war.

Und das alles fühlte sich so echt an, dass ich schmunzeln musste. Wie wäre es, wenn nur dieses Gehirn übrigbliebe, das diese tollen Bilder macht und mich virtuell überall hinführt? Würde mich das erfüllen? Wäre das eine Alternative für das Leben, das ich seit zwei Jahren führte? ›Nein!‹, rief alles in mir. Und das Nächste war nun, diese Situation anzunehmen und doch nicht daran zu zerbrechen.

In diesem Moment, als ich wusste, dass ich es schaffen würde, klopfte es. Ein Kopf lugte herein, dann öffnete sich die Tür weiter: Ich sah graue Haare, die von viel zu viel Gel vom Kopf wegstanden, abstehende Ohren, eine transparente Kunststoffbrille auf einer knubbligen Nase, weiß-graue Schlangenleder-Bikerboots an den Füßen und viele klimpernde Armbänder an beiden Armen. So stand er da und grinste mich frech an. »Wer bist denn du?«, fragte er. »Wie bist denn du hier reingekommen?«, erwiderte ich. »Du bist der Gast, hier ist mein Zimmer. Höflich wäre, wenn du dich erst einmal vorstellen würdest. Wer bist du denn?« Und ich musste lachen, weil die Situation so absurd war, denn ich hätte ihn in meinem Zustand doch gar nicht aus dem Zimmer werfen können. So ungewöhnlich, wie mein unbekannter, plötzlicher Besucher aussah, so ungewöhnlich entwickelte sich auch unsere erste Unterhaltung. »Hey schöne Frau, was machst du hier so«, holte er aus, anstatt auf meine Frage zu antworten. »Ist das hier ein cooles Bett?« Er fragte belustigt – auch, um der Situation ihre Schärfe zu nehmen. »Was weißt du denn?«, entgegnete ich ihm, »du hast doch keine Ahnung.« »Sag es mir«, forderte er mich wie ein freundlicher Stierkämpfer heraus. Jeder Satz kostete mich Kraft. »Wie sieht es denn aus?« »Hm«, antwortete er, »schon ein wenig komisch, du hast da überall so Alien-Schläuche drinstecken in deinem Körper – jetzt erzähl doch mal, was passiert ist.« ›Was soll's?‹, dachte ich und erzählte ihm meine Geschichte. Dass die Ärzte mir Medikamente gegeben hatten, gegen die ich eine Allergie entwickelte, dass ich Nahrungsmittel bekommen hatte, die ich überhaupt nicht vertrug. Dass ich über Monate hinweg so behandelt worden war und dass wir nun an dem Punkt angekommen waren, an dem es anscheinend »no Return« gab, also laut den Schulmedizinern keinen anderen Weg mehr, als zum Ende zu kommen.

»Hey, Kopf hoch, ich helfe dir. Mann!«, sagte er und ich musste lächeln. »Was willst du tun?« »Wer bist du eigentlich?«, fragte ich. »Ich bin der Wickie«, sagte er. »Ich mag und mache Design und ich kann richtig cool texten, soll ich mal?« »Nein, nein, ist schon gut, ich habe gerade andere

Sachen zu tun. Ich muss ein gutes Konzept finden, das mein Leben rettet. Machst du mit?« »Klar«, sagte er. »Ich kann deine Füße massieren oder dir doofe Witze erzählen oder ich halte einfach den Mund und sitze da.«

Was für jemanden hatte ich da in meinem Zimmer? Meinte er das ernst? Während er anscheinend die Situation verkannte und blöde Sprüche machte, lag ich todkrank im Bett. ›Was für ein Idiot‹, schoss es mir durch den Kopf. Ich verdrehte die Augen. Wenn ich gekonnt hätte, wäre ich schon drauf und dran gewesen, ihn rauszuschmeißen oder Hilfe zu holen. Aber ich wusste, das würde mindestens 20 Minuten dauern und in der Zeit könnte es für mich gefährlich werden. Dann lieber kooperieren – zumal ich eigentlich nichts zu verlieren hatte. »Nee, das machst du nicht«, sagte ich, »du kannst schreiben, du kannst anrufen, du kannst Notizen machen. Wenn du schon mithelfen möchtest, dann tu das.« Wir mussten beide lachen, und obwohl es bei mir ein wenig wehtat, war es auch schön.

So fingen wir an, erstmal alles, was mir einfiel, aufzuschreiben: Ich diktierte Wickie Namen, medizinische Richtungen, all das Wissen, was ich von meinem Großonkel und von meinen Mediziner-Freunden gehört hatte und was ich in den ganzen Jahren, als mein Vater schwer krank gewesen war, mir durch Lesen, im Medizinstudium und in der Heilpraktikerausbildung angeeignet hatte. Was sollte ich mit den Informationen tun? Ich hatte die Idee, eine Liste aufzusetzen mit Namen und Kontaktdaten, und dann jeweils deren Informationen und Empfehlungen dazu, was ich machen konnte in meiner anscheinend ausweglosen Situation, um wieder gesund und kraftvoll zu werden.

›Alles bekommt nun seinen Sinn‹, ging es mir durch den Kopf. Wickie schrieb mit dem Kugelschreiber mit einer solchen Wucht und Schnelligkeit auf dem Notizblock herum, dass es Kratzgeräusche machte. »Hey«, ich blickte ihn empört an, »du weißt schon, dass das hier kein Witz ist?« »Ich bin hier, damit ich dir zur Seite stehe und wir das hinkriegen.« Ich war erstaunt: »Du möchtest nichts dafür? Nicht mit mir zusammen sein? Geld, eine Gegenleistung, irgendetwas?« Er lachte. »Nein, für so hübsche Frauen wie dich mache ich das gratis.« Er guckte ein wenig nachdenklich. »Als ich dich von der Tür aus sah – ich hatte mich ja im Zimmer geirrt – also, dein Blick hat mich regelrecht eingesogen und ich wusste von dem Moment an, dass ich dir zur Seite stehen möchte. Aber nicht deswegen, weil du so bedürftig bist, sondern weil du so stark bist. Weil ich dich als Persönlichkeit spannend finde und einfach, weil ich an deiner Seite sein möchte, ohne jegliche Erwartungen, die dich unter Druck setzen sollten. Was passiert, wenn wir aus diesem Raum herauskommen, was passiert, wenn du wieder laufen kannst, was passiert, wenn du wieder allein atmen und essen kannst, das entscheidest du selbst. Ich bin jetzt erst mal an deiner Seite. Nimm das zur Kenntnis und nimm es an.« Ich habe ihm damals und auf meiner Heilungsreise, auf der er mich von da an einen Teil begleitete, immer wieder gesagt, dass er sich bitte keine Hoffnungen machen solle auf eine Beziehung mit mir. Dass ich momentan keine Gedanken und Gefühle für eine Beziehung hätte und ihm nichts versprechen könne. Er betonte damals immer wieder, das wäre okay für ihn. Auch eine gute Freundschaft wäre für ihn großartig. Ich wäre schon die Frau, die er sich an seiner Seite träumen würde, aber er wäre auch Realist: Wenn er mir, kerngesund, über den Weg gelaufen wäre, dann wäre er mir wahrscheinlich gar nicht aufgefallen oder allenthalben als komischer Vogel. Die Chance, mit mir Zeit zu verbringen, wäre für ihn ein Geschenk. Später zeigte sich, dass mein Gefühl richtig war. Er hoffte auf eine Chance bei mir. Und als er später seine Chance gekommen sah – das war, als ich es gerade aus dem Krankenhaus in den Rollstuhl geschafft hatte – brach er, als ich verneinte, umgehend den Kontakt zu mir ab. Komplett. Ich denke heute noch oft an ihn. Ich wäre auch gern für ihn dagewesen, als ich wieder konnte. Als gute Freundin, vielleicht sogar als beste.

Aber in diesem Moment damals: Ich glaube, wenn ich Tränen in dem Moment gehabt hätte, ich hätte sie geweint. Mich bewegte, wie klar er war. »Hast du eine Freundin?«, fragte ich. »Hey, was tut das zur Sache, Baby? Wir sind jetzt gerade auf der Mission ›Anabels Leben retten‹.«

An dem Tag lief das Telefon heiß, Gespräch reihte sich an Gespräch. Ich fühlte meinen Hals trocken und die Worte immer schwerer werden. Die Telefonate kamen mir vor wie die Perlen an einer Kette – irgendwann würde sie fertig sein. Am Ende des Tages hatten wir in kritzeliger Handschrift so viel an Information, Namen und Nummern auf einem dicken Stapel Papier. Gut, dass Wickie alles mitgeschrieben hatte. »Wer soll denn da durchkommen«, fragte ich, »und wie finden wir heraus, welche Medizin und welches Verhalten nun richtig ist, damit ich wieder fit werde?« »Du bestimmst das«, sagte er. »Menschen haben eigentlich immer eine gute Intuition, wir vergessen das nur. Entspanne dich und erinnere dich einfach daran.«

Am nächsten Tag musste Wickie kurzfristig nach Hamburg. Dort arbeitete er als Kreativdirektor für eine bekannte Designagentur. Der Abschied tat so weh, als würde ich ihn nicht erst einen Tag, sondern schon Monate, fast jahrelang kennen und als wären wir eng verbunden. Waren wir auch, durch diese Sache, die vor allem für mich existenziell war. Er packte alles langsam, fast widerwillig zusammen und schaute mich an. »Du willst nicht gehen, oder?«, fragte ich. »Nein«, sagte er, »aber ich komm wieder. Ich bin morgen Abend wieder zurück bei dir und du bleibst in der Zwischenzeit am Leben, okay? Das ist eine Drohung«, ergänzte er, »wehe, wenn nicht. Pass auf dich auf!« Ich versuchte zu lächeln. Es hatte mir schon sehr gutgetan, ihn an meiner Seite zu wissen, aber die Trennung war wichtig, um zu sehen, dass ich auch allein klarkam. Und ich machte weiter. Schaute die Papiere durch, versuchte, mit einem Textmarker das zu markieren, von dem ich fühlte, dass es der richtige Therapieweg war, die richtige Medizin und Behandlungsmethode.

Und wieder klopfte es an der Tür und wieder hatte sich jemand in der Tür versehen. Das war am nächsten Tag, dem dritten nach der Botschaft, dass ich nun bald sterben müsse. Die dunklen Haare umspielten ihr Gesicht wie vom Wind zerzaust und sie hatte ein frisches, herzliches, neugieriges Lächeln. Sie wirkte jünger, als sie wahrscheinlich war. Ihre Haare waren lose zu einem Knoten zusammengebunden, ein paar Strähnen hinter die Ohren geklemmt. Sie war stämmig, trug lockere Kleidung und es wirkte so, als ob sie rundum in sich ruhte und niemandem irgendetwas beweisen musste. »Was machst du hier?«, fragten sie und ich wie aus einem Munde. Ich erzählte ihr, was passiert war, warum ich hier lag, wie die Diagnose aussah und von meinem Entschluss, diese nicht anzunehmen. Dass ich stattdessen gerade alles tun würde, um eine neue Chance zu bekommen. »Ich bin beeindruckt von deiner Willenskraft und deiner Verbundenheit mit allem, was Leben bedeutet«, sagte sie. »Ich möchte dir gern helfen. Ich gehe jetzt, denn ich wollte hier einen anderen Patienten besuchen, und ich hole etwas von zu Hause. Du musst wissen, dass ich Ärztin bin. Ich glaube, dass ich dir helfen kann, zumindest kann ich dich unterstützen, und dafür komme ich gleich wieder.« Ich hielt die Luft an: Juchu! Das Leben ist unglaublich. Ich war verunsichert, berührt, durcheinander, dankbar, alles gleichzeitig.

Ein paar Stunden später kam sie wieder. Sie hatte beide Hände zu Fäusten geballt und versteckte sie hinter ihrem Rücken. »Welche Hand willst du?«, fragte sie und lächelte. Das Spiel kannte ich aus meiner Kindheit. Etwas widerwillig, weil ich natürlich die richtige Faust bekommen wollte, sagte ich: »Okay, von dir aus die linke.« Ich hatte Glück. Sie öffnete die Faust und darin lag ein messingfarbener Schlüssel mit einer Troddel daran. Auf den Schlüssel selbst war die Zahl des nächsten Jahres eingeprägt. Ich nahm ihn in meine Hände. »Woher kommt er, was bedeutet die Jahreszahl?«, fragte ich. »Und für was passt er, was kann man damit öffnen?« »Er gehört eigentlich meiner Schwester. Sie hat selten Glück und jedes Jahr bastelt sie solche Fäden an einen neuen Schlüssel mit einem neuen Jahresaufdruck. Diesen Schlüssel bekommt dann eine Person, die Glück gerade sehr nötig hat.« »Und welche Tür kann man damit öffnen?« »Die Tür zu dir selbst«, lächelte sie wissend. »Du hast dir selbst so viel mehr zu bieten. Du hast dich bisher ausgehungert. Sorge für dich, schließe mit dem Schlüssel auf, was du dir selbst an Gutem tun möchtest. Was sagt deine Selbstliebe, was du brauchst? Denk nicht zu viel nach. Das tun wir oft und vergessen darüber das Gefühl der Demut, der Dankbarkeit, der Milde mit uns selbst.«

Ich war sprachlos, ich wollte weinen vor Glück, vor Überraschung und vor Dankbarkeit. In diesem Moment war mir klar: Ich schaffe es – und zwar klar nach vorn, mit voller Power. Nicht irgendwie, sondern groß. Und ich wusste: Mit der Unterstützung von diesen hilfreichen Menschen und mit dem Wissen, das ich hatte, würde ich es schaffen. Nicht leicht, aber immer leichter, indem ich annahm, was ist und was sein könnte.

Persönliches Wachstum durch Veränderungen, Neugier und neue Perspektiven

Die Bereitschaft, Veränderungen offen und positiv zu begegnen – so beginnt persönliches Wachstum. Studien zeigen, dass Menschen, die aktiv neue Perspektiven suchen und Veränderungen offen gegenüberstehen, eine höhere Wahrscheinlichkeit haben, ihre persönlichen und beruflichen Ziele zu erreichen. In meiner eigenen Karriere, aber auch privat habe ich erfahren, wie entscheidend Neugier für das Lernen und Entwickeln neuer Fähigkeiten ist. Wie wichtig sie ist, auch und gerade bei enttäuschenden Erfahrungen. Ein Beispiel: Wie viele von uns haben schon einmal jemanden kennengelernt, in den wir uns verliebten, darauf bauten, eine gemeinsame Zukunft zu realisieren, und dann nach einiger Zeit feststellten: Es ist doch anders als gedacht, die Gefühle für den anderen können Differenzen nicht überbrücken, es passt so nicht? Wie schade, wenn wir das nicht wahrhaben wollten, dagegen ankämpften, alles einfach so behalten wollten, wie es war, und vor der Realität die Augen verschlossen. Denn es war klar: Gesund geht es so nicht weiter. Es braucht Veränderung.

Laut einer Untersuchung in den USA im Auftrag des Wissenschafts- und Technologieunternehmens Merck zum Status quo der Neugier hat das Umfrageinstitut Harris Poll 2015 herausgefunden: Über 60 Prozent der Arbeitnehmer sagen, dass das Verhalten ihrer Führungskräfte am Arbeitsplatz sie daran hindert, ihre Neugier in ihre Arbeit einzubringen. Im Gegensatz dazu geben sie an, dass sie gern ihre Neugierde entfalten und sich mehr einbringen würden. (*Merck 2015*) Obwohl das so klar gesagt wird, haben wir ein Bildungssystem, das Neugier in vielen Fällen noch sehr unterdrückt: Junge Menschen, die Fragen stellen, gelten als Nervensägen, als Störer, als die, die es einfach noch nicht begriffen haben und nicht einfach mal still sein können. Dabei sind Neugier, Wissensdurst, der Wunsch, mehr zu erfahren, wunderbare Gaben. Sie helfen uns, neue Wege zu sehen, eigene Change-Prozesse besser angehen zu können und Veränderungen mit Freude umzusetzen. Ursula Bohn, Claudia Crummenerl und Dominique Schaefer proklamieren in der Capgemini-Studie von 2017, Culture First!: »Nur wer die alten Regeln bricht, kann neue setzen … Von Time-to-market zu Speed-to-market. Das schürt Erwartungen, die die Anbieter zu erfüllen haben. Den Willen zum Aufbruch in die grenzenlose, vernetzte, kollaborative Welt und die mentale Voraussetzung dafür – Dexterity: die Fähigkeit, schnell und effizient zu denken«. (Bohn, Crummenerl, Schaefer 2017, 18–19) Was Agilität im großen System erfordert, definiert sich als Flexibilität und Anpassungsfähigkeit an immer wieder neue Umstände, Prozesse, Produkte etc. auf Personenebene.

Auch ich habe festgestellt, dass das regelmäßige Einnehmen neuer Perspektiven meinen Horizont erweitert und meine Problemlösungsfähigkeiten verbessert. Zudem befreit es von negativen Einstellungen und belastenden Gefühlen. Denn wir erheben uns über das Alte und lassen zu, dass wir frische Erfahrungen machen dürfen. Dr. Guiyi Li von der University of Birmingham sagt dazu: »Alles, was du erlebst, hinterlässt Spuren in deinem Gehirn. Wenn du etwas Neues lernst, wachsen die an dem Lernprozess beteiligten Neuronen und bilden neue Verbindungen. Dein Gehirn kann sogar neue Neuronen produzieren. Körperliche Bewegung kann ähnliche Veränderungen hervorrufen, ebenso wie die Einnahme von Antidepressiva. Im Gegensatz dazu können Stress, Depression, Alterung und Krankheit den gegenteiligen Effekt haben und Neuronen dazu bringen, sich abzubauen und sogar abzusterben. Die Fähigkeit des Gehirns, sich als Reaktion auf Erfahrungen zu verändern, wird als strukturelle

Plastizität bezeichnet und steht in einem Tauziehen mit Prozessen, die die Neurodegeneration vorantreiben.« *(Li 2020)* Deshalb: Lass dich auf Neues ein, folge deinen Wünschen und Ideen, stelle Fragen und scheue dich nicht, dazu zu stehen, dass du etwas nicht weißt und es wissen möchtest. Kennst du den Satz von der dummen Frage? Genau, es gibt sie nicht – es gibt nur die dummen Antworten …

Einer Analyse des New Work Hub entsprechend haben Mitarbeiter, die kontinuierlich lernen und sich weiterentwickeln, eine höhere Arbeitszufriedenheit und bessere Karrieremöglichkeiten. *(New Work Hub, o. J.)* Durch das bewusste Suchen nach neuen Erfahrungen konnte ich selbst meine Komfortzone verlassen und wertvolle Erkenntnisse gewinnen. Eine neue Branche? Spannend! Denn der Wechsel ließ den Vergleich zu, ich konnte Erfahrungen aus der alten Branche einbringen und weiterentwickeln. Ein anderes Land mit einem Markt, der erschlossen werden sollte? Aufregend! Denn die andere Kultur, Politik und Wirtschaft bedeutete, dass Netzwerken, genaues Beobachten und die richtigen kleinen, schnellen, neuen Schritte angesagt waren. Das Akzeptieren von Veränderungen fördert die Anpassungsfähigkeit und Resilienz, den eigenen Kern besser zu kennen und in neue Zusammenhänge zu integrieren. Neue Perspektiven können helfen, eingefahrene Denkmuster zu durchbrechen und kreative Lösungen zu finden.

Die Wirtschaftsreporterin Inga Michler erklärt in ihrem Beitrag »Der wahre Schlüssel zum längeren Leben«, dass die Beschäftigung mit Neuem vor allem das intrinsisch motivierte, neugierige Lernen fördert: »Bildung hilft – im besten Falle gleich dreifach. Sie bringt bessere Gesundheit, ein höheres Einkommen und ein längeres Leben.« (Michler 2019)

Persönliches Wachstum wird gefördert, wenn man bereit ist, aus Fehlern zu lernen und sich kontinuierlich zu verbessern. Veränderungen, Neugier und neue Perspektiven sind die Schlüssel, um ein erfülltes und dynamisches Leben zu führen. Neugier und Offenheit sind für neue Perspektiven entscheidend, um die Herausforderungen der digitalen Transformation zu bewältigen. Wer mit dem Neuen Schritt halten möchte, sollte sich diesem öffnen und sich bereitwillig mit dem beschäftigen, was es gestern noch nicht gab.

Welche Einstellung ist notwendig, um Veränderungen positiv zu begegnen?

Offen und flexibel sollte die Einstellung sein, um Veränderungen positiv begegnen zu können. Betrachte Veränderungen als Chancen und nicht als Bedrohungen. Dein positives Mindset hilft dabei, Herausforderungen anzunehmen und daraus zu lernen. Akzeptanz und Gelassenheit sind dabei wichtige Eigenschaften, damit du dich auf Veränderungen einlassen kannst. Deine Bereitschaft, dich kontinuierlich weiterzuentwickeln und anzupassen, unterstützt deine positive Einstellung gegenüber Veränderungen.

Wie kannst du Neugier und Wissensdurst im Alltag kultivieren?

Liest du regelmäßig und suchst nach neuen Informationen? Das weckt, stärkt und fördert deine Neugier. Wenn du Fragen stellst und Interesse zeigst an den Meinungen und Erfahrungen anderer Menschen, steigert es deinen Wissensdurst einmal mehr. Nimm an Kursen, Workshops oder Seminaren teil, schaue dir soziale und wirtschaftliche Organisationen an, gesellschaftliche Clubs und soziale Initiativen – das kann dir auch helfen, neue Themen zu entdecken, spannende Sichtweisen kennenzulernen und dein Wissen zu erweitern. Wenn du gern reist und dich für andere

Kulturen interessierst, dann weckt auch das deine Neugier und deinen Wissensdurst weiter. Setze dir persönliche Lernziele und verfolge sie. Das unterstützt deine kontinuierliche Weiterentwicklung.

Welche Vorteile hat es, regelmäßig neue Erfahrungen zu suchen und zu machen?

Willst du deinen Horizont erweitern und deine Kreativität fördern? Dann helfen dir neue Erfahrungen, deine eigene Komfortzone zu verlassen und dadurch persönliches Wachstum zu erleben. Regelmäßig gewonnen, können sie dein Selbstbewusstsein stärken und deine Anpassungsfähigkeit verbessern. Sie bieten dir die Möglichkeit, neue Fähigkeiten zu erlernen und Wissen zu erweitern. Neue Erfahrungen bereichern dein Leben, machen es abwechslungsreicher und spannender. Ich höre manchmal: »Was dir so alles passiert!« Das klingt teilweise wehmütig, teils auch mitleidig und genauso auch sehnsüchtig. Ich probiere immer Neues aus, reise viel, treffe oft die unterschiedlichsten Menschen in neuen Umgebungen, die ich dann neu kennenlerne. Was das bedeutet? Mir passiert viel – Gutes und Herausforderndes. Bei allen Erlebnissen habe ich jeweils die Chance, mich weiterzuentwickeln – und das tue ich gern. Wer es vorzieht, ein Leben zu führen, bei dem jeder Tag gleich abläuft, der darf auch gern das wählen. Er wird möglicherweise zufrieden sein, gerade wenn er nicht weiß, was es noch »da draußen« gibt. Aber was wäre, wenn er es wüsste?

Wie kannst du lernen, Dinge aus verschiedenen Perspektiven zu betrachten?

Aktives Zuhören und dein Versuch, die Standpunkte anderer zu verstehen, also einen Perspektivenwechsel zu machen, fördern deine Flexibilität, dein Nachempfinden und dein Gespür für Menschen, Situationen und ganze Systeme. Du kannst neue Blickwinkel entdecken, indem du dich über unterschiedliche Themen informierst. Diskussionen mit Menschen aus verschiedenen Kulturen und mit anderen Hintergründen bzw. mit konträren Ansichten erweitern deine Sichtweise ebenfalls. Lass dich auf Diskurse ein, höre zu und gib Feedback. Selbstreflexion und das Hinterfragen deiner eigenen Überzeugungen und Vorurteile unterstützen dich dabei, zu lernen, neue Perspektiven einzunehmen. Kreativitätstechniken wie Brainstorming oder Mindmapping können dir helfen, Probleme aus verschiedenen Blickwinkeln zu betrachten.

Welche Techniken fördern deine Bereitschaft, dich ständig weiterzuentwickeln?

Wenn du klare, transparente und erreichbare Ziele setzt, motiviert dich das zur kontinuierlichen Weiterentwicklung. Regelmäßige Selbstreflexion hilft dabei. Identifiziere Bereiche mit Verbesserungspotenzial und fördere so dein inneres Wachstum. Die Teilnahme an Fortbildungen und Trainingsprogrammen hilft dir, neue Fähigkeiten zu erlernen. Mentoring und Coaching bieten dir Unterstützung und Feedback für deine persönliche Entwicklung. Führe ein Erfolgstagebuch und hilf dir so, Fortschritte zu verfolgen und motiviert zu bleiben.

Wie kannst du Herausforderungen als Chancen für persönliches Wachstum sehen?

Herausforderungen bieten dir die Möglichkeit, neue Fähigkeiten zu erlernen und bestehende zu verbessern. Durch das Überwinden von Schwierigkeiten kannst du dein Selbstbewusstsein und deine Resilienz stärken. Herausforderungen zwingen dich regelrecht dazu, dir neue Wege zu überlegen, kreative Lösungen zu finden und über deinen Tellerrand zu schauen. Sie bieten dir die Chance, zu reflektieren, aus deinen Fehlern zu lernen und wertvolle Erfahrungen für Neues zu sammeln. Nimm Herausforderungen an. Das fördert deine persönliche Weiterentwicklung und deine Anpassungsfähigkeit, ohne dass du dich dabei aufgibst.

Zusammenfassung mit wichtigen Tipps für dich

Setze dir klare und erreichbare Ziele: Ziele geben dir eine Richtung und helfen dir, motiviert zu bleiben.

Kultiviere eine offene und flexible Einstellung: Sieh Veränderungen als Chancen und nicht als Bedrohungen.

Erweitere regelmäßig deinen Horizont: Suche bewusst nach neuen Erfahrungen und Perspektiven, um dein Wachstum zu fördern.

Praktiziere Selbstreflexion: Sinniere regelmäßig über deine Fortschritte und identifiziere Bereiche, in denen du dich verbessern kannst.

Nutze Mentoring, Coaching und kollegiales Feedback: Suche dir Mentoren, die dich auf deinem Weg unterstützen und dir wertvolle Rückmeldungen geben. Erfahrene Coaches können dir zudem eine wertvolle Hilfe sein. Und kollegiales gegenseitiges Feedback kann eine zusätzliche Ressource sein, die dir im Alltag hilft, dich zu reflektieren und neue Wege gehen zu können.

Persönliches Wachstum ist ein dynamischer Prozess, der durch deine Bereitschaft, Veränderungen anzunehmen, durch deine Neugier und deinen Willen, auch mal andere Perspektiven einzunehmen, enorm unterstützt werden kann. Wenn du dich diesen Prinzipien öffnest, bereicherst du nicht nur dein Leben, sondern verfolgst auch deine beruflichen und persönlichen Ziele erfolgreicher.

Hier möchte ich dir meine Hacks mitgeben, die mir helfen, mein persönliches Wachstum durch die Annahme von Veränderungen, Neugier und neue Perspektiven zu fördern:

1. Begreife Veränderungen als Chance

- Entwickle die Gewohnheit, jede Veränderung als Gelegenheit zum Lernen zu sehen.

- Erstelle eine Liste von Fähigkeiten oder Kenntnissen, die du durch bevorstehende Veränderungen erwerben könntest.

- Setze dir Ziele, die spezifisch auf die Chancen abzielen, die die Veränderung mit sich bringt.

- Führe ein Tagebuch, um deine Fortschritte und Lernerfahrungen während des Veränderungsprozesses zu dokumentieren.

- Suche aktiv nach Erfolgsgeschichten von Menschen, die durch Veränderungen gewachsen sind.

- Belohne dich für kleine Erfolge, die du auf deinem Weg der Veränderung erzielst.

2. Kultiviere Neugier in deinem Alltag

- Sobald du einen Namen, ein Ereignis, einen Ort etc. hörst, den du nicht einordnen kannst, noch nie gehört hast oder mit dem du dich noch nie beschäftigt hast, schaue ihn nach, setze dich damit auseinander und erzähle einem anderen Menschen davon bzw. sprich mit ihm darüber.

- Plane feste Zeiten ein, um neue Themen zu recherchieren, Dinge auf ungewohnte Weise auszuführen oder neue Hobbys auszuprobieren – z. B. putze deine Zähne mit der anderen Hand.

- Besuche regelmäßig Vorträge, Webinare oder Diskussionsrunden zu Themen, für die du dir sonst nie die Zeit nehmen würdest.

- Führe ein »Neugier-Tagebuch«, in dem du täglich neue Erkenntnisse und Fragen festhältst.

- Tausche dich aktiv mit Freunden oder Kollegen über deren Interessensgebiete aus und lerne von ihnen.

- ♣ Verbringe Zeit in neuen Umgebungen, gehe in neue Ausstellungen oder Pop-up-Räume (z. B. Bibliotheken, Museen, Galerien), um neue Eindrücke zu gewinnen.

- ♣ Sprich fremde Menschen an und frag sie nach ihrer Meinung zu einem bestimmten Thema.

3. Mach neue Erfahrungen

- ♣ Plane mehrmals im Jahr ein Wochenende, an dem du etwas völlig Neues ausprobierst.

- ♣ Melde dich für Workshops oder Kurse mit Themen an, die außerhalb deiner Komfortzone liegen, die dich verunsichern oder für die du dich nicht für passend hältst.

- ♣ Unternimm regelmäßig Reisen oder Ausflüge an neue Orte, selbst wenn sie in deiner Nähe liegen.

- ♣ Setz dir das Ziel, jedes Jahr mindestens eine neue Fähigkeit zu erlernen.

- ♣ Schließe dich lokalen Gruppen oder Clubs an, die neue Aktivitäten anbieten.

- ♣ Dokumentiere deine neuen Erfahrungen und reflektiere, was du daraus gelernt hast.

4. Öffne dich leicht für andere Perspektiven

- ❀ Stelle dich regelmäßig der Herausforderung, ein Problem aus mindestens drei verschiedenen Perspektiven zu betrachten.

- ❀ Lies Bücher oder Artikel aus Genres oder Bereichen, die du normalerweise nicht lesen würdest.

- ❀ Führe gezielt Gespräche mit Menschen mit unterschiedlichen Hintergründen und Meinungen.

- ❀ Übe dich in Rollenspielen und Simulationen oder setze bzw. stelle dich bei einem Perspektivenwechsel auf die unterschiedlichen Positionen, um verschiedene Standpunkte kennenzulernen und zu verstehen.

- ❀ Schreibe regelmäßig Essays oder Blogbeiträge zu kontroversen Themen, um dein Denken zu ordnen und zu erweitern.

- ❀ Nutze Mindmapping-Software, um deine Gedanken und Ideen aus verschiedenen Blickwinkeln zu visualisieren und dich nicht selbst in Schubladen zu pressen.

5. Strebe kontinuierliche Weiterentwicklung an

- Setz dir jährliche Lernziele und erstelle einen konkreten Plan, wie du diese erreichen willst.

- Nutze Online-Lernplattformen, um neue Kurse zu absolvieren.

- Such dir einen Mentor, Coach oder Kollegen, der dich auf deinem Weg begleitet und unterstützt.

- Nimm regelmäßig an Konferenzen, Workshops oder Meet-ups teil, um dich weiterzubilden und zu vernetzen.

- Führe ein Erfolgstagebuch, in dem du deine Fortschritte und Erfolge festhältst.

- Plane regelmäßige Reflexionszeiten ein, um zu bewerten, was du gelernt hast und welche nächsten Schritte du gehen möchtest.

3.

Reciprocal gratitude: Dankbarkeit, die zu dir zurückkommt

Übe täglich und mache den Begriff »Danke« zu deinem Mantra

*E*in paar Sonnenstrahlen blitzten am nächsten Morgen durch das kleine Fenster des schmucklosen Raums der Intensivstation. Erinnerst du dich auch noch an die Kellerräume mit den kleinen Fenstern, durch die das hereinscheinende Licht magisch wirkte? Leben wir in Fülle, nehmen wir sie häufig gar nicht so wahr. Das Schöne wird uns vor allem dann zu etwas Besonderem, wenn wir es entbehren müssen. Wer erinnert sich nicht an Situationen, in denen die Eltern uns Schokolade verboten? War sie dann nicht umso begehrter? Wir weinten, schrien und ärgerten uns. Ein Stück Schokolade war uns in diesem Moment die Welt wert. Dieser 1 x 1 Meter große, quadratische weiße Rahmen in meinem Krankenhauszimmer war wie mein Bilderrahmen, darin das Fensterglas, das schon lange nicht mehr geputzt worden war. Und davor ein Zweig mit grünen Blättern, der hineinragte in den scheinbar leeren Rahmen wie ein Gruß aus der anderen Welt da draußen. Wie ein Hinweis darauf, dass es mehr gab als dieses klinische Weiß hier drinnen, das sich vom Rahmen in den ganzen Raum ausbreitete. Bis hin zur Bettdecke, die meinen Körper umhüllte, den ich momentan wie von oben wahrnahm. Gehörte er zu mir? Das musste wohl so sein. An diesem Abend spürte ich, dass ich einiges geschafft hatte. Ich fühlte mich wie jemand, der einen Berg erklommen hatte und dem abends die Glieder schmerzten. Mein Kopf brummte und war voll mit all den Namen, mit denen ich mich gestern und heute bei der Recherche und am Telefon beschäftigt hatte. Wickie, der mittlerweile wieder an meiner Seite war, lachte: »Das ist doch noch gar nichts! Nicht schlappmachen. Jetzt geht die Arbeit erst los.« Er schaute prüfend auf den Stapel, den er zusammengetragen hatte. Er hatte in der Zwischenzeit viel im Internet recherchiert und eine Menge an Unterlagen ausgedruckt. »Willst du ein Buch schreiben, Wickie? Für die Menge an Papier musste ja ein ganzer Baum herhalten!« Die Telefonate hatte zum Teil ich geführt, die Protokolle hatte er alle geschrieben, denn schreiben konnte ich noch nicht. Die Computerprogramme waren damals noch nicht so gut, und ich konnte mit der wenigen Kraft, die ich hatte, kaum den Hörer halten. Ich hatte gestern und heute mit Vertretern indigener Völker, mit Ärzten von Hightech-Kliniken, wie der Mayo Clinic in Rochester, mit Alternativmedizinern und mit ganz klassischen deutschen Schulmedizinern gesprochen. Mit Experten für Immunologie, für Wundheilung, für die einzelnen Organe, die bei mir beschädigt waren, wie Lunge und Bauchspeicheldrüse. Außerdem mit Ernährungsexperten, mit Bewegungsspezialisten – und mit Musikern, weil die sich damit auskannten, wie man einen Text, eine Melodie und einen coolen Rhythmus komponiert. Auf meiner Liste waren auch Sanitätshäuser, um zu klären, welche Liege, später welcher Rollstuhl der Beste sein würde. Und mit Körpertherapeuten, um zu erfahren, wie man einem erschöpften Körper wieder Kraft einhaucht. Voller Dankbarkeit nahm ich alle Empfehlungen entgegen, jegliche Hilfe, die von Zukunft sprach. Ich malte mir aus, wie es sein würde, mich wieder allein bewegen zu können, einen Rollstuhl selbst schieben zu können. Ich versuchte mir vorzustellen, wie es sein würde, dann wieder allein gehen zu können, mit Krücken. Weiter kam meine Fantasie noch nicht. Ich stellte mir vor, wie ich im Mixer Äpfel, Spinat und Bananen mit Chlorella zu einem Smoothie verarbeitete – die Zutaten selbst in den Mixbehälter hineinwarf, den Knopf an- und ausstellte, währenddessen davorstand, dann den fertigen Inhalt in ein Glas schüttete, das Glas in die Hand nahm und daraus trank. Das alles fühlte sich so gut an. Ich war dankbar für alle Bilder und Bausteine für meine Fantasie, die mir die Menschen am Telefon schenkten und die ich in meine Idee von meiner Zukunft einbauen konnte. Alle waren so unglaublich herzlich, ruhig, zuhörend und aufmerksam gewesen. Eine große Welle an Zuneigung und Empathie überrollte mich. Jeder meiner Gesprächspartner hatte sich so viel Zeit genommen. Teilweise liefen mir die Tränen vor Rührung. So viele, die an mich glaubten, trotz dieser vernichtenden Diagnose. Hallo? Hatten die es nicht verstanden? Selbst die Schulmediziner unter ihnen überhörten die Worte ihrer Kollegen, die mir an meinem Bett mein Todesurteil mitgeteilt hatten. Auch sie glaubten an mich. Aber das Wichtigste von allem: Ich selbst glaubte an mich. Und was dabei eigenartig war, waren dieses tiefe Erstaunen, diese Klarheit und diese Dankbarkeit. Dieser Spalt an Lebenskraft, der sich plötzlich auftat, als wenn ein dunkler Himmel plötzlich an einer Stelle aufbricht und ein paar Sonnenstrahlen durchbrechen. Ja, da waren sie, die Strahlen. »Ich hätte es einfach nicht erwartet, oder wickie?« Er schaute mich liebevoll an. »Du bist noch zu so viel anderem fähig. Das glaubst du alles nicht«, lachte er. »Du hast sie am Telefon alle mit deinem Charme um den Finger gewickelt.« »Ha, ha«, lachte ich, »mit diesem Finger? Der wäre ja schon lange unter der Last zusammengebrochen – ein komisches Bild.« Na ja, wenn ich mich von oben betrachtete, war das auch eine komische Vorstellung: Eine Bettlägerige, die nur noch ein paar Stunden vor sich hatte, versuchte sich als Callcenter-Mitarbeiterin. Ich tankte so viel Kraft allein daraus, zu hören, welche Therapien es gab: so viele Heilungschancen – wow! Da war bestimmt etwas dabei, was mir helfen würde. Unglaublich. Ich hatte in diesen letzten Stunden so viel über Gesundheit und Krankheit, über die Kraft des eigenen Körpers und der eigenen Gedanken gelernt. Das passte auch zu dem, was mein Großonkel immer gepredigt hatte. ›Das Wort ist witzig‹, dachte ich und musste schmunzeln: Klar, als ehemaliger Bischof predigte er natürlich. Hieronymus war der erste, der mir klarmachte, wie sehr Heilung davon abhängt, wie du mit dir selbst umgehst, ob du bereit bist, aus Erkrankungen zu lernen und deinen Umgang mit dir selbst zu ändern. Wie du deine Gedanken kraftvoll positiv stimmst und sie nutzt, um Heilung zu beschleunigen. Wie sehr es einen Unterschied macht, ob du es schaffst, deine negativen Gedanken zur Seite zu schieben und durch positive zu ersetzen, ob es dir gelingt, aus der negativen Spirale auszubrechen und dir eine wirkliche Chance zu geben. Aber später mehr davon.

Am stärksten blieben mir an diesem Tag zwei Gespräche mit Medizinern in Erinnerung. Einer von ihnen sollte zu einem meiner besten Freunde werden. Walter hatte damals schon ein Leben hinter sich, das so ereignisreich war wie sechs. Er sprühte am Telefon nur so vor positivem Elan. Er war Schulmediziner, der sieben Facharztspezialisierungen abgeschlossen hatte und sich damit gut vorbereitet fühlte, sein gut laufendes Kurkrankenhaus mit gut zahlenden Wellnesspatienten abzugeben und gegen ein anderes Leben zu tauschen: das Gründen, Aufbauen und Betreiben von Krankenhäusern in den Tiefen Afrikas. Warum, fragt sich vielleicht ein Außenstehender, hatte er das alles auf sich genommen? Diese Menge an Facharztspezialisierungen, diese Professionalität in der Vorbereitung und Umsetzung, diese Menge an Operationen, vor allem Geburten – rund 60.000, sagte er mir mal, seien es insgesamt gewesen. Aber es war wohl der Anspruch an sich selbst und seine Motivation, dort Krankenhäuser zu bauen, wo andere sich nicht trauten hinzugehen. Wo es teilweise am Nötigsten fehlte, wo er nur mit einem Voodoo-Priester zusammen Leben retten konnte. Das war der Liebe zu diesem Kontinent, vor allem aber zu diesen Menschen geschuldet. Dieser Liebe, die so groß war, dass er selbst drei afrikanische Kinder adoptierte, die eine körperliche Beeinträchtigung hatten und deshalb von den leiblichen Eltern ausgesetzt worden waren. Später, als mein Krankenhausaufenthalt schon Jahre her war, schwärmte er bei unseren Treffen von der Ursprünglichkeit der Menschen in Afrika, die noch wenig Kontakt mit den Industrieländern und allgemein mit der westlichen, auf materielle Werte ausgerichteten Welt hatten. Er zeigte mir vergilbte braun-beige Papierfotos mit tanzenden, bunt angemalten Menschen mit langen Stäben und Federn an deren Enden. Oder Filmausschnitte, die er selbst mit einer kleinen

Kamera aufgenommen hatte und auf denen Initiationsrituale zu sehen waren, bei denen die jungen Männer eines Stammes in die Gemeinschaft der Erwachsenen aufgenommen wurden. »Ich war einer der wenigen Nicht-Afrikaner, der zusammen mit Afrikanern bei ihnen operierte, der als westlicher Mann ihre Kinder zur Welt bringen durfte und bei diesen ausgewählten Momenten zugelassen war«, erzählte er. Als »gesegnet« bezeichnete er die Menschen Afrikas, die sehr ursprünglich mit der Natur aufwuchsen, und betonte immer wieder, was wir alles von ihnen lernen könnten: Dankbarkeit für all das, was die Natur und Umwelt uns schenken. Wie das Wasser zum Trinken, die Luft, die wir atmen, die Erde, die wir abtragen, auf der wir bauen, die wir sogar zu uns nehmen – meist alles so, als wenn es selbstverständlich wäre. Aber auch die Verbundenheit mit der Natur, das Verständnis, dass wir mit ihr im Einklang leben müssen, dass wir das Zusammenleben als ein Geben und Nehmen verstehen sollten, ressourcenorientiert im Umgang mit ihr und mit uns selbst. Jahre später erzählte er mir diese Geschichten in den Räumen seiner ehemals herrschaftlichen Villa, in der er mit seiner Frau zur Miete wohnte. Das ehrwürdige Anwesen betrat man durch ein zweiflügeliges schwarzes schmiedeeisernes Tor, von dem ein ehemals geschwungener Kiesweg zum Haupteingang führte. Der Weg war mittlerweile von Unkraut überwuchert, der Haupteingang bretterverschlagen. Die breite Treppe davor, die man sich gut als einst pompösen Eingang mit rotem Teppich zu einer Gala vorstellen konnte, sah aus, als wenn die Stufen beim Betreten abbrechen würden. Löwen rechts und links auf Podesten zeugten davon, wie es einmal ausgesehen haben musste. Die Besitzerin renovierte seit Jahren nicht mehr – Walter und seine Frau aus dem Haus zu klagen, wähnte sie als schlechte Reputation – sie hatte nicht damit gerechnet, dass er so alt werden würde. Das Haus ließ von außen keine lebenden Bewohner vermuten. Der Putz war fast gänzlich abgefallen, Teile des vormals aufwändigen Stucks mit

Putten, Drachenfiguren, Früchten und Säulen konnte man noch erkennen, teilweise nur noch erahnen. Da gab es eine unauffällige metallene graue Seitentür, die wie in einen Keller zu führen schien. Von ihr ging es in einen Flur, von dort über eine notdürftig gegossene Betontreppe in die erste Etage. Einen Besuch der Bauaufsicht hätte diese Treppe nicht überlebt – es fehlten ein Handlauf und eine Seitenbefestigung. Wäre man ausgerutscht, hätte man nur eine geringe Überlebenschance gehabt. Diese Treppe sollte Walter später zum Verhängnis werden, als er, mittlerweile 104 Jahre alt, zu einem Patienten fahren und diesen versorgen wollte. Hatte man die erste Etage schwindelfrei erreicht, trat man durch eine Flügeltür in die eigentliche Wohnung. Sofort fühlte man sich zugleich wie in einem Völkerkundemuseum, einer Heimatstube und einem medizinischen Behandlungsraum. Jedes Zimmer war voll mit afrikanischer, arabischer und westlicher Kunst: Skulpturen, die im Raum standen, geschnitzte Stühle, deren Lehnen z. B. einem Löwenkopf ähnelten, medizinische Apparaturen aus der Zeit, in der Walter in Russland an der Entwicklung lebensverlängernder Technik und Medizin beteiligt war, Reagenzgläser, Tinkturen, dazwischen Engel- und Marienkunst – von dreidimensionalen Figurinen bis hin zu großformatigen Bildern – oder auf Kissen gehäkelte und eingerahmte Lebensweisheiten. Die Wände zeigten Bild an Bild, als wäre jede Wand eine einzigartige Collage. Man meinte, auf einem Moosbett zu gehen – der Boden war mehrlagig bedeckt mit wertvollen alten Teppichen. Am liebsten saß ich in dieser Wohnung auf der Toilette. Denn sie beherbergte eine dem Raum entsprechend große Bibliothek und war immer mit frischen, gut duftenden Rosen in einer immer gleichen Glasvase auf dem Toilettenkasten neben dem gehäkelten kobaltblauen Toilettenrollenhut dekoriert und lud eher zum Verweilen ein als zum schnellen Verrichten der Notdurft. Die Küche verkörperte das Prinzip ihrer Bewohner, also von ihm und seiner sechsten Ehefrau, die hier gemeinsam in Dankbarkeit lebten. »Ich hatte viermal Darmkrebs«, lachte Walter munter am Küchentisch, während er einen warmen, frisch gebackenen Apfelkuchen aß. Damals muss er 102 gewesen sein. »Und weißt du, was mir geholfen hat? Ganz einfach: die Dankbarkeit. Mit tiefer Demut zum Leben und Dankbarkeit für meine Frau, für meine Gesundheit und für die großartigen Menschen, die mich bei der OP und Heilung begleitet hatten. Die Mediziner ließen meine Frau immer direkt in den Aufwachraum und ließen sie machen. Als Trainerin begann sie sofort mit einer Lachyoga-Einheit. ›Passen Sie auf wegen Ihrer Narbe, Doc‹, hatte ein junger Assistenzarzt in den Raum gerufen, aber mehr belustigt und irritiert als ernst gemeint.« Das jedenfalls war Walters Interpretation. »Dankbarkeit hat mich immer gerettet«, sagte er, »und meine Lieben auch.« Wo er war, schien es zu leuchten, als wenn ihn etwas Spezielles umgab. »Ich bin einfach so dankbar, das strahle ich aus jeder Pore«, erklärte mir Walter. »Mach das mal nach. Du wirst spüren, wie gut es sich anfühlt.«

Damals im Krankenhaus war das erste Telefonat mit Walter wegweisend für mich. Es war, als ob ich seine Anwesenheit im Raum spüren konnte, was natürlich Quatsch war, denn er war so viele Tausende Kilometer entfernt, in Afrika, wo er gerade ein weiteres Krankenhaus aufbaute. »Wo sind Sie gerade?« Ich musste innerlich lachen – ›Was willst du genau wissen? Gefesselt ans Bett in einem trüben Zimmer, während ich mit der Welt telefoniere.‹ Er sagte, er wäre aktuell im Dschungel in Zentralafrika. Ich stellte mir vor, wie ich mich mit meinem Bett zu ihm beamte und ihn zwischen Palmen, Affen und vielen emsig herumrennenden Menschen in weißer Kleidung aus dem Bett heraus begrüßte. »Hallo Doc!« Er erinnerte mich an Albert Schweitzer, ohne dass ich ihn je zuvor gesehen hatte, den Arzt, der lange Zeit vor allem Leprakranken in Lambarene geholfen und der mich in meiner Kindheit durch seine Bücher berührt hatte. Mich hatte beeindruckt, wie sich ein virtuoser Organist wie er für Menschen einsetzte, deren Krankheit lebensgefährlich und für viele auch ansteckend war.

Ich habe keinen Menschen kennengelernt wie Walter, der unermüdlich im Einsatz für die Sache war. Er ruhte so sehr in sich und strahlte vor Dankbarkeit. Und doch hatte man das Gefühl, als ob er unendlich geben könnte – und das tat er auch, auch wenn er nicht selbstlos war. Das war er ganz und gar nicht, aber er verstand es, sich mit seinem Auftrag, seinen medizinischen Fähigkeiten und Fertigkeiten für eine lebenswerte Zukunft einzubringen. Das Gespräch mit ihm war hochinteressant, denn ich hatte von einem Schulmediziner erwartet, dass er mir einen Plan machen würde, wie man meine Symptome beheben und wie ich mit fremder Hilfe möglichst gut weiterleben könne. So etwas wie: »Ihnen muss klar sein: Das Leben, das Sie hatten, werden Sie nie wieder zurückbekommen. Sie müssen sich auf große Einschränkungen gefasst machen.« Weit gefehlt. Er sprach von einem Zeichen, das ich bekommen hatte. »Walter, Sie wollen mir sagen, dass mein Skiunfall ein Zeichen war? Das kann doch jedem passieren.« »Es ist Ihnen passiert«, war seine lapidare Antwort. »Wieso ist es nicht Tausend anderen auch passiert? Was hätte diesen Unfall verhindern können?« Er wartete. Ich dachte nach. Klar, ich hatte mir damals da oben auf der Piste nicht eingestehen wollen, dass ich nicht mehr konnte, vor allem aber wollte ich es nicht anderen gegenüber zugeben, ich wollte stärker aussehen, als ich mich fühlte und als ich war. Ich wollte als cool und stark wahrgenommen werden. Und ich hatte nicht auf mein Gefühl gehört. Obgleich meine Warnsignale so deutlich gewesen waren: Ich hatte am ganzen Körper gezittert vor Anspannung nach vielen Stunden auf der Piste. Ich war Anfängerin und hatte kein Gefühl für das, was ich mir auf diesen Skiern zumuten konnte. Trotz des Zitterns hatte ich die Verantwortung für mich, meine Gesundheit, ja, für mein Leben, auf meinen Skilehrer, meinen Partner, abgeschoben. »Was meinen Sie?

Wie hätte er das wissen sollen?«, fragte er. »Und ja, er hätte es wissen können. Aber verantwortlich für sich sind letztendlich Sie selbst.« Das Gespräch drehte sich dann um andere Themen. Welche Erkrankungen in meiner Familie vorhanden waren, wie man mit Emotionen umgegangen war, wie das Frauenbild in unserer Familie war. Er fragte auch nach meinem Lebensmotto, beziehungsweise wie meine Lebensleitlinie hieß. Ich stellte fest, dass ich vieles von dem, was er ansprach, bisher nie bedacht hatte. Sei es das Thema Selbstwirksamkeit, Selbstliebe oder auch das, was jeder ab dem Moment der Geburt in seinem persönlichen Rucksack mitnimmt. Vieles von dem, was die Familie prägt, was man gar nicht so merkt, was man auch gar nicht so wahrhaben möchte und was man vielleicht einfach ständig wiederholt, wenn man nicht gelernt hat, es zu reflektieren.

Wickie hörte mit. »Faszinierend!«, rief er aus. »Pscht«, sagte ich, »ich telefoniere.« Wickie schüttelte den Kopf und lachte. »Ich habe noch nie eine solche Stimme gehört, die mich so mitnimmt. Ihm würde ich alles abkaufen. Seine Stimme …, er könnte mich in den Schlaf singen und gleichzeitig wäre er eine Person, der ich meine Kinder ohne Bedenken anvertrauen würde, wenn ich welche hätte. Ihn würde ich auch für ein Gesundheitsprodukt als Sprecherstimme engagieren, wow.« Ich war etwas genervt. »Klar, alles gut, es geht jetzt aber um etwas anderes, ich brauche hier wirklich Hilfe und ich glaube, dass er wirklich weiterhelfen kann.« »Ja ja, schon gut«, beschwichtigte Wickie und schaute aus dem Fenster. »Übrigens, ich muss gleich mal raus, ich halte es nicht mehr aus. Acht Stunden am Stück in diesem Raum.« »Hey«, ich schaute ihn an, »weißt du eigentlich, wie viele Stunden, wie viele Wochen und wie viele Monate ich in diesem Raum schon verbringe?«, fragte ich ihn. »Kein einziges Mal draußen? Ich kann es mir gar nicht mehr vorstellen, wie es ist, die ersten Schritte draußen zu tun. Wird es kalt sein, wird es warm sein, werde ich es ertragen, die Sonne auf meinem Gesicht zu spüren, so ganz echt? Und werde ich es vielleicht gar nicht aushalten können, andere Menschen in einer großen Menge um mich herum zu spüren, weil ich es nicht mehr gewohnt bin, diese Hektik der Stadt um mich herum zu haben. Ein Krankenhaus ist ja doch ein ganz eigener Ort.«

Wickie schaute hoch: »Wie war denn eigentlich das Telefonat mit dem Arzt von der Mayo Clinic in Rochester? Die gilt ja als die beste Klinik weltweit. Da müsstest du doch alle Koryphäen auf einem Haufen gehabt haben«, lachte er. »Auch der war gut, ebenfalls sehr kurz und knapp. Aber auf den Punkt. Ich fand das interessant: Brown ist Schulmediziner. Und doch ist er sehr ganzheitlich orientiert, das finde ich klasse. So nach dem Motto: Was hilft, passt. Er sagte mir, dass sie schon ein paarmal Fälle wie mich gehabt hatten. Dass ich jetzt nicht nach Rochester fliegen könne, das sei ihm klar. Aber er wisse, dass er mir mit ein paar Dingen weiterhelfen könne. Und ich solle auf keinen Fall aufgeben. Das sei die wichtigste Botschaft, die er mir mitgeben wolle. ›Sei mental stark, lass dich von keinem darin beirren‹, hatte er gesagt. ›Konzentriere dich auf genau das, was du kannst, was dir Freude bereitet, was sich jetzt gerade gut für dich anfühlt.‹«

Manchmal fällt es schwer, wenn es einem so schlecht geht, weiterhin positiv zu bleiben. Dankbarkeit ist dafür die beste Medizin. Denn: Man kann für so vieles dankbar sein. Dankbar für den Himmel, den man draußen sieht, dankbar dafür, dass man sprechen kann. Dankbar, dass es hilfreiche Menschen um einen herum gibt, dankbar dafür, dass man essen kann.

Was steckt hinter dem Begriff und der Wirkung von Dankbarkeit?

Der Begriff stammt vom althochdeutschen Wort ›thankar‹, was so viel wie ›gedenken‹ oder ›bedenken‹ bedeutet. Schon in den frühen Kulturen der Antike, z. B. bei den Griechen und Römern, wurde Dankbarkeit als zentrale Tugend betrachtet und in philosophischen Schriften wie denen von Aristoteles und Cicero thematisiert. In der Psychologie wird Dankbarkeit als positive Emotion definiert, die entsteht, wenn man Gutes im Leben bewusst wahrnimmt und anerkennt. Eine Studie der beiden Psychologen Robert Emmons von der University of California und Michael McCullough von der University of Miami (2003) zeigte, dass dankbare Menschen optimistischer und zufriedener mit ihrem Leben sind. Neurowissenschaftliche Forschungen ergaben, dass Dankbarkeit das Belohnungssystem im Gehirn aktiviert und die Produktion von Dopamin und Serotonin erhöht, zwei Neurotransmitter, die das allgemeine Wohlbefinden steigern. (Zahn et al., 2009) Kommunikationspsychologisch gesehen fördert Dankbarkeit positive Interaktionen und stärkt soziale Bindungen. Dies wurde in einer Studie der Wissenschaftler Sara Algoe, Jonathan Haidt und Shelly Gable (2008) bestätigt. Diese zeigte, dass Dankbarkeit in Beziehungen zu einer höheren Zufriedenheit und tieferen emotionalen Verbundenheit führt. Historisch gesehen wurde Dankbarkeit bereits in Religionen wie dem Christentum, dem Islam und dem Buddhismus hoch geachtet. Sie erkannten sie als Weg zu innerem Frieden und spirituellem Wachstum. Im Mittelalter galt Dankbarkeit als eine der wichtigsten Tugenden und wurde in der christlichen Lehre und Praxis häufig hervorgehoben. In modernen Zeiten hat die Positive Psychologie die Dankbarkeit wieder in den Fokus gerückt und zahlreiche wissenschaftliche Arbeiten des Fachs belegen ihre Vorteile für die mentale und körperliche Gesundheit. Zum Beispiel fand eine Studie der University of California, Berkeley (***Emmons & Stern, 2017***) heraus, dass das Praktizieren von Dankbarkeit das Stressniveau um 23 Prozent senken kann. Die ***Harvard Medical School (2011)*** berichtet, dass dankbare Menschen eine stärkere Immunabwehr und eine bessere Herzgesundheit aufweisen. Diese historischen und wissenschaftlichen Hintergründe zeigen, dass Dankbarkeit nicht nur eine innere Stärke ist, sondern auch eine nachweislich positive Wirkung auf unser Leben hat.

Das Wissen über Dankbarkeit haben wir mehreren Wissenschaftlern zu verdanken:

Dr. Robert Emmons
Als einer der führenden Wissenschaftler auf dem Gebiet der Dankbarkeitsforschung hat er als Professor für Psychologie an der University of California, Davis zahlreiche Studien zu ihrer Bedeutung und Wirkung durchgeführt. In seiner Forschung zeigt er, dass das Praktizieren von Dankbarkeit zu einer Verbesserung des allgemeinen Wohlbefindens führt, das emotionale Gleichgewicht stärkt und sogar die physische Gesundheit positiv beeinflusst. Ein bekanntes Beispiel aus seinen Studien ist die Einführung eines Dankbarkeitstagebuchs, bei dem Teilnehmer regelmäßig positive Erlebnisse und Dinge, für die sie dankbar sind, notieren. Diese einfache Übung führte bei den Teilnehmern zu einer Steigerung des Glücksgefühls, besserer Schlafqualität und weniger körperlichen Beschwerden.

Dr. Martin Seligman
Oft als Vater der Positiven Psychologie bezeichnet, hat Dr. Martin Seligman Dankbarkeit als einen der zentralen Faktoren für das mensch-

liche Wohlbefinden identifiziert. In seinem Buch »Flourish« beschreibt er, wie Dankbarkeit eine wichtige Rolle in seinem PERMA-Modell (Positive Emotion, Engagement, Relationships, Meaning, Achievement) spielt. Ein praktisches Beispiel seiner Arbeit ist die »Three Good Things«-Übung: Hier schreiben Menschen am Ende eines jeden Tages drei schöne Ereignisse oder Erfahrungen auf, die ihnen widerfahren sind, und überlegen, warum diese Dinge passiert sind. Diese Übung hilft, den Fokus auf positive Aspekte des Lebens zu lenken, was nachweislich das Wohlbefinden und die Zufriedenheit steigert.

Dr. Brené Brown
Die bekannte Forscherin und Autorin Dr. Brené Brown hat in ihren Arbeiten über Verwundbarkeit und Scham die Rolle der Dankbarkeit hervorgehoben. In ihrem Buch »Daring Greatly« erklärt sie, wie Dankbarkeit ein Gegenmittel gegen negative Emotionen wie Angst und Scham sein kann. Ein Beispiel aus ihrer Forschung ist das Konzept der »Gratitude Practice«, bei der Menschen täglich bewusste Momente der Dankbarkeit schaffen, um ihre emotionalen Ressourcen zu stärken. Brown hat auch gezeigt, dass Dankbarkeit in Gemeinschaften und Teams die Bindung und das Vertrauen stärkt, was zu einer verbesserten Zusammenarbeit und einem stärkeren Zusammengehörigkeitsgefühl führt.

Die Ergebnisse der wissenschaftlichen Dankbarkeitspioniere beweisen: Dankbarkeit fördert nicht nur das persönliche Wohlbefinden und die psychische Gesundheit, sondern stärkt auch soziale Bindungen und verbessert die physische Fitness. Und sie zeigen: Durch einfache Praktiken können Menschen ihr Leben nachhaltig positiv verändern.

Wie tägliche Dankbarkeit dein Leben positiv verändern kann

Zusammen mit dem Mantra »Danke« kann tägliche Dankbarkeitspraxis das Leben auf erstaunliche Weise positiv verändern. Die Neuropsychologie hat herausgefunden, dass das regelmäßige Ausdrücken von Dankbarkeit neuronale Schaltkreise im Gehirn aktiviert, die mit positiven Emotionen verbunden sind. Kommunikationsexperten betonen, dass Dankbarkeit die zwischenmenschliche Kommunikation stärkt und Konflikte entschärfen kann. Medizinische Studien belegen, dass dankbare Menschen ein stärkeres Immunsystem und eine bessere Herzgesundheit haben. Echte Zahlen und Fakten unterstützen diese Erkenntnisse: Eine Studie der University of California, Berkeley aus dem Jahr *2003 (Emmons & McCullough)* zeigte, dass Teilnehmer, die regelmäßig Dankbarkeit praktizierten, um 23 Prozent weniger Stress und Angst verspürten. Ist es nicht faszinierend, wie eine einfache Praxis wie das tägliche Ausdrücken von Dankbarkeit unser Leben auf so vielfältige Weise verbessern kann?

Methoden für deine tägliche Dankbarkeitspraxis

Eine einfache Möglichkeit ist das Führen eines Dankbarkeitstagebuchs in der Art von »Three Good Things« nach Martin Seligman. Studien zeigen, dass Menschen, die diese Übung regelmäßig durchführen, eine signifikante Steigerung ihres Wohlbefindens erleben. Eine weitere Methode ist das sogenannte »Gratitude Letter Writing«. Schreibe einen Brief an jemanden, dem du dankbar bist, und lies ihm diesen persönlich vor.

Diese Übung kann tiefgehende emotionale Verbindungen schaffen und sowohl den Absender als auch den Empfänger bereichern. Eine Variante ist das wöchentliche »Dankbarkeitsritual« in der Familie oder im Freundeskreis. Setzt euch zusammen und teilt, wofür ihr den jeweils anderen dankbar seid. Dies stärkt das Gemeinschaftsgefühl und fördert positive Interaktionen. Eine andere Technik ist die sogenannte »Mindful Gratitude Practice«. Nimm dir jeden Tag ein paar Minuten Zeit, um bewusst über die Dinge nachzudenken, für die du dankbar bist. Dies kann während einer Meditation oder einfach in einem ruhigen Moment sein. Um mehr Dankbarkeit in deinem Alltag zu etablieren, kannst du dir kleine Erinnerungen einrichten, wie zum Beispiel Post-its mit Dankbarkeitsbotschaften an deinem Spiegel oder am Arbeitsplatz (s. Abb. 2)

Methoden zum Praktizieren von Dankbarkeit

- Führe ein Dankbarkeitstagebuch in der Art von »Three Good Things« nach Martin Seligman.

- Teile mit deiner Familie oder im Freundeskreis in einem wöchentlichen »Dankbarkeitsritual«, wofür ihr dem jeweils anderen dankbar seid.

- Schaffe mit »Gratitude Letter Writing« tiefgehende emotionale Verbindungen.

- Nimm dir mit der »Mindful Gratitude Practice« jeden Tag ein paar Minuten Zeit, z. B. als Meditation, um bewusst über die Dinge nachzudenken, für die du dankbar bist.

- Etabliere mit kleinen Erinnerungen mehr Dankbarkeit in deinem Alltag, wie z. B. Post-its mit Dankbarkeitsbotschaften an deinem Spiegel.

Abb. 2 Methoden zum Praktizieren von Dankbarkeit

Das Führen eines Dankbarkeitstagebuchs

Das Führen eines Dankbarkeitstagebuchs kann die Sichtweise auf das Leben erheblich verändern. Es ist leicht gemacht, braucht nur die Überwindung von Bequemlichkeit und bringt eine große Veränderung in dein Leben. Starte am besten so: Jeden Abend schreibst du drei Dinge auf, die dich dankbar gemacht haben. Mit der Zeit bemerkst du, dass du aufmerksamer für die kleinen Dinge im Alltag wirst. Du schreibst vielleicht über die Tasse Kaffee am Morgen, an der du deine Hände gemütlich wärmst, über ein Lächeln von einem Kollegen oder die Umarmung deines Kindes. Um diese Übung zu optimieren, verbinde jeden Eintrag mit einer kleinen Reflexion: Warum bin ich dankbar für dieses Ereignis? Diese tiefere Auseinandersetzung verstärkt das Gefühl der Dankbarkeit. Es gibt auch Variationen dieser Übung, wie zum Beispiel das tägliche Fotografieren von Dingen, für die du dankbar bist, und das Erstellen eines visuellen Dankbarkeitsalbums. Wichtig ist, dass du konsequent dranbleibst und dir bewusst täglich Zeit für dein Tagebuch nimmst.

Wunder wirken: Regelmäßige Dankbarkeit in Beziehungen

Regelmäßig Danke zu sagen kann Beziehungen auf vielfältige Weise stärken, auch die Beziehung zu dir selbst. Eine Studie der Wissenschaftler Sara Algoe, Jonathan Haidt und Shelly Gable aus dem Jahr 2008 zeigte, dass das Ausdrücken von Dankbarkeit in Beziehungen zu einer höheren Zufriedenheit und Verbundenheit führt. Neurowissenschaftliche Forschungen haben ergeben, dass in der Dankbarkeitspraxis das »Liebeshormon« Oxytocin freigesetzt wird, das soziale Bindungen stärkt und

Vertrauen fördert. In der Kommunikationspsychologie wird diese Tugend als effektives Mittel zur Verbesserung der zwischenmenschlichen Kommunikation angesehen. Durch Dankbarkeit fühlen sich Menschen wertgeschätzt und verstanden, was Konflikte reduziert und die Zusammenarbeit fördert. Eine konkrete Übung, die du ausprobieren kannst, heißt »Dankbarkeit teilen«. Nimm dir täglich ein paar Momente, einem Kollegen, Freund oder Familienmitglied deine Dankbarkeit auszudrücken. Sei spezifisch und ehrlich. Eine Variante davon ist das »Dankbarkeitsritual am Arbeitsplatz«, bei dem Kollegen regelmäßig die positiven Beiträge ihrer Teammitglieder anerkennen. Eine Studie der University of Pennsylvania aus dem Jahr 2012 zeigt, dass solche Rituale die Arbeitszufriedenheit und Teamleistung signifikant verbessern. Indem du Dankbarkeit in deinen Alltag integrierst, stärkst du nicht nur deine Beziehungen, sondern förderst auch ein harmonischeres und kooperativeres Umfeld.

Dein tägliches »Danke« – vor allem in stressigen Zeiten

Eine Studie des Greater Good Science Center an der UC Berkeley aus dem Jahr 2018 fand heraus, dass das tägliche Praktizieren von Dankbarkeit die Stresshormone im Körper reduziert und das allgemeine Wohlbefinden verbessert. Doch gerade dann, wenn man sich in einer tiefen Stress-Situation befindet, ist es umso wichtiger.

Um dir Dankbarkeit im Alltag zu bewahren, kannst du dir kleine Erinnerungen schaffen. Eine einfache Methode ist das Einrichten von »Dankbarkeitsankern«. Das können Gegenstände sein, die dich an Dankbarkeit erinnern, wie ein besonderer Stein auf deinem Schreibtisch oder ein Armband. Eine weitere Möglichkeit ist das Einrichten eines Dankbarkeits-Weckers auf deinem Handy. Es gibt z. B. spezielle Apps, die dich täglich daran erinnern, wofür du dankbar sein könntest. Oder probiere es mal mit diesem »Morgenritual«: Beginne deinen Tag mit einem Moment der Anerkennung. Während du deinen Kaffee trinkst oder dich morgens fertig machst, denke an drei Dinge, für die du dankbar bist. Auch in stressigen Zeiten kann dieses Ritual dir helfen, positiv zu bleiben und den Tag mit einer guten Einstellung zu beginnen. Welch große Wirkung diese kleinen Routinen haben, habe ich am eigenen Leib erfahren: Wenn ich mich gestresst fühle, erinnere ich mich daran, dankbar zu sein. Das hilft mir, mich zu beruhigen und neu zu fokussieren.

Kleine Gesten der Dankbarkeit im Alltag

Kleine Zeichen der Dankbarkeit können im Alltag eine große Wirkung haben. Ein einfaches Lächeln oder ein aufrichtiges »Danke« kann den Tag eines anderen Menschen erhellen. Verfasse doch mal von Hand geschriebene Dankeskarten. Diese persönliche Geste zeigt dem Empfänger, dass du dir die Zeit genommen hast, deine Gefühle auszudrücken. Oder bring kleine Aufmerksamkeiten wie eine Tasse Kaffee für einen Kollegen oder einen selbstgebackenen Kuchen für die Nachbarn mit. Diese Aktionen müssen nicht groß oder teuer sein, um ihre Wirkung zu entfalten. Studien zeigen, dass kleine Mitbringsel sowohl den Schenkenden als auch den Beschenkten glücklicher machen. Eine andere Möglichkeit, Dankbarkeit zu zeigen, ist das Teilen von positivem Feedback. Nimm dir die Zeit, einem Kollegen oder Freund eine schöne Rückmeldung zu geben, wenn er oder sie etwas Gutes getan hat. Dies stärkt nicht nur eure Beziehung, sondern fördert auch ein gutes Umfeld. Ein Beispiel aus meinem eigenen Leben: Ich habe mir angewöhnt, meinem Team am Ende jeder Woche eine Dankbarkeits-E-Mail zu schreiben, in der ich ihre Beiträge und Erfolge hervorhebe. Diese einfache Geste hat die Stimmung und das Engagement im Team erheblich verbessert.

In Kürze

Tägliche Dankbarkeitspraxis und das Mantra »Danke« haben das Potenzial, das Leben erheblich zu verbessern. Dankbarkeit kann das psychische Wohlbefinden steigern, Beziehungen vertiefen und sogar die körperliche Gesundheit fördern. Studien zeigen, dass Menschen, die regelmäßig Dankbarkeit praktizieren, weniger Stress haben, optimistischer sind und ein stärkeres Immunsystem besitzen. Die Praxis der Dankbarkeit führt zu einer positiven Sichtweise auf das Leben und schafft eine Atmosphäre des Wohlwollens und der Zufriedenheit.

Meine Dankbarkeits-Hacks für schwere Fälle

Dankbar zu sein für schwierige Erlebnisse, kann dich sehr herausfordern. Aber: Es hat immer auch tiefgreifende positive Auswirkungen. Denn diese Methode hilft dir, Resilienz aufzubauen und aus schwierigen Situationen zu lernen. Deine Übung: Schreibe eine Liste der Herausforderungen, die du im letzten Jahr hattest, und notiere, was du daraus gelernt hast oder wie sie dich stärker gemacht haben. Psychologische Studien zeigen, dass diese Reflexion die emotionale Verarbeitung unterstützt und zur persönlichen Weiterentwicklung beiträgt. So kannst du zum Beispiel nach einer schwierigen Phase im Job erkennen, dass du dadurch neue Fähigkeiten entwickelt oder gelernt hast, besser mit Stress umzugehen.

Dankbarkeit gegenüber problematischen Menschen

Schwierigen Menschen deine Dankbarkeit zu zeigen, kann die eigene Perspektive und die Dynamik der Beziehung positiv verändern. <u>Deine Übung</u>: Denke an eine Person, mit der du Probleme hast, und finde drei Dinge, für die du ihr dankbar sein könntest. Schreibe einen Brief, in dem du diese Dankbarkeit ausdrückst, aber sende ihn nicht unbedingt ab. Dieser Prozess hilft dir, negative Emotionen abzubauen und die eigene Haltung zu verändern. Neurowissenschaftliche Untersuchungen belegen, dass das bewusste Praktizieren von Dankbarkeit das Gehirn neu verdrahtet und Empathie sowie Verständnis fördert.

Dankbarkeit, wenn es kompliziert ist

In schwierigen Phasen kann Dankbarkeit helfen, den Fokus auf das Positive zu lenken und die Stimmung zu verbessern. <u>Deine Übung</u>: Beginne den Tag mit einer Dankbarkeitsmeditation, bei der du dich auf drei Dinge konzentrierst, für die du trotz der aktuellen Herausforderungen dankbar bist. Diese Praxis fördert die Freisetzung von Serotonin und Dopamin, den sogenannten Glückshormonen, was nachweislich die Stimmung hebt und Stress reduziert. Auch wenn es schwerfällt, in dunklen Zeiten positive Aspekte zu finden, zeigt die Forschung, dass diese Übung langfristig das Wohlbefinden steigert.

Dankbarkeit als Teil des Tagesablaufs

Um Dankbarkeit in den täglichen Ablauf zu integrieren, helfen kleine Rituale und Erinnerungshilfen. Deine Übung: Stell dir auf deinem Smartphone einen Wecker ein, der dich mehrmals täglich daran erinnert, einen Moment der Dankbarkeit zu praktizieren. Diese kurzen Unterbrechungen helfen, Dankbarkeit zur Gewohnheit werden zu lassen, und fördern eine positive Grundstimmung. In stressigen Zeiten kann dir dieser kleine Moment der Reflexion eine willkommene Pause bieten und dir helfen, den Tag bewusster und positiver zu erleben.

Dankbarkeit als SOS-Helfer

Dankbarkeit kann als Notfallstrategie dienen, wenn du dich in einer besonders stressigen oder negativen Situation befindest. Deine Übung: Erstelle eine »Dankbarkeits-Notfallbox« mit kleinen Zetteln, auf denen du positive Erinnerungen, inspirierende Zitate oder Dankbarkeitsgedanken notiert hast. In Momenten der Verzweiflung oder Wut öffne die Box und lies einige der kleinen Texte. Diese Technik hilft dir, den Fokus schnell zu ändern und die Stimmung zu verbessern. Laut Studien der Positiven Psychologie ist das bewusste Lenken der Gedanken auf schöne Erinnerungen eine effektive Methode zur Bewältigung von Stress und negativen Emotionen.

In Kürze

Du siehst, Dankbarkeit hat weitreichende positive Effekte auf das Leben. Sie fördert nicht nur die psychische und physische Gesundheit, sondern verbessert auch zwischenmenschliche Beziehungen und hilft, mit Herausforderungen besser umzugehen. Indem du täglich Dankbarkeit praktizierst und »Danke« zu deinem Mantra machst, kannst du dein Leben auf vielfältige Weise bereichern und transformieren.

4.

Enjoy every day: Genieße jeden Tag

Feiere auch die kleinen Momente und lebe jeden Tag, als wäre es dein bester

Wickie war immer für eine Überraschung gut: »Jetzt schauen wir uns mal einen Film an – der wird dich auf andere Gedanken bringen. Wie wäre es, wenn jeder Tag gleich wäre? Es gibt einen Spruch, der heißt: Und täglich grüßt das Murmeltier. Kennst du den?« »Ja, klar kenne ich den, also den Spruch. So fühlte ich mich in den letzten Wochen und Monaten.« »Prima! Dann kannst du dich ja super in den Helden der Geschichte einfühlen«, lachte Wickie. Ich schaute ihn etwas entnervt an. Er kramte unverdrossen in seiner Tasche und hielt eine DVD hoch: »Hier, schau mal – lass uns uns mal nachher mit einem coolen Kinoabend ablenken.« »Aber wir schauen ihn nur, wenn es ein Happy End gibt«, forderte ich. »Sonst musst du dir den allein anschauen.« »Hey, was denn?«, Wickie lachte. »Also erst einmal: Im Vergleich mit der Hauptfigur bist du viiiel hübscher, mit langen Haaren sähst du der zweiten Hauptfigur, gespielt von Andie McDowell, sogar ähnlich – und außerdem bist du ja schon viel weiter! Wir durchschreiten ja gerade das Tal, sehen schon deine funkelnde, glänzende, wunderbare Zukunft vor uns und haben schon einen Rucksack gepackt mit großartigen Wegbegleitern, Maßnahmen, Mitteln und Übungen, wie wir dahin kommen.« »Okay«, murrte ich wenig überzeugt. »Ich bin dabei, aber wenn es doof wird, dann schalten wir aus.«

Der Ausspruch »Und täglich grüßt das Murmeltier« stammt aus dem gleichnamigen Film von 1993, in dem Bill Murray als Phil Connors und Andie McDowell als Rita die Hauptrollen spielen. Phil Connors ist ein egozentrischer Wetteransager, der in einer Zeitschleife festsitzt und ein und denselben Tag immer wieder erlebt. Eingesperrt im Kleinstädtchen Punxsutawney, beginnt sein Albtraum, als er wie seit vier Jahren wieder einmal über den Murmeltiertag am 2. Februar berichten muss. Nach dem Dreh wird der Highway wegen eines Schneesturms gesperrt und Phil muss dort erneut übernachten. Als der Radiowecker am nächsten Morgen wieder den Song »I Got You Babe« von Sonny and Cher spielt, bemerkt er, dass er denselben Tag, den 2. Februar, erneut durchlebt. Trotz seiner verzweifelten Versuche gibt es keinen Ausweg aus der Zeitschleife. Phil erkennt, dass er die Ereignisse dieses sich ständig wiederholenden 2. Februars verändern kann, ohne Konsequenzen zu fürchten. Anfangs nutzt er diese Freiheit für Ausschweifungen. Seine Bemühungen, die tugendhafte Rita zu verführen, scheitern immer wieder. Phil verliert den Lebenswillen und begeht mehrfach Selbstmord, nur um immer wieder um sechs Uhr morgens am 2. Februar im gleichen Hotelzimmer aufzuwachen. Eines Tages vertraut er sich Rita an. Sie rät ihm, seine Zeit sinnvoll zu nutzen. Also beginnt Phil, neue Fähigkeiten zu erlernen, wie Klavierspielen und das Schnitzen von Eisskulpturen, und er wird zu einem wohltätigen Menschen. Er hilft den Bewohnern von Punxsutawney, verschönert einem obdachlosen Mann seine letzten Stunden vor dem Tod und rettet sogar zwei Leben. Sein Verhalten verändert sich grundlegend und schließlich erobert er das Herz von Rita. Am Ende des Films bricht die Zeitschleife. Phil und Rita wachen am 3. Februar morgens gemeinsam auf. Phil schlägt ihr vor, in Punxsutawney zu bleiben und hier gemeinsam ein neues Leben zu beginnen.

Von Altruismus über den Umgang mit Routinen bis hin zur Geduld bieten Phil Connors' Erlebnisse in »Und täglich grüßt das Murmeltier« wertvolle Lektionen für das eigene Leben. Phil hat verstanden, dass Selbstverbesserung ein tägliches Lebensziel sein kann. Seine neu erlernten Aktivitäten geben ihm nicht nur Selbstvertrauen, sondern auch eine tiefere Befriedigung. Indem du kontinuierlich an dir arbeitest, kannst du ebenfalls deine Lebensqualität steigern und neue Talente entdecken. Nimm dir jeden Tag Zeit, um etwas Neues zu lernen oder bestehende Fähigkeiten zu verbessern.

Es gibt viele Menschen, die nur auf sich schauen. Gerade wenn es ihnen schlecht geht, denken sie, dass sich alles um sie drehen muss. Sieht mich denn keiner? Hallo! Daran zu denken, dass sie selbst aufstehen und sich bewegen können, tun wenige. Ein Beispiel: Ich arbeitete über ein Jahr mit einer Kollegin zusammen, die ich klasse fand. Sie hatte einen tollen Wortwitz, eine schnelle Auffassungsgabe und war immer farbenstark angezogen. Das unterstrich ihren Schneewittchen-Typ mit dunklen langen Haaren und hellem Teint. Sie hatte Morbus Crohn und rauchte, zwei Schachteln Zigaretten am Tag, aß mit Vorliebe Junkfood in Mengen und trank den ganzen Tag über ausschließlich Cola. Warum sie das machte? »Ist mir doch egal«, war ihre Antwort. »Vielleicht sieht dann ja mal endlich mein Arbeitgeber, wie schlecht es mir geht.« »Und du? Willst du denn nicht, dass die Schmerzen weggehen, du dich besser fühlst und deine Sachen mit Power erledigen kannst?« »Na, dafür gehe ich dann ja ein paarmal im Jahr ins Krankenhaus: Vollpension, nettes Zimmer, werde dort top versorgt. Da kümmert man sich um mich. Und mein Arbeitgeber, ja, der sieht dann mal, was ist, wenn ich nicht da bin. Kann ja sein, dass dem das dann mal auffällt, was er an mir hat.« Ich war geschockt. Ich konnte sie nicht umstimmen. Unser Kontakt verlor sich. Dann vor einigen Wochen ein Anruf: »Kennst du mich noch?« Es war unser Vorgesetzter von damals. Sie war gestorben. Er wollte mir das mitteilen. »Ihr standet euch doch so nah. Ja, so jung. Wirklich schade. Sie war schon eine klasse Frau. Sie ist wohl an Lungenkrebs gestorben.«

Mir sagte eine Freundin vor ein paar Tagen: »Du siehst daran, wie die Menschen mit sich selbst umgehen, wie sie auch mit anderen umgehen – und umgekehrt.« Und genauso ist auch das zu sehen, was wir daraus ziehen, wenn wir beides tun: In die Selbstliebe zu kommen heißt auch, in die Selbstverbesserung zu kommen. Als Weg, der uns uns weiterentwickeln und Neues erfahren lässt und uns neue Chancen eröffnet. Das gilt für uns und für alles, was wir mit anderen machen, also wo wir in eine Beziehung gehen und Gemeinsames entstehen lassen. Daran zu denken, dass wir uns selbst helfen, indem wir anderen zur Seite stehen, wird von vielen als unsinnig, schwach und sinnlos gesehen. Typische Kommentare sind dann: Wieso tust du dir das an? Bist du Mutter Teresa? Hast du zu viel Geld? Kümmer dich doch erst einmal um dich selbst. Willst wohl ein Sternchen bekommen? Gerade in dieser Zeit sind Achtsamkeit, Hilfsbereitschaft und ein Blick für das Ganze Kompetenzen, die dir UND anderen helfen. Setz dich aktiv für das Wohl anderer ein, sei es durch kleine Gesten oder größere Projekte. Indem du Güte und Altruismus im Alltag umsetzt, bringst du dich und dein Gegenüber jeden Tag in die Kraft, entwickelst positive Momente und schaffst für euch neue Perspektiven. Im Film wird Phil zu einem wohltätigen Menschen, der den Bewohnern von Punxsutawney hilft und ihr Leben verbessert – und damit auch sein eigenes, das einen ganz neuen Sinn erhält und jeden Tag für ihn zu einem besonderen macht.

Routinen sind für viele langweilig, spießig, nicht herausfordernd. Es gibt aber Bereiche, in denen sie genau das Gegenteil bedeuten. Insbesondere wenn es um Schlaf- und Essgewohnheiten geht, sind Routinen sogar wichtige Gesundheitspfeiler. Forscher haben herausgefunden, dass es am gesündesten ist, jeden Tag zur gleichen Zeit schlafen zu gehen, dieselbe Stundenzahl zu ruhen und in möglichst ähnlichen Verhältnissen zu nächtigen, sofern diese optimal sind. Wissenschaftler, die sich mit unserem Essverhalten beschäftigen, bestätigen, dass es für den Körper gut ist, zu immer gleichen Zeiten zu essen – und zu fasten – und auch hier möglichst immer auf Nahrungsmittel zu verzichten, die uns nicht guttun. Und was ist, wenn wir sogar Sinn in der Routine finden? Phil aus »Und täglich grüßt das Murmeltier« fühlt sich anfänglich von der täglichen Wiederholung seines Lebens überwältigt. Es verunsichert und ängstigt ihn – und doch: Durch einen Perspektivenwechsel entdeckt er, wie erfüllend es sein kann, selbst die einfachsten Aufgaben mit Hingabe zu erledigen. Indem du deine Routine bewusster und mit mehr Leidenschaft lebst, kannst du dein tägliches Leben bereichern.

Als Antwort im Vorstellungsgespräch bei Personalentscheidern verpönt, stimmt auf die Frage »Was ist deine größte Schwäche?« für viele diese Aussage doch häufig: Ungeduld. In dieser so schnelllebigen, konsumorientierten Welt sind wir es gewohnt, dass alles sofort passiert, und sind verwundert, verärgert, genervt, wenn Dinge mal länger dauern. Wie das Ankommen eines Pakets, das man gerade erst bestellt hat, das Essen im Restaurant, dessen Zubereitungszeit uns zu lang ist, auch wenn wir es frisch gekocht haben wollen, die Antwort vom Handwerker, wann er denn jetzt endlich kommt, das Ergebnis unserer Blutwerte (schon wieder Fachkräftemangel und Krankheit?), eine Weiterentwicklung, die wir bei uns selbst angestoßen haben (wann höre ich endlich auf, Lust auf Zucker zu haben?), die Heilung einer Erkrankung oder von Unfallfolgen. Es gibt so vieles, was wir gern sofort hätten, auch wenn uns allgemein eher alles zu schnell geht und zu viel ist, wie zu viele E-Mails, Gespräche, Informationen. Was uns dabei hilft: Geduld und Ausdauer zu entwickeln. Phils wiederholte Versuche im Film, Rita für sich zu gewinnen, und seine kontinuierliche Verbesserung zeigen, dass Erfolg oft Zeit und viele Versuche erfordert. Geduld, Ausdauer und flexible kreative Anpassung sind Schlüsselqualitäten, um langfristige Ziele zu erreichen und Rückschläge zu überwinden. Gehe Herausforderungen mit einer Haltung der Beharrlichkeit, des Durchhaltevermögens und mit einem langen Atem an. Rückschläge, Versuche, die nicht geklappt haben, falsche Annahmen, die revidiert werden müssen – sie alle können Stoppschilder, Sackgassen und das Ende bedeuten. Sie können aber auch Schritte auf dem Weg zum Ziel sein. Denk dran: All das, was noch nicht funktioniert, perfektioniert noch weiter das gewünschte Ziel. Wenn du ausgeglichen bist und in dir ruhst, kannst du viel besser abschätzen, wer dir guttut, mit wem du Zeit verbringen und Gemeinsames aufbauen möchtest, beruflich und privat. Diesen Zustand solltest du anstreben, denn nur so kannst du wertvolle Beziehungen aufbauen und davon profitieren. Starke und unterstützende Beziehungen können dir nicht nur in schwierigen Zeiten Halt geben, sondern auch dein Leben insgesamt bereichern. Und bedenke: Im Film kommt Phils ultimative Erlösung aus der Zeitschleife durch seine echte Verbindung zu Rita und seine wachsende Empathie für die Menschen um ihn herum. Investiere Zeit und Energie in bedeutungsvolle Beziehungen zu Familie, Freunden und Kollegen.

»Ich hab dir das noch gar nicht gesagt, Wickie!« Ich berichtete ihm die Geschichte, die der Chefarzt der Mayo Clinic in Rochester mir am Telefon erzählt hatte: Sein Vater Leonhard bekam mit 51 Jahren die Diagnose Krebs, unheilbar. Er selbst war damals noch ein Kind und konnte nicht ganz fassen, was das ändern würde. Leonhards Arzt teilte ihm einige Wochen nach dieser Diagnose mit, dass er damit rechnen müsse, dass sein Leben jeden Tag zu Ende sein könne. Die Metastasen hätten so stark gestreut. Man könne nichts mehr tun. »Mein Vater Leonhard nahm die Diagnose gelassen hin«, hatte der Chefarzt erklärt. Ich war überrascht gewesen. Der Arzt hatte weiter erzählt: »Wenn es so sein soll, dann soll es so sein«, habe sein Vater damals gesagt. Und weiter: »Aber ich kann mir das nicht vorstellen. Ich stelle mir vor, dass es mir gut geht und ich den Rest meines Lebens Freude habe und diese mit möglichst vielen teilen möchte.« Jeden Morgen, wenn er aufwachte, fühlte Leonhard sich gesegnet, einen weiteren Tag erlebt zu haben. Um dieses Glück zu feiern, veranstaltete er jeden Abend eine kleine Geburtstagsparty zum Abendessen. »Wir Kinder, seine Freunde und der Rest der Familie waren zunächst überrascht, doch wir gewöhnten uns schnell an die täglichen Feierlichkeiten.« Leo hatte von dem Tag an zum Abendessen immer bunte Luftballons und einen festlichen gedeckten Tisch vorbereitet, als wäre es tatsächlich sein Geburtstag. Jeder Abend – und damit jede Feier – war ein Fest seines Lebens und der Dankbarkeit. Leo lud oft auch Fremde ein, die er tagsüber traf, und erzählte ihnen seine Geschichte. Er glaubte, dass diese Art zu leben ihn davor bewahrte, eines Tages mit unerledigten Dingen und unausgesprochenen Worten zu gehen. Seine Energie und Freude am Leben inspirierten viele seiner Gäste, ebenfalls bewusster und dankbarer zu leben. Eines Abends, nach einer besonders fröhlichen Feier, kam ein alter Freund zu Leo und fragte ihn, ob er keine Angst vor dem nächsten Tag habe. Leo lächelte und sagte: »Ich habe keine Angst vor dem Tod, denn ich lebe jeden Tag, als wäre es mein schönster.« Dieser Gedanke prägte sich bei allen Anwesenden tief ein. Schließlich kam der Tag, an dem Leo mittags für immer einschlief. Es war einen Tag nach seinem 70. Geburtstag, 19 Jahre nach der Aussage, er habe noch etwa einen Tag zu leben. Leo machte an dem Tag einen Mittagsschlaf und wachte einfach nicht mehr auf. Doch anstatt Trauer zu empfinden, erinnerten sich alle an seine täglichen Geburtstagsfeste und feierten zu seinem wirklich letzten Abschied sein Leben mit einer großen Party. In Leos Testament stand, dass er wollte, dass jeder, der an ihn denkt, ihm die größte Freude machen und jeden Tag so feiern solle, als wäre es sein schönster. Seine Geschichte lebt weiter bis heute, inspiriert durch die unzähligen Menschen, die er berührt hatte. Und so wurde Leo zur Legende in unserer Kleinstadt, als der Mann, der jeden Tag seinen Geburtstag feierte, weil er wusste, dass das Leben kostbar ist. Noch heute sagt man: »Mach's doch wie Leo!« und meint damit, dass man das Leben von seiner guten Seite betrachten soll.

Warum sparen sich viele ihr Leben auf, bis sie in Rente gehen?

Viele Menschen lassen sich vom wirklichen Leben abhalten durch gegenwärtige Verpflichtungen und Verantwortungen. Die Verwirklichung ihrer Träume und Wünsche steht immer an letzter Stelle. Psychologisch gesehen hängt dieses Verhalten häufig mit der Verzögerung der Belohnung zusammen, einem Konzept, bei dem Menschen bereit sind, auf kurzfristige Freuden zu verzichten, um langfristige Ziele zu erreichen. Neurowissenschaftlich betrachtet spielt das Belohnungssystem im Gehirn eine wesentliche Rolle, insbesondere der Nucleus accumbens, der für die Verarbeitung von Belohnungen und Vergnügen zuständig ist.

Ich lernte vor einigen Jahren Anna kennen, eine ehrgeizige Anwältin, angestellt in einer Top-Kanzlei, die ihren Job nicht mochte, aber sich regelrecht daran klammerte. Er gab ihr eine gute, seriöse Reputation, das Gefühl, dass sie »etwas erreicht« hatte. Sie verdiente gut und hatte gleichzeitig Angst, nie genug für später übrig zu haben, und dachte ständig an ihre Rente. Jeden Morgen quälte sie sich zur Arbeit und tröstete sich mit der Vorstellung, dass sie nach der Rente alles nachholen würde, wozu sie jetzt keine Zeit fand: nach Neuseeland reisen und dort einfach mal ganz planlos frei durch das Land streifen, an der Côte d'Azur tagelang faul am Strand liegen ohne Meetings oder einfach mal ein paar Tage lang keine E-Mails lesen, aber dafür ein gutes Buch. Dieses ständige Verschieben von Freude, Erfüllung und Leichtigkeit führte dazu, dass Anna einen Großteil ihres Lebens in einer Art emotionalem Winterschlaf verbrachte. Eines Tages gab es einen Vorfall, der Annas Leben jäh änderte. Es war wie eine Erleuchtung für sie, als sie im Flur mit Kollegen im Gespräch neben dem Kaffeeautomaten stand und plötzlich ein älterer Mitarbeiter neben ihr kollabierte. Wie in Zeitlupe nahm sie wahr, dass er zu Boden fiel: ein Geräusch, der Aufprall seines Körpers auf dem Boden, wie benommen rief sie im Krankenhaus an, bei der Polizei, in der Zentrale ihrer Firma, dann hörte sie schon die Sirenen, drei Männer kamen mit einer Trage, Koffern, Taschen, Instrumenten. Verdacht auf Schlaganfall. Dieser Vorfall ließ sie erkennen, wie vergänglich das Leben ist. Anna war so geschockt von diesem Erlebnis, dass sie sich entschied, sofort etwas zu ändern. Noch in derselben Woche kündigte sie ihren Job und begann, ihren Traum von einer Neuseelandreise zu planen. Plötzlich spürte sie sich wieder, ihre Sehnsüchte, Wünsche, Träume, all das, was sie auf irgendwann verdrängt hatte. Anna begann endlich, jeden Tag zu leben. Sie fühlte sich nicht nur frei und lebendig, sondern auch frischer. Immer wieder wurde sie darauf angesprochen, was sie denn gemacht hätte, sie sähe um Jahre jünger aus. »Was ich nun anders mache?« Sie lachte, wenn sie gefragt wurde, und antwortete: »Ich lebe jetzt!« Manchmal sind es gerade die negativen Einschnitte im Leben, wie plötzliche Schicksalsschläge bei einem selbst oder anderen, vor allem geliebten nahestehenden Menschen, die uns dazu bringen, dass wir aufwachen, uns wieder spüren und beginnen, das Leben als Chance zu sehen. Ähnlich ging es mir nach meinem Unfall im Krankenhaus. Als ich damals aufwachte, waren mir zwei Dinge klar: Erstens: Ich hole mir mein Leben zurück und zweitens: Anders sollte es werden. Diesmal voller Achtsamkeit und Respekt gegenüber mir und anderen. Wie sehr hatte ich vorher versucht, zu leben – zwischen starren Abläufen, strikten Regelungen und klaren finanziellen Zielvorgaben, die auch mein Privatleben mitbestimmt hatten. Da es jedem um mich herum so ging, empfand ich diesen Zustand zwar als unbefriedigend, aber nicht als unnormal. Bis zu dem Moment, als ich auf der Karriereleiter da angekommen war, wo ich immer hinwollte, und es sich zwar anders, aber keinen Deut besser, freier oder leichter anfühlte. Da wurde mir klar, dass ich mehr auf meine innere

Stimme hören und mich auf das konzentrieren sollte, was mir wirklich Freude machte. Was mich in die Leichtigkeit bringen und mir Zeit für Privates lassen würde. Ich erinnerte mich noch gut an den Tag, als ich Lina im Vorstellungsgespräch interviewte. Sie strahlte Energie und Entschlossenheit aus, und doch hatte sie eine besondere Ruhe an sich, die selten bei Menschen zu finden ist, die in unserem hektischen Konsumgüter-Geschäftsfeld arbeiten. Lina war 32 Jahre alt, top ausgebildet und sehr klar darüber, was sie wollte: 30 Wochenstunden, Viertagewoche, keine Führungsrolle. Und damit steht sie nicht allein in ihrer und der jüngeren Generation. Für mich war damals klar, dass die Meile mehr und Überstunden auch am Wochenende einfach mal dazugehören. Lina zeigte mir, dass es auch anders geht. Sie erzählte mir von ihrer Mutter, und dass unter ihren Geschwistern sicher war, dass jeder, der konnte, beruflich zurückstecken wollte, als sie die Diagnose Multiple Sklerose erhielt. Nicht, weil sie mussten, sondern weil ihnen der Zusammenhalt, die Familie, wichtiger war als beruflicher Erfolg. Und gleichzeitig entschied sie sich damals, sich mehr Zeit für ihre Interessen, vor allem für ihr Pferd, zu nehmen. Sie hat mir oft erzählt, wie sie die Zeit mit ihm genoss, wie sie sich dabei erdete, kreative Ideen bekam und neue Kraft schöpfte. Für sie war diese Zeit unbezahlbar und wichtiger als jede Beförderung.

Diese Einstellung steht stellvertretend für viele in ihrer Generation: junge Menschen, die bewusst weniger arbeiten, um mehr Zeit für sich selbst und ihre Liebsten zu haben. Sie lehnen die traditionelle Vorstellung von Erfolg ab, die auf Macht, Geld und Status basiert. Stattdessen suchen sie nach Erfüllung im Leben, in kleinen Dingen, in Beziehungen und in Momenten der Ruhe. Unsere Eltern hatten oft keine andere Wahl. Für sie war harte Arbeit ein Muss, um die Familie zu ernähren und Sicherheit zu bieten. Sie opferten ihre Freizeit und oft auch ihre Gesundheit, um uns ein besseres Leben zu ermöglichen. Doch meine Generation und besonders Linas haben erkannt, dass es noch mehr gibt als nur Arbeit. Sie wollen nicht die Fehler wiederholen, die sie bei ihren Eltern gesehen haben. Lina hat mir beigebracht, dass es okay ist, weniger zu arbeiten und trotzdem erfolgreich zu sein. Erfolg misst sich für sie nicht in Geld oder Karriere, sondern in der Fähigkeit, das Leben zu genießen und sich um sich selbst zu kümmern. Sie lebt nach dem Motto, dass unsere Zeit hier zu kurz ist, um sie nur der Arbeit zu widmen. Diese Haltung hat auch mich inspiriert, mein Leben zu überdenken. Vielleicht war es an der Zeit, eine Balance zu finden und wie Lina die Führung für das eigene Leben zu übernehmen. Wir machen es anders als unsere Eltern, und vielleicht ist das auch gut so.

Wickie hatte meinen Erzählungen aufmerksam zugehört. »Und, Ms. Perfect, wie machst du es dann nun, dass du hier deine Balance findest?«

»Na ja, abgesehen davon, dass ich hier ja raus möchte und keine Strategie für das Verweilen habe? Okay, ich weiß, wie du es meinst, ja, ich versuche auch hier in diesen Tagen eine Balance für mich zu finden. Du hilfst mir ja dabei. Also, wie mache ich es? Jeden Morgen arrangiere ich die Blumen der Vase auf meinem Nachttisch, die ihr mir immer wieder gegen frische austauscht. Zwischendurch nehme ich mir Zeit, an meine Vorbilder zu denken, an ihren Mut, Entscheidungen zu treffen, Herausforderungen anzunehmen und ihr Leben in die Hand zu nehmen. Und du liest mir ja auch aus Biografien vor. Das tut mir gut, einzutauchen in ein anderes Leben, zu erfahren, dass so viel mehr geht, als wir oftmals denken. Einfach nur zuhören, im Moment sein und auch dankbar sein, dass ich zuhören kann, die Blumen riechen, fühlen, schmecken, sehen kann. Es gibt so viele Menschen, die das nicht können. Und dann sind es Kleinigkeiten. Man kann sagen, ich schaffe kleine Rituale: das Genießen einer Tasse Tee am Nachmittag, um ganz im Moment zu sein. Ich versuche auch, mir jeden Tag etwas Besonderes zu gönnen. Das tun wir seit einigen Tagen ja zusammen, ich meine, du machst das für mich, wie deine unglaubliche Fußmassage, einen guten Film, den wir zusammen anschauen, oder so Blödel-Sachen. Wenn wir Karaoke singen zum Beispiel oder versuchen, die Geschichte, die der eine anfängt, möglichst witzig weiterzuerzählen oder uns eine Geschichte aus mehreren Blödsinn-Worten, die der eine vorgibt, ausdenken oder wenn wir uns für bestimmte Geschehnisse immer sieben möglichst wirklichkeitsferne witzige Erklärungen ausdenken. Weißt du, diese Leichtigkeit, die tut mir einfach gut. Dann vergesse ich, wo ich bin, und fühle mich in dem Moment einfach wohl – und dankbar.«

In Kürze

Manchmal kommt uns der Alltag dazwischen, mit seinem Hamsterrad, mit seinen kleinen Hindernissen, die unter der Lupe wie Gebirgszüge an Problemen aussehen. Jeder Tag hat verdient, ein großartiger zu sein, einer, an dem wir uns erfüllt fühlen, richtig am Platz, angekommen, und jede kleine Freude sollte bewusst gefeiert werden.

Die Wissenschaft liefert uns wertvolle Erkenntnisse

Auch wenn wir es schon aus den vorangegangenen Unterkapiteln ahnen: Die Wissenschaft zeigt uns spannende Erklärungen und Hintergründe auf, mit denen wir die Kraft von Achtsamkeit als Schlüsseltechnik noch besser verstehen können. Studien zeigen, dass Achtsamkeitstraining die Lebenszufriedenheit erhöht und Stress reduziert. (Kabat-Zinn, 2003) Das Konzept der »Micro-Moments« der US-amerikanischen Psychologin Professor Barbara Fredrickson zeigt, dass kleine positive Erlebnisse das emotionale Wohlbefinden stark beeinflussen können. Diese »Mikro-Momente« sind kurze, bedeutungsvolle Interaktionen oder Erlebnisse, die uns Freude bereiten, wie z. B. wenn wir aufmerksam dem formvollendeten Flügelschlag eines Schmetterlings zuschauen. Unser Gehirn ist in der Lage, sich durch solche positiven Erfahrungen neu zu verdrahten, was als Neuroplastizität bekannt ist. (Doidge, 2007) Ein weiterer wichtiger Aspekt ist Selbstmitgefühl, um jeden Tag, ja jeden Moment als den besten zu erleben. Kristin Neff, Professorin für Psychologie und Persönlichkeitsentwicklung an der University of Texas in Austin, entdeckte durch den Buddhismus das Konzept des Selbstmitgefühls vor zwanzig Jahren und machte es erstmals zum Gegenstand psychologischer Forschung. Sie hat gezeigt, dass Selbstmitgefühl Stress reduziert und die Resilienz erhöht. Regelmäßige Bewegung fördert dabei das Im-Moment-Sein und die Ausschüttung von Endorphinen, den »Glückshormonen«, die unser Wohlbefinden steigern. (Ratey, 2008) Auch soziale Verbindungen sind essenziell für unsere psychische Gesundheit. Eine Studie der Direktorin des Social Connection and Health Lab, Julianne Holt-Lunstad, Professorin für Psychologie und Neurowissenschaften an der Brigham Young University, (2010) zeigt, dass starke soziale Netzwerke die Lebenserwartung erhöhen.

Gemeinsames Lachen kann sogar den Cortisolspiegel senken und das Immunsystem stärken. (Bennett et al., 2003) Aber auch das Mit-sich-Sein im gegenwärtigen Moment, die Meditation, reduziert nicht nur Stresshormone und fokussiert den Geist. Es senkt auch den Blutdruck. (Schneider et al., 2019) Eine tiefe Atmung dabei kann eine sofortige Entspannung und Stressreduktion bewirken. (Jerath et al., 2006) Engagement in sinnvolle Aktivitäten – und das am besten gemeinsam – fördert Glücksgefühle und Zufriedenheit. Kreative Tätigkeiten, auf die wir uns konzentrieren und die uns den Moment erleben lassen, mindern Stress und fördern das Wohlbefinden (Conner et al., 2018). Viele empfinden sie als langweilig, aber was sie vergessen: Routinen bieten Struktur und können helfen, Stress zu reduzieren. (Wood & Neal, 2007) Eine weitere Möglichkeit, um den Moment schätzen zu lernen, ist, Zeit in der Natur zu verbringen. Das verbessert die psychische Gesundheit und das Wohlbefinden. (Bratman et al., 2015) Effektives Zeitmanagement reduziert Stress, fördert die Konzentration und steigert die Produktivität. Auch Musikhören und das Aufschreiben von Gedanken und Gefühlen schulen unseren Fokus und das Erleben des Moments – zusätzlich kann es das emotionale Wohlbefinden steigern und Stress. abbauen (Metzner & Busch, 2015) Eine erfüllende Betätigung, privat oder beruflich oder im besten Fall beides, kann das allgemeine Glücksgefühl und die Zufriedenheit steigern. Kleine Erfolge zu feiern, fördert das Selbstwertgefühl und die Motivation, während Resilienztraining hilft, besser mit Stress und Rückschlägen umzugehen. (Masten, 2001)

Was viele vergessen: Wenn wir in der Selbstliebe sind, gehen wir auch anders mit anderen um. Statt neidisch, missgünstig oder argwöhnisch anderen etwas nicht zu gönnen, geht es uns viel besser, wenn wir ihnen Anerkennung zeigen, Anderssein mit wachem Interesse begegnen und zuhören. (Brown, 2015) Der Begriff »Demut« galt lange Zeit als veraltet, genauso wie der Begriff »Tugend«. Dabei bedeutet Demut im positiven Sinne für unser Selbstwachstum, dass wir unsere eigenen Grenzen und Schwächen erkennen und akzeptieren. Dies ermöglicht es uns, offen für neue Lern- und Wachstumschancen zu bleiben, und es nimmt uns den Leistungsdruck, unter den wir uns oft selbst setzen. Uns zu vergeben, zu akzeptieren, wenn wir gerade erschöpft sind, geduldig mit uns zu sein, hilft uns, den Moment zu leben und zu genießen. (Ratey, 2008)

»*Achtsamkeit* – und Selbstmitgefühl fördern Wohlbefinden und Lebensfreude.«

Welche Strategien helfen dir, deinen Alltag bewusst und achtsam zu genießen?

Um den Alltag bewusst und achtsam zu genießen, ist es wichtig, zunächst einmal innezuhalten und den Moment zu erleben, anstatt immer nur zu hetzen. Achtsamkeitsübungen wie bewusstes Atmen oder kurze Meditationen können dir helfen, dich zu zentrieren und den Stress deines Alltags zu reduzieren. Versuche, regelmäßig Pausen einzulegen, um deinen Geist zu erfrischen und deinen Körper zu entspannen. Eine weitere Strategie ist, sich bewusst auf eine Tätigkeit zu konzentrieren. Das kann der Genuss einer Tasse Tee oder ein Spaziergang sein. Durch die Fokussierung auf eine einzige Aufgabe kannst du den Moment intensiver erleben. Das Führen eines Achtsamkeitstagebuchs kann ebenfalls hilfreich sein. Schreibe täglich auf, was dir Freude bereitet hat oder wofür du dankbar bist. Dies fördert ein positives Bewusstsein und hilft dir, die schönen Seiten des Lebens mehr zu schätzen. Außerdem kannst du kleine Rituale in deinen Alltag integrieren, die dir Freude bereiten, wie das Lesen eines Buches, das Hören deiner Lieblingsmusik oder das Pflegen eines kleinen Gartens. Diese Momente geben deinem Tag Struktur und einen positiven Ankerpunkt. Es ist auch wichtig, digital abzuschalten. Reduziere die Zeit, die du mit deinem Smartphone oder vor dem Computer verbringst, und widme dich stattdessen Aktivitäten, die dir wirklich guttun. So kannst du den Alltag achtsamer und bewusster erleben.

Wie kannst du lernen, die kleinen Dinge im Leben wertzuschätzen?

Um die kleinen Dinge im Leben wertzuschätzen, ist es hilfreich, regelmäßig innezuhalten und sich auf das Positive zu fokussieren.

- ♣ Beginne damit, jeden Abend drei Dinge aufzuschreiben, die dir an dem Tag Freude bereitet haben, egal wie klein sie erscheinen mögen. Das Dankbarkeitstagebuch hilft dir, deinen Blick für die guten Aspekte des Lebens zu schärfen.

- ♣ Versuche, dich aktiv auf deine Umgebung einzulassen. Wenn du zum Beispiel draußen spazieren gehst, nimm bewusst die Natur wahr: das Zwitschern der Vögel, den Duft der Blumen oder das Rascheln der Blätter im Wind. Diese kleinen Erlebnisse können dir viel Freude bereiten, wenn du ihnen Aufmerksamkeit schenkst.

- ♣ Ein weiterer wichtiger Punkt ist, dankbar zu sein. Dankbarkeit kann dir helfen, die kleinen Dinge mehr zu schätzen. Wenn du bewusst dankbar für das bist, was du hast, wirst du feststellen, dass dein Leben reicher und erfüllter wird.

- ♣ Teile deine Freude über kleine Dinge auch mit anderen. Ein Lächeln, ein nettes Wort oder eine kleine Geste können sowohl dir als auch deinem Gegenüber den Tag verschönern. So verbreitest du positive Energie und wertschätzt gleichzeitig die kleinen Dinge im Leben.

Dankbarkeit ist so wichtig, dass ihr ein Extrakapitel gewidmet ist. Unter 4.7. findest du weitere Aspekte.

Welche täglichen Rituale können dir mehr Freude und Zufriedenheit schenken?

Rituale geben deinem Alltag Struktur und können eine Quelle für mehr Freude und Zufriedenheit sein. Eine einfache Methode ist, den Tag mit einer kurzen Meditation oder einem Dankbarkeitsjournal zu beginnen. Dies legt den Grundstein für einen positiven Start in den Tag.

Ein weiteres Ritual könnte eine tägliche Bewegungseinheit sein, sei es ein Spaziergang, Yoga oder ein kurzes Training deines Lieblingssports. Bewegung setzt Endorphine frei, die dich glücklicher und zufriedener machen.

Auch das bewusste Genießen von Mahlzeiten kann eine sinnvolle Gewohnheit werden. Nimm dir Zeit, deine Nahrungsmittel zu schätzen, und versuche, jede Mahlzeit zu einem kleinen Fest zu machen. Dies kann dir helfen, achtsamer zu essen und die Speisen mehr zu genießen.

Abendrituale können ebenfalls sehr beruhigend sein: Lies ein Buch, höre entspannende Musik oder koch dir eine Tasse Kräutertee. Solche Dinge helfen dir, den Tag ruhig ausklingen zu lassen und dich auf eine erholsame Nacht vorzubereiten.

Das Pflegen sozialer Kontakte gehört ebenfalls zu dieser Liste. Regelmäßige Treffen oder Telefonate mit Freunden und Familie stärken die Bindungen und fördern das Gefühl der Verbundenheit.

Wie entwickelst du eine positive Einstellung, mit der du jeden Tag wertschätzt?

Eine positive Einstellung kann durch verschiedene Praktiken entwickelt und gefestigt werden. Beginne den Tag mit Affirmationen. Sage dir selbst, dass du bereit bist für die Herausforderungen des Tages und dass du in der Lage bist, sie zu meistern.

Fokussiere dich auf Lösungen statt auf Probleme. Wenn du vor einer Herausforderung stehst, frage dich, wie du sie am besten bewältigen kannst, anstatt dich von ihr überwältigen zu lassen. Dies fördert eine proaktive und positive Haltung.

Umgebe dich mit positiven Menschen. Der Einfluss deines sozialen Umfelds auf deine Einstellung ist enorm. Positive und unterstützende Menschen können deine eigene Sichtweise erheblich beeinflussen und dir helfen, den Tag als wertvoll zu sehen.

Lerne, dich selbst zu schätzen und deine Erfolge zu feiern, egal wie klein sie sind. Dies stärkt dein Selbstwertgefühl und hilft dir, eine positive Einstellung zu entwickeln.

Welche Rolle spielt Dankbarkeit dabei, die kleinen Momente des Lebens zu feiern?

Dankbarkeit spielt eine entscheidende Rolle dabei, die kleinen Momente des Lebens zu feiern.

Du schulst deine Dankbarkeit vor allem, indem du versuchst, aufmerksam für das zu werden, was du vielleicht sonst im Alltag gar nicht wahrnimmst. Das kann ein Lächeln sein, das dir ein kleines Kind schenkt, oder der blaue Himmel, der in diesem Augenblick aufreißt und die Sonne durchgleißen lässt, deren Strahlen dich wärmen. Frauke Harlis beschreibt das sehr anschaulich: »Stell dir vor, du lebst mit jemandem zusammen, der dich immer an die schönen Dinge in deinem Leben erinnert. Jemand, der dir morgens zeigt, dass die knusprigen Froot Loops in deinem Müsli gerade wie ein Regenbogen aussehen und welche Vögel du auf dem Weg zur Arbeit zwitschern hören kannst. (…) Tatsächlich wohnt schon so jemand in dir. Oder besser gesagt wohnt SIE schon in dir. Der Name der guten Dame? Dankbarkeit!« (Harlis 2019)

Die Praxis der Dankbarkeit hat auch tiefgreifende Auswirkungen auf das Gehirn. Forscher der Indiana University fanden heraus, dass regelmäßige Dankbarkeitsübungen die neuronalen Verbindungen im Gehirn stärken, die mit positiven Emotionen verbunden sind, und gleichzeitig Stress reduzieren. (Harlis, 2019)

Wie kannst du trotz Herausforderungen und Stress deinen Fokus auf die positiven Aspekte des Tages richten?

Eine resiliente Denkweise hilft dir, dich auch in stressigen Situationen auf Positives konzentrieren zu können. Resilienz bedeutet, sich an widrige Umstände anzupassen und dennoch einen positiven Fokus zu bewahren.

Reframing hilft dir dabei, also das Umdeuten negativer Situationen in positive oder neutrale Kontexte. Frage dich in herausfordernden Momenten, was du aus der Situation lernen kannst oder welche positiven Aspekte sie möglicherweise hat.

Atemübungen und Meditation stehen dir auch hier als gute Helfer zur Seite, um deinen Geist zu entspannen und den Fokus neu auszurichten.

Schließlich ist es wichtig, sich selbst Pausen zu gönnen und sich nicht zu überfordern. Nimm dir regelmäßig Zeit, um abzuschalten und dich zu erholen. So kannst du deine Energie wieder aufladen.

Beginne den Tag mit einer positiven Routine
Eine effektive Möglichkeit, jeden Tag als den besten Tag zu erleben, beginnt bereits am Morgen. Starte deinen Tag mit einer positiven Routine, die dich motiviert und erfrischt. Das könnte eine kurze Meditation sein, ein paar Minuten Yoga oder, wie schon erwähnt, das Schreiben in ein Dankbarkeitstagebuch. Laut einer Studie der American Psychological

Association hilft dies, positive Emotionen zu verstärken und Stress zu reduzieren. Diese ersten Minuten des Tages legen den Grundstein für eine positive und produktive Einstellung.

Schätze die kleinen Dinge
Oft sind es die kleinen Momente, die den Tag besonders machen. Lerne, diese zu erkennen und wertzuschätzen. Das kann der Duft deines Morgenkaffees, das Lächeln eines Fremden oder ein schöner Sonnenuntergang sein. Psychologen betonen, dass das bewusste Wahrnehmen und Genießen kleiner Freuden den Serotoninspiegel erhöht und somit das Glücksempfinden stärkt. Nimm dir jeden Tag Zeit, um diese Momente zu erleben und zu genießen.

Finde Freude im Hier und Jetzt
Oft sind unsere Gedanken so sehr mit der Vergangenheit oder der Zukunft beschäftigt, dass wir den gegenwärtigen Moment vergessen. Achtsamkeit hilft dir, dich auf das Hier und Jetzt zu konzentrieren. Wissenschaftliche Untersuchungen haben ergeben, dass Achtsamkeitspraktiken Stress vermindern und das allgemeine Wohlbefinden verbessern können. Achtsamkeit bedeutet, jeden Moment bewusst wahrzunehmen, ohne ihn zu bewerten. Versuche, während des Tages immer wieder kurz innezuhalten und dich auf deinen Atem oder deine Umgebung zu konzentrieren.

Pflege soziale Verbindungen
Menschen sind soziale Wesen und soziale Verbindungen sind essenziell für unser Wohlbefinden. Verbringe Zeit mit Freunden und Familie, führe tiefgehende Gespräche und unterstütze andere. Forschungsergebnisse der Grant- und der parallelen Glueck-Studie der Harvard University

belegen, dass Helfen und Schenken Menschen glücklich macht – laut Evelyn Wenzel gilt Humanität »in der Positiven Psychologie als eine von sechs Tugenden, zu denen die Charakterstärken Beziehungsfähigkeit, Freundlichkeit und soziale Kompetenz gezählt werden. Alle positiven zwischenmenschlichen Interaktionen stärken unsere Menschlichkeit, die genannten Charakterstärken und steigern unser Glücksempfinden«. (Großmann-Krieger, 2016) Ein einfaches Telefonat oder ein Treffen mit einem Freund kann deinen Tag bereichern und dir das Gefühl geben, geliebt und geschätzt zu werden.

Sei dir deiner Erfolge bewusst
Oft übersehen wir unsere eigenen Fortschritte und Erfolge, weil wir zu sehr auf das Negative fokussiert sind. Nimm dir jeden Abend ein paar Minuten Zeit, um darüber nachzudenken, was du an diesem Tag erreicht hast, egal wie klein es erscheinen mag. Dieses positive Selbst-Feedback stärkt dein Selbstbewusstsein und motiviert dich für den nächsten Tag. Laut einer Studie der University of California, Davis verbessert das regelmäßige Reflektieren über Erfolge das Selbstwertgefühl und fördert eine positive Lebenseinstellung. (Faster Capital, 2023)

Vergiss nicht, dass du selbst die Macht hast, jeden Tag zu einem besonderen zu machen. Jeder Tag hat das Potenzial, großartig zu sein, wenn du ihn bewusst und achtsam lebst.

5.

Always centered: Bleib immer zentriert

Bewahre dein inneres Gleichgewicht, deine Selbstwahrnehmung und dein Selbstgefühl für ein geerdetes Leben

»Du bist überhaupt nicht launisch«, bemerkte Wickie. Ich lachte »Soll ich mal? Ganz im Ernst, das brauchen wir nicht auch noch. Wir haben hier anderes zu tun. Stell dir vor, ich würde meine Energie jetzt in schlechte Laune stecken oder ins Launischsein, dann könnten wir jetzt nicht so gut vorankommen mit der Entwicklung und Umsetzung der passenden Therapie für mich.« »Du sagst das so, als ob du dich für ein Brötchen und gegen eine Scheibe Brot am Frühstückstisch entscheiden würdest. Wie machst du das? Also wenn ich du wäre«, überlegte Wickie, »dann gäb's schon mal die Momente, wo ich einen Durchhänger hätte, so in der Art wie: Das macht doch alles keinen Sinn, das wird nie wieder, wozu machen wir das alles, das kann doch gar nicht klappen, wenn mehrere Ärzte sagen, dass du nicht wieder fit werden kannst, dann ist das so.« »Ja, willst du mir meine Situation jetzt mies machen? Ich möchte gar nichts davon hören. Lass uns uns doch einfach bitte darauf konzentrieren, weiterzumachen. Mach mir mein Bild nicht kaputt – da sehe ich mich gesund gehend ohne Krücken, mit langen Haaren und auf dem Weg zum Sport.« »Klasse, dass du das so ausschalten kannst. Ich glaube, das könnten viele nicht«, meinte Wickie. »Wie hast du das denn gelernt?«

»Ich glaube, ich hab ein paar gute Lehrmeister, so sagt man ja, gehabt. Mein Onkel, Erzbischof von Bukarest, stellte sich gegen Hitler und kam in Einzelhaft über viele Jahre. Er hat mir von dieser Zeit erzählt. Er sagte: ›Ich hatte die Wahl, mich meinen Launen hinzugeben, getrieben von Angst – Hoffnung – Zuversicht – Unsicherheit – Angst, getriggert von außen. Ich glaube, dann wäre ich daran kaputtgegangen. Ich hatte aber auch eine andere Wahl: Mit der aktuellen Situation meinen Frieden schließen, denn ich konnte weder entkommen noch wusste ich, wie lange ich hier in der Zelle verbringen musste. Damit war ich zwar nicht Herr über mein Leben sozusagen, aber Herr des Momentes, meines

Momentes. Das hatte ich entschieden und so fühlte ich mich auch. Und das war gut. Während ich in der Zelle saß, hörte ich manchmal die Schritte der Wärter. Versuchen, zu fliehen? Abgesehen davon, dass ich gar nicht wusste, wie das Gebäude aussah, denn ich war hier mit verbundenen Augen hergebracht worden, wollte ich auch nicht, dass die Wärter Probleme bekamen oder unsere Beziehung beeinträchtigt werden würde. Sie machten ihren Job, wir akzeptierten einander und hatten so etwas wie einen stillen Frieden miteinander geschlossen. Im Nachhinein klingt das komisch. Aber ich mochte sie irgendwie. Man kann sich seine Situation schlimmer und besser machen. Ich machte sie mir erträglich. Sie hatten mir ein Buch gelassen, meine Bibel, und ich bekam immer etwas mehr Brot, als ich brauchte. So hatte ich zwei Zeitvertreibe – die Beschäftigung mit der Bibel und Schach spielen gegen mich selbst mit Figuren aus Brot auf dem Schatten, den die Fenstergitter auf den Boden der Zelle warfen. Herausfordernde Situationen brechen einen – oder machen einen noch stärker. Wir entscheiden, ob wir ihnen diesen Platz, diese Macht geben, über unsere Emotionen zu entscheiden.‹ Und normalerweise können wir das. Menschen, die von ihren Emotionen übermannt werden, z. B. wenn sie bipolar sind, haben ein schweres Schicksal, denn sie leben zwischen den Extremen himmelhoch jauchzend und zu Tode betrübt und können aus eigener Bemühung kaum etwas ändern.«

Wickie horchte auf. »Du hast deinen Onkel wohl sehr gerngehabt?«
»Ja, meiner Schilderung kann man das anmerken, oder? Er hat mich sicher ein Stück weit geprägt. Ich ruhe in mir selbst, auch bei Stürmen. Das habe ich von ihm gelernt.«

Ich schaute nachdenklich. »Es gibt so viele Menschen, die lassen sich von den Stimmungen anderer leicht mitnehmen und beeinflussen. Ich erinnere mich noch gut an eine Großveranstaltung, zu der ich eingeladen war.

Ein recht bekannter Trainer trat auf und ich war gespannt. Ich hatte von ihm gehört, dass er Leute in den Bann ziehen könne, dass er ›großes Kino‹ mache. Was genau ich mir darunter vorstellen konnte, sollte ich kurz darauf herausfinden. Er trat auf die Bühne: ›Ihr wisst, ich bekomme immer Briefe von Fans. Wäschekörbeweise.‹ Gelächter. ›Ja, ganz ehrlich. Und da war ein ganz besonderer Brief diesmal dabei, den möchte ich mit euch teilen. Er stammt von einer todkranken 91-jährigen Frau, die mir schrieb, dass dieser Brief nur für mich sei, sie sei mein größter Fan, ich solle ihn mit keinem teilen. Und diesen Brief lese ich euch jetzt vor.‹ Er nahm ein Kuvert aus der Innentasche seines Sakkos und öffnete es. Vielleicht hatte es sie gar nicht gegeben. Aber, gefaked oder nicht: Ich war entsetzt über den Vertrauensbruch zu der Frau. Die meisten der Anwesenden allerdings hingen an seinen Lippen. Er las den Text auf dem Papier sehr emotional vor. Ich sah aus den Augenwinkeln, dass einige der Zuschauer so bewegt waren, dass sie weinten. Als der Trainer zum Ende seines Auftritts kam, nach weiteren verbalen Feuerwerken dieser Art, wollte er noch wissen, wie die Teilnehmenden tanzen und schreien würden, wenn sie noch zwei Minuten zu leben hätten. Vom Rhythmus lauter Popmusik angefeuert, schrien sie, was sie konnten. Mein Nachbar hatte mir zu Beginn gesagt, dass er aktuell finanziell ganz schlecht aufgestellt sei und nun erst einmal sparen müsse. Diese Veranstaltung für 99 Euro sei schon richtig viel für ihn gewesen. In dem nachfolgenden Finale-Moment erklärte der Trainer, wer jetzt die Hand hebe und sich für ein Spezialtraining bei ihm entscheide, der müsse nur 5.000 Euro zahlen, sonst wären es 8.000 Euro. Mein Nachbar meldete sich.«

Wickie schwieg kurz und schaute nachdenklich aus dem Fenster. »So ein moderner Rattenfänger von Hameln, oder? Ich konnte bei deiner Erzählung den Mann vor mir sehen, wie er die Menschen anheizt, in ihnen ein Bedürfnis weckt, dass sie meinen, es gibt in diesem Moment nichts, was sie dringender brauchen als sein Training. Meinst du, das, was er inhaltlich macht, ist für die Leute auch von Nutzen oder verpufft das alles nach kurzer Zeit?« »Also ich halte nichts von diesen Versprechungen, dass jemand von außen dir etwas erzählt, dich ›high‹ macht und schwups bist du geheilt. Klar, in der Bibel heißt es von Spontanheilungen: Dein Glaube hat dir geholfen. Aber genau das ist es. DEIN Glaube, nicht irgendein Gefühl, das jemand von außen angeheizt hat. Willst du etwas verändern, gehe selbst die Schritte, und zwar die kleinen, jeden Tag, und glaube an dich, nicht an einen Guru. Das macht dich stark, auch in Stürmen. Das sehe ich auch an mir. Ich habe so viel erlebt, von dem ich wusste: Ich schaffe das, weil ich den Glauben habe, der tief in mir verankert ist.«

Wickie zeigte mir ein Buch mit Fotos von Robert Mapplethorpe: »Die Natur und Kultur, das sind Dinge, die dir viel Kraft geben, oder?« Ich nickte. »Schon als Kind mochte ich Natur – wie alle Kinder, die Natur erleben dürfen. Es ist spannend, die Entwicklung zu sehen von einer Kaulquappe zum Frosch. Zu sehen, wie sich eine Blüte zu einem wunderbaren Farbenrausch öffnet, wie Harz aus Tannenzapfen tropft. Da sind so viele Dinge, die Kinder, die noch neugierig sind, begeistern, weil sie hier viel mit allen Sinnen erfahren können. Ich weiß für mich, dass mir ein Spaziergang durch den Wald mindestens so viel Kraft gibt, wie eine Meditation. Da sind diese tolle Luft, Vogelgezwitscher und ganz andere Geräusche, als wir sie in der Stadt haben. Da gibt es im Sommer tolle Licht- und Schattenspiele, wenn man nach oben in die Baumwipfel schaut, und die Gerüche nach Erde sind intensiv und geben mir immer das Gefühl, dass, ja, dass sie mich erden.«

Erdung kann aber auch in der Stadt passieren. Da, wo Schnelligkeit, Hektik und viele nicht-natürliche Eindrücke von außen auf dich wirken.

Ein Vorbild ist mir immer die Rallyefahrerin und Unternehmerin Heidi Hetzer gewesen: eine wirkliche Freundin und Powerfrau. Ich erinnere mich noch an die Nächte, in denen wir getanzt haben. Sie deutlich älter als ich, aber mit einer Intensität, Leichtigkeit und Lebensfreude, als ob ihre Energie unerschöpflich wäre. Mit 77 Jahren saß Heidi Hetzer in ihrem alten Hudson Greater Eight, bereit für das Abenteuer ihres Lebens. Sie wollte jetzt die Welt umrunden, getrieben von einer unstillbaren Neugier und einem unerschütterlichen Selbstbewusstsein. Motorengeräusche beruhigten sie, gaben ihr eine innere Balance, die sie in der hektischen Welt sonst selten fand. Jeder Kilometer auf der Straße war für sie eine Meditation in Bewegung, ein Beweis ihres starken Selbstgefühls und ihrer Unabhängigkeit. In der Weite der mongolischen Steppe, fernab der Zivilisation, stellte sie sich unzähligen Herausforderungen. Ein Motorschaden brachte sie nicht aus der Ruhe. Mit einem Lächeln und vollem Vertrauen in ihre Fähigkeiten reparierte sie den Wagen selbst. Als sie durch die Straßen von New York fuhr, wurde sie von den Menschen bejubelt, doch es war ihr inneres Selbstbewusstsein, das sie vorantrieb, nicht der äußere Applaus. In den Nächten, wenn der Himmel voller Sterne war, dachte sie an ihre Reise und fühlte eine tiefe Verbindung zu sich selbst und der Welt. Die Fahrt lehrte sie, dass wahre Stärke von innen kommt, aus dem Mut, den eigenen Weg zu gehen. Heidi Hetzer war so viel mehr als eine Rennfahrerin. Sie war eine Ikone der inneren Balance und Selbstfindung. Sie zeigte, dass das Leben, egal in welchem Alter, immer voller Abenteuer und Selbstentfaltung stecken kann.

Heidi hat vor allem eines gemacht: Sie hat sich nie um die Meinung anderer geschert, die sie von ihren Vorhaben abhalten wollten. Das passte nicht in ihr eigenes Denksystem und nicht zu ihren eigenen Glaubensmustern: ›Die ist doch zu alt dafür, die ist doch zu krank dafür, eine Frau macht das nicht, das ist zu gefährlich.‹ Sie hat auf ihre eigene innere

Stimme, ihre Intuition, gehört und sich nie etwas verbieten lassen – vor allem, wenn sie wusste, dass es ihr selbst guttut und sie in ihre Kraft bringt.

In unserer westlichen Welt sind wir oft so gepolt, dass wir auf die anderen schauen, uns mit ihnen messen, unsere Leistung im Vergleich sehen. Das muss kein passender, sondern kann ein zufälliger sein. Aber er entscheidet dann oft über unsere Zufriedenheit.

Ich besuchte während meiner Zeit in China ein Dorf und war sehr berührt, über das, was ich dort sah: In diesem kleinen Ort bereiteten sich die Kinder gerade auf das jährliche Wettrennen vor. Es war ein Tag, an dem jeder Teilnehmer sich auf seinen eigenen Lauf konzentrierte und nicht auf die Konkurrenz. Die Startlinie war gespannt und mit einem lauten Signal rannten die Kinder los, jeder in seinem eigenen Tempo und mit eigenem Ziel. Li Wei, ein schüchterner Junge, fokussierte sich auf seinen Atem und seine Schritte. Er wollte seine persönliche Bestzeit schlagen, nicht unbedingt gewinnen. Neben ihm lief Mei Ling, die ihr Herzklopfen spürte und jeden Schritt bewusst setzte. Beide Kinder hatten ihre eigenen Pläne und liefen mit einer inneren Entschlossenheit. Als sie die Ziellinie überquerten, brach Jubel aus. Nicht, weil es einen klaren Sieger gab, sondern weil so viele Kinder ihre persönlichen Bestzeiten erreicht hatten. Li Wei jubelte, als er seine Stoppuhr sah, und Mei Ling strahlte vor Freude, ihre bisherige Leistung übertroffen zu haben. Dieses Verhalten steht für eine Kultur, die den individuellen Fortschritt und die persönliche Leistung wertschätzt. Anders als in vielen westlichen Ländern, in denen oft der Vergleich mit anderen und das Gewinnen im Vordergrund stehen, lernen chinesische Kinder von klein auf, sich auf ihre eigenen Ziele und Fortschritte zu konzentrieren. Dies stärkt das Selbstbewusstsein und fördert eine gesunde Einstellung zum Wettbewerb, die nicht auf den Sieg über andere, sondern auf den eigenen Erfolg und das persönliche Wachstum ausgerichtet ist. Die Kinder im Dorf zeigten, wie wichtig es ist, sich auf sich selbst zu konzentrieren und die eigenen Grenzen zu überwinden. Diese Kultur der Selbstverbesserung und des individuellen Erfolgs ist tief in der chinesischen Gesellschaft verwurzelt und beweist, dass wahre Zufriedenheit und Stolz aus dem Inneren kommen. Es ist eine Lektion, die auch in anderen Kulturen wertvoll sein könnte, um den Druck des Wettbewerbs zu mindern und das persönliche Wohlbefinden zu fördern.

Wir sprechen heute von Agilität, meinen aber eigentlich die Fähigkeit zu einer Flexibilität, mit der wir mit Herausforderungen von außen umzugehen verstehen. Oft wird sie damit verwechselt, offen zu sein für alles, sich aufzugeben für andere, die eigene Leistung und all das, was das Eigene ausmacht, einfließen zu lassen in ein großes Ganzes. Flexibilität steht nicht im Widerspruch zur eigenen Stabilität. Vielmehr ist sie erst dann im Einklang mit dem, was uns ausmacht, möglich, wenn wir in uns ruhen. Dann können uns große Stürme nichts ausmachen, dann aber können wir uns leicht auf Neues einstellen, es einschätzen, bewerten, integrieren. Für mich war Götz Werner, der Gründer der Drogeriemarktkette dm, dafür ein großes Vorbild – als Vater von sieben Kindern, der seine Rolle privat ernst nahm, und als Lenker eines Unternehmens. Bei ihm erlebte ich, dass alle Firmenmitglieder, vom Verkaufsmitarbeiter bis hin zur Servicekraft am Telefon, eine großartige Visitenkarte für das Unternehmen waren, regelrechte Botschafter des Betriebs, denen man anmerkte: Sie tun gern, was sie tun. Du kannst Dinge mit Freude machen oder die gleichen Arbeiten genervt und mit einem Gefühl von: ›Muss halt sein, dafür bekomme ich das Geld, das ich zum Leben brauche.‹ In beiden Fällen sind es die gleiche Arbeit, der gleiche Lohn und die gleiche Anzahl an Stunden, die du mit der Arbeit verbringst. Aber das, was an mentaler und körperlicher Gesundheit herauskommt, ist grundverschieden. Seit einiger Zeit kursiert das neudeutsche Wort »Quiet Quitting« unter allen, die mit Personal zu tun haben. »Quiet Quitting«, zu deutsch »stille Kündigung«, beschreibt das Phänomen, bei dem Mitarbeiter bewusst nur das Minimum des vertraglich festgelegten Arbeitsaufwands leisten und sich nicht übermäßig engagieren. Der Begriff wurde in den vergangenen Jahren populär, insbesondere während der COVID-19-Pandemie. Studien zufolge gaben 21 Prozent der US-Arbeitnehmer an, dass sie nur das Nötigste tun. (Gallup, 2021) Der Begriff wurde von Wissenschaftlern wie Anthony Klotz geprägt, der das Konzept der »Great Resignation« erforscht hat. »Quiet Quitting« ist oft eine Begleiterscheinung bei Burn-out, fehlender Anerkennung und mangelnden Aufstiegsmöglichkeiten. Es zeigt die Wichtigkeit einer gesunden Work-Life-Balance und guter Arbeitsbedingungen. Das Phänomen verdeutlicht, dass Mitarbeiter nicht nur durch finanzielle Anreize, sondern auch durch Anerkennung und Arbeitszufriedenheit motiviert werden müssen. Wenn ein Kollege physisch da ist, sich aber mental von seiner Arbeit und seinem Unternehmen verabschiedet hat, dann macht er einen Job nach Vorschrift. Für Arbeitgeber ist das eine Katastrophe. Wer sich innerlich abgemeldet hat, der fühlt sich nicht mehr zugehörig, spricht in seinem Umfeld nicht mehr begeistert vom eigenen Unternehmen, geht nicht mehr die Extrameile, wenn es um Einsatz geht. Die Dunkelziffer ist hoch.

Was aber passiert mit uns, wenn wir nicht mehr mit Emotion, Begeisterung und Engagement bei dem sind, was wir tun? Wir konzentrieren uns mehr auf das, was nicht funktioniert, als auf das, was wir als passend empfinden. Wir fühlen uns ausgebrannt, genervt, konzentrieren uns auch bei anderen auf das, was bei ihnen nicht läuft. Führt das zu mehr Zufriedenheit? Im Gegenteil. Warum? In der Psychologie sprechen wir von Selffulfilling Prophecy – die sich selbst erfüllende Prophezeiung, die besagt: Wir bekommen das, auf was wir uns konzentrieren. Bei diesem psychologischen Phänomen beeinflusst eine Vorhersage oder Erwartung an eine Person oder Situation ihr Verhalten so, dass diese Erwartung schließlich eintritt. Dieser Begriff wurde maßgeblich von Robert K. Merton geprägt. Er beschreibt den Prozess, bei dem eine ursprünglich falsche Annahme zu ihrer eigenen Erfüllung führt. Studien zeigen, dass Lehrer, die hohe Erwartungen an Schüler haben, tatsächlich bessere Leistungen bei diesen Schülern beobachten können. (Rosenthal & Jacobson, 1968) Die Erwartungen beeinflussen das Verhalten, was wiederum das Ergebnis beeinflusst. Dieser Effekt wurde in verschiedenen Bereichen wie Bildung, Arbeitswelt und sozialen Interaktionen nachgewiesen. Zum Beispiel kann ein Manager, der glaubt, dass ein Mitarbeiter unzuverlässig ist, ihm weniger Verantwortung geben, was zu schlechteren Leistungen führt. Die sich selbst erfüllende Prophezeiung verdeutlicht die Macht von Erwartungen und Überzeugungen im menschlichen Verhalten. Sie zeigt auch, wie wichtig es ist, sich der eigenen Erwartungen und Vorurteile bewusst zu sein. Jemand, der morgens zu spät aufsteht, denkt: ›Das wird ein blöder Tag‹, fokussiert sich dann oft auf alles, was nicht funktioniert, um am Abend zu konstatieren: »Ja, hab ich doch gesagt, das war ein blöder Tag, recht gehabt.« Obgleich das »recht gehabt« ein Gefühl der Befriedigung gibt, führt diese Spirale nicht zur wirklichen Freude. Nachvollziehbar, oder? Im Gegenteil, sie führt zu einer fatalen Lebenseinstellung. Wir geraten damit immer mehr in eine Negativspirale, der Fokus ist auf dem Schlechten. Was sich oberflächlich immer wie ein kleiner Sieg anfühlt, »füttert« keine »good vibrations«, keine positiven Gefühle, die uns helfen, jung zu bleiben, im Körper wie im Kopf. Wenn wir uns auf Negatives konzentrieren, hat dies erhebliche neurowissenschaftliche und medizinische Auswirkungen auf unseren Körper. Erstens aktiviert der Fokus auf negative Gedanken die Amygdala, das Angstzentrum im Gehirn, und erhöht die Ausschüttung von Stresshormonen wie Cortisol und Adrenalin. Ein chronisch hoher Cortisolspiegel kann zu einer Reduktion des Hippocampus führen, einem Bereich, der für Gedächtnis und Lernen wichtig ist. (Sapolsky, 2004) Studien zeigen, dass negative Gedanken auch den präfrontalen Kortex beeinflussen, der für Entscheidungsfindung und Impulskontrolle zuständig ist. Dies kann die kognitive Flexibilität verringern und das Problemlösungsvermögen beeinträchtigen. (Arnsten, 2009) Die ständige Aktivierung der Stressachsen kann zudem das Immunsystem schwächen, was zu einer erhöhten Anfälligkeit für Infektionen und Krankheiten führt. (Segerstrom & Miller, 2004) Außerdem kann der Fokus auf Negatives Schlafstörungen verursachen, die wiederum das Risiko für kardiovaskuläre Erkrankungen erhöhen. Langfristig kann chronischer Stress zu strukturellen Veränderungen im Gehirn führen und das Risiko für psychische Erkrankungen wie Depressionen und Angststörungen steigern. (McEwen, 2007) Diese negativen Effekte verdeutlichen, wie wichtig es ist, sich auch auf positive Aspekte zu konzentrieren und Strategien zur Stressbewältigung zu entwickeln.

Wie du geerdet bleibst

Innere Balance, Selbstbewusstsein und ein starkes Selbstgefühl sind wesentliche Bausteine für ein geerdetes Leben, besonders in Zeiten von Krisen und schnellem Wandel. Viele Erwachsene erleben regelmäßig stressbedingte Symptome wie Schlaflosigkeit, Reizbarkeit oder Angst. Dies unterstreicht die Bedeutung der Fähigkeit, innere Balance zu finden. Selbstbewusstsein, das Vertrauen in die eigenen Fähigkeiten und Entscheidungen, wird von der Psychologin Carol Dweck in ihrem Buch »Mindset: The New Psychology of Success« (2007) als entscheidend angesehen. Dweck betont, dass ein »Wachstums-Mindset«, der Glaube, dass Fähigkeiten durch Anstrengung und Lernen entwickelt werden können, wesentlich für die Entwicklung von Selbstbewusstsein ist.

Ein starkes Selbstgefühl ist eng mit dem Selbstwertgefühl verbunden und bedeutet, sich seiner Werte, Überzeugungen und Ziele bewusst zu sein und danach zu handeln. Nathaniel Branden argumentiert in »The Six Pillars of Self-Esteem« (1995), dass Selbstakzeptanz und Selbstverantwortung wesentliche Elemente eines starken Selbstgefühls sind. Besonders inmitten von Krisen, schnellem Wandel und den täglichen Anforderungen, wie in einem anstrengenden Familienleben neben einer herausfordernden Berufstätigkeit, ist es oft schwer, Routinen einzuhalten. Doch es gibt praktische Ansätze, um trotzdem Balance zu finden. Schlaf ist essenziell für die mentale und körperliche Gesundheit. Die National Sleep Foundation empfiehlt Erwachsenen sieben bis neun Stunden Schlaf pro Nacht. Eine feste Ruhezeit und abendliche Rituale wie das Lesen eines Buches können dir dabei helfen, besser zu schlafen. Mehr dazu findest du auch in Kapitel 11.

Regelmäßige Essenszeiten unterstützen nicht nur die körperliche Gesundheit, sondern auch das emotionale Wohlbefinden. Studien zeigen, dass regelmäßige Mahlzeiten den Blutzuckerspiegel stabilisieren und damit auch die Stimmung verbessern können. Achtsamkeit und Meditation sind bewährte Methoden, um Stress abzubauen und innere Ruhe zu finden. Die Forschung beschäftigt sich schon lange damit, dass Meditation Symptome von Angst, Depression und Schmerz reduzieren kann. Regelmäßige körperliche Aktivität ist ebenfalls ein wichtiger Faktor für die innere Balance. Die WHO empfiehlt mindestens 150 Minuten moderate körperliche Aktivität pro Woche. Bewegung setzt Endorphine frei, die als natürliche Stimmungsaufheller wirken. (WHO, 2023)

Ein starkes Netzwerk aus Freunden und Familie bietet emotionale Unterstützung und hilft, Stress zu bewältigen. Der Psychologe Robert Waldinger, Leiter der Harvard Study of Adult Development, betont, dass enge soziale Beziehungen der Schlüssel zu einem glücklichen und gesunden Leben sind. Die Psychologin Carol Dweck, Professorin an der Stanford University, ergänzt: »Ein Wachstums-Mindset zu haben, bedeutet, zu glauben, dass man durch harte Arbeit und Hingabe seine Fähigkeiten erweitern kann.« (Dweck, 2007) und der für seine Aussagen zum Selbstwertgefühl international bekannte Psychotherapeut und Autor Nathaniel Branden hebt dazu hervor: »Selbstachtung ist der Glaube, dass man das Recht hat, glücklich zu sein, und dass man die Fähigkeiten besitzt, die Anforderungen des Lebens zu meistern.« (Branden, 1995) Die folgende Abbildung fasst gut zusammen, wie ich mich nachhaltig stark erden kann (Abb. 3).

Die Aufrechterhaltung von innerer Balance, Selbstbewusstsein und einem starken Selbstgefühl ist in der heutigen hektischen Welt von entscheidender Bedeutung. Durch gezielte Maßnahmen wie ausreichend Schlaf, regelmäßige Mahlzeiten, Achtsamkeit, Bewegung und soziale Unterstützung können wir diese Qualitäten fördern und ein geerdetes, erfülltes Leben führen. Es ist wichtig, sich bewusst Zeit für diese Aspekte zu nehmen, um langfristig Gesundheit und Wohlbefinden zu sichern.

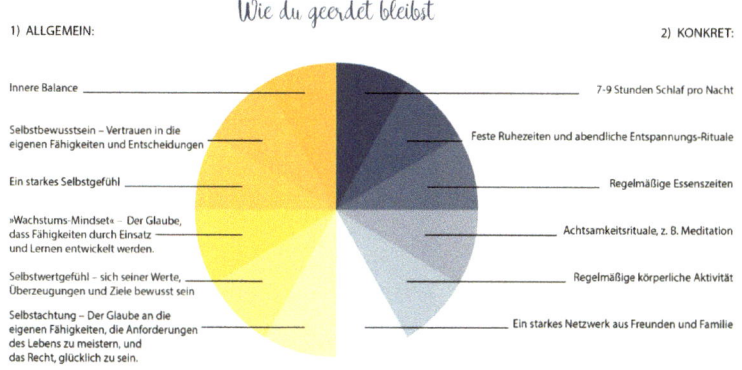

Abb. 3 Tipps für ein geerdetes Leben

» *Selbstbewusstsein* und Balance sind Schlüssel zu einem geerdeten Leben. «

Wie du dein inneres Gleichgewicht findest und bewahrst

Sarah, eine gute Bekannte von mir, war eine erfolgreiche Geschäftsfrau, immer in Eile und ständig unter Druck. Ihre Arbeitstage waren vollgepackt mit Meetings, Präsentationen und Terminen, was ihre Nerven oft zum Zerreißen spannte. Die ständige Hektik hinterließ Spuren: Sarah litt unter Schlaflosigkeit und Angstzuständen, die sie immer stärker belasteten. Eines Tages, nach einem besonders stressigen Meeting, entschied sie, dass es so nicht weitergehen konnte. Sie musste etwas ändern, um ihre Gesundheit und ihr Wohlbefinden wiederherzustellen. Auf der Suche nach Techniken zur Stressbewältigung stieß Sarah auf die Praxis des Journalings. Dr. James Pennebaker von der University of Texas hatte gezeigt, dass das Schreiben über emotionale Erlebnisse das Immunsystem stärkt und die psychische Gesundheit fördert. Also beschloss Sarah, es auszuprobieren. Jeden Abend setzte sie sich hin und schrieb ihre Gedanken und Gefühle auf. Anfangs fühlte es sich seltsam an, ihre innersten Empfindungen zu Papier zu bringen, aber sie blieb dran. Schon nach wenigen Wochen bemerkte sie erste Veränderungen. Ihre Nächte wurden ruhiger und die Angstzustände nahmen ab. Die regelmäßige Reflexion half ihr, Klarheit zu gewinnen und emotionale Herausforderungen besser zu bewältigen.

Eine zusätzliche Methode, die sie entdeckte, war die Achtsamkeitsmeditation. Sarah integrierte kurze Meditationen in ihren Tagesablauf und bemerkte, wie sie ihr halfen, den Tag gelassener zu beginnen.

Mit der Zeit fand Sarah zu einer neuen inneren Ruhe. Sie fühlte sich ausgeglichener und stärker. Ihre Arbeitskollegen bemerkten die Veränderung und fragten sie nach ihrem Geheimnis. Sarah erzählte ihnen von ihren täglichen Journaling-Sitzungen und Achtsamkeitsübungen. Ihre Geschichte inspirierte viele in ihrem Umfeld, ebenfalls Wege zu suchen, um Stress abzubauen und das innere Gleichgewicht zu finden. Ihre Geschichte ist ein Beispiel dafür, wie wichtig es ist, auf sich selbst zu achten und aktiv zu werden, um das eigene Wohlbefinden zu fördern. Um das innere Gleichgewicht zu finden und zu bewahren, spielen verschiedene Techniken eine zentrale Rolle. Eine effektive Methode ist für mich die Praxis der Achtsamkeit. Eine weitere Technik ist das Journaling, welches ich sehr kraftvoll finde, bei dem du täglich deine Gedanken und Gefühle aufschreibst. Dies hilft dir, Klarheit zu gewinnen und emotionale Herausforderungen besser zu bewältigen.

Dr. James Pennebaker hat gezeigt, dass das Schreiben über emotionale Erlebnisse das Immunsystem stärkt und die psychische Gesundheit fördert. (Heinig, 2019) Eine einfache Übung ist das »5-4-3-2-1«-Achtsamkeitstraining: Nenne fünf Dinge, die du siehst, vier, die du hörst, drei, die du fühlst, zwei, die du riechst, und eins, das du schmecken kannst. Diese Technik hilft dir, dich im Moment zu verankern und das innere Gleichgewicht wiederherzustellen.

Wie kannst du dein Selbstbewusstsein durch tägliche Reflexion und Meditation stärken?

Tägliche Reflexion und Meditation sind kraftvolle Werkzeuge zur Stärkung des Selbstbewusstseins. Meditation hilft, negative Gedankenmuster zu durchbrechen, und fördert ein positives Selbstbild. Dr. Kristin Neff, Professorin und führende Expertin für Selbstmitgefühl, betont die Bedeutung von Selbstreflexion und Achtsamkeit für die Entwicklung eines gesunden Selbstbewusstseins. Eine sinnvolle Übung ist die »Loving-Kindness-Meditation«, bei der man positive Gedanken und Wünsche für sich selbst und andere formuliert. Diese Praxis kann das Selbstbewusstsein erheblich steigern. (Neff, 2019)

Für die tägliche Reflexion und Meditation gibt es einige wichtige Aspekte bei der Durchführung zu beachten, um maximale Vorteile zu erzielen. Es ist entscheidend, einen festen Zeitpunkt am Tag zu wählen, um eine Routine zu etablieren, denn Regelmäßigkeit ist der Schlüssel zur Wirksamkeit: Menschen, die täglich zur gleichen Zeit meditieren, berichten von tieferen und beständigeren positiven Effekten.

Ein ungestörter Ort für deine Meditation ist ebenso wichtig.

Ein Bericht der Mayo Clinic betont, dass eine ruhige Umgebung die Qualität der Meditation verbessert. Es wird empfohlen, mindestens 10 bis 20 Minuten täglich zu meditieren. Bereits zehn Minuten täglich über einen Zeitraum von acht Wochen zeigen signifikante positive Veränderungen in der Hirnstruktur, speziell im präfrontalen Kortex. (Mayo Clinic Stuff, 2023)

Bei der Reflexion, wie etwa beim Journaling, solltest du strukturiert vorgehen. Dr. James Pennebaker, der Pionier auf diesem Gebiet, empfiehlt, sich mindestens 15 bis 20 Minuten Zeit zu nehmen, um Gedanken und Gefühle niederzuschreiben. Deine Körperhaltung spielt dabei eine große Rolle. Eine aufrechte, bequeme Sitzposition unterstützt deine Atmung und die Konzentration. Tiefes, langsames Atmen kann während der Meditation die Herzfrequenz und den Blutdruck senken. Ebenfalls sehr wichtig: Sei geduldig. Setz dich nicht unter Druck und erwarte keine sofortigen Ergebnisse. Wie der bekannte Achtsamkeitsforscher Dr. Jon Kabat-Zinn sagt: »Meditation ist kein Ziel, sondern ein Weg.« (Kabat-Zinn, 2003) Das bedeutet, dass der Prozess an sich schon wertvoll ist, unabhängig von sofortigen Ergebnissen.

Zusammengefasst: Tägliche Reflexion und Meditation haben durch Regelmäßigkeit, die richtige Umgebung, strukturierte Vorgehensweisen und Geduld erhebliche positive Effekte auf ein starkes Selbstbewusstsein.

Welche Rolle spielt körperliche Bewegung bei der Aufrechterhaltung deiner inneren Balance?

Anna, ein Coachee von mir, hatte lange unter Depressionen gelitten. Ich empfahl ihr regelmäßiges Joggen, um ihre Stimmung zu verbessern. Zuerst war sie skeptisch, aber sie beschloss, es zu versuchen. An einem sonnigen Morgen zog Anna ihre Laufschuhe an und begann langsam ihre Runden durch den Park zu drehen. Die frische Luft und das sanfte Rauschen des nahen Flusses beruhigten sie. Sie spürte, wie die Anspannung von ihren Schultern wich. Anna hatte anfangs Schwierigkeiten mit dem Laufen, aber sie ließ sich nicht entmutigen. Sie lernte, auf ihren Körper zu hören und sich nicht zu überfordern. Nach ein paar Wochen bemerkte sie, dass sie mehr Energie hatte und besser schlafen konnte.

Das Laufen wurde zu Annas täglicher Routine. Sie plante es um ihre Arbeit und Verpflichtungen herum und fand Freude daran, verschiedene Strecken in ihrer Stadt zu erkunden. Die Abwechslung half ihr, motiviert zu bleiben. Während sie lief, reflektierte Anna oft über ihre Gedanken und Emotionen. Sie begann, Negatives durch Positives zu ersetzen und sich auf ihre Erfolge zu konzentrieren. Das half ihr, ihre innere Balance zu stärken. Anna traf auch Gleichgesinnte im Park, die ihre Leidenschaft teilten. Sie fand Unterstützung und Inspiration in der Gemeinschaft. Das half ihr durchzuhalten. Die körperlichen Vorteile des Laufens waren offensichtlich: Anna fühlte sich stärker und gesünder als je zuvor. Aber noch wichtiger war, dass ihr Geisteszustand sich deutlich verbessert hatte. Sie fühlte sich nicht mehr so überwältigt von ihren Problemen. Wenn Anna sich gestresst fühlte oder einen schlechten Tag hatte, half ihr eine Runde im Park, sich zu beruhigen und klarer zu denken. Die freigesetzten

Endorphine fluteten sie zusätzlich noch mit Glücksgefühlen. Durch ihre Fortschritte beim Joggen gewann Anna ihr Selbstvertrauen zurück. Sie setzte sich neue Ziele, wie zum Beispiel an einem lokalen Wohltätigkeitslauf teilzunehmen. Das gab ihr ein Gefühl der Erfüllung. Mit der Zeit wurden die dunklen Wolken der Depressionen seltener und schwächer. Sie begann, das Leben wieder zu genießen, neue Interessen zu entwickeln und sich auf ihre Zukunft zu freuen. Heute kann Anna sagen, dass das Laufen nicht nur ihr körperliches Wohlbefinden verbessert, sondern auch ihre seelische Gesundheit gerettet hat. Sie ist dankbar für den Tag, an dem sie beschlossen hat, ihre Laufschuhe anzuziehen und Schritt für Schritt vorwärtszugehen.

Körperliche Bewegung spielt eine entscheidende Rolle bei der Aufrechterhaltung der inneren Balance. Bewegung setzt Endorphine frei, die als natürliche Stimmungsaufheller wirken und Stress reduzieren. Laut einer Studie der University of British Columbia verbessert regelmäßige körperliche Aktivität die kognitive Funktion und das emotionale Wohlbefinden. Eine gute Übung ist das »7-Minuten-Workout«, welches von den US-amerikanischen Sportwissenschaftlern Brett Klika und Chris Jordan vom Human Performance Institute entwickelt wurde. Die Übungen trainieren den ganzen Körper. Diese Routine hilft, Energie zu steigern und das innere Gleichgewicht zu bewahren. (Ärzteblatt 2020) Das hochintensive Intervalltraining (HIIT) umfasst 12 Ganzkörperübungen, darunter fallen Hampelmann, Liegestütze, Crunches, Kniebeugen, Ausfallschritte, Jumping Jacks, Planke, Kniehebe-Lauf, Step-ups, Wandsitz, Trizeps-Dips und aufgedrehte Liegestütze.

Führe jede Übung 30 Sekunden durch und mache anschließend eine kurze Pause von fünf bis zehn Sekunden. Durch die Wahl des Tempos und der Bewegungsausführung kann die Intensität des Trainings individuell verändert werden.

Wie kannst du dich in hektischen Zeiten auf dich selbst besinnen und zentrieren?

Eine effektive Methode, um dich auf dich selbst zu besinnen, ist die Atemtechnik »4-7-8«. Dabei atmest du vier Sekunden ein, hältst sieben Sekunden den Atem an und atmest acht Sekunden lang aus. Diese Technik beruhigt das Nervensystem und fördert deine Entspannung. Laut Dr. Andrew Weil, der diese Methode populär gemacht hat, kann sie helfen, Stress zu reduzieren und die innere Ruhe wiederzufinden. Eine weitere gute Übung ist die »Body-Scan-Meditation«, bei der du dich auf verschiedene Körperteile konzentrierst und sie bewusst entspannst. Diese Praxis hilft, dich im Hier und Jetzt zu verankern und deine innere Balance wiederherzustellen. (Breathball 2023)

Welche Übungen fördern deine Selbstwahrnehmung und dein Selbstbewusstsein?

Übungen zur Förderung der Selbstwahrnehmung und des Selbstbewusstseins sind entscheidend für persönliches Wachstum und Wohlbefinden. Eine besonders wirksame Technik ist das »Selbstmitgefühls-Tagebuch«. Hierbei notierst du täglich positive Eigenschaften von dir sowie persönliche Erfolge. Dr. Kristin Neff, eine Expertin auf diesem Gebiet, betont, dass diese Praxis das Selbstwertgefühl stärken und negative Selbstkritik mindern kann. (Sonamedic 2024)

Um das »Selbstmitgefühls-Tagebuch« effektiv zu gestalten, ist es wichtig, dass du dir bewusst Zeit dafür nimmst, idealerweise jeden Tag. Du kannst sowohl große als auch kleine Erfolge festhalten, von persönlichen Meilensteinen bis hin zu kleinen Errungenschaften im Alltag. Beispiele könnten sein: »Heute habe ich eine schwierige Aufgabe gemeistert« oder »Ich habe jemandem geholfen, der meine Unterstützung brauchte«. Während des Schreibens solltest du darauf achten, dich selbst mit Freundlichkeit zu behandeln und nicht zu streng zu sein. Es geht darum, dich selbst anzuerkennen und zu würdigen, anstatt dich zu kritisieren oder zu beurteilen.

Effektiv ist auch die Übung »Spiegelgespräch«: Hier sprichst du dir selbst täglich vor dem Spiegel Affirmationen zu. Diese Technik kann dein Selbstbild verbessern und dein Selbstvertrauen stärken.

Beim »Spiegelgespräch« ist es wichtig, stets den Blickkontakt mit dir zu halten und die Affirmationen mit Überzeugung zu sprechen. Beispiele für diese Sätze könnten sein: »Ich bin stark und mutig« oder »Ich bin stolz auf meine Fortschritte«. Die regelmäßige Praxis dieser Übung kann dazu beitragen, dass du dich selbst liebevoller und anerkennender behandelst, was langfristig dein Selbstbewusstsein fördert.

Bei der Übung »Dankbarkeitsmeditation« konzentrierst du dich auf Dinge, für die du dankbar bist. Diese Praxis fördert eine positive Selbstwahrnehmung und ein starkes Selbstbewusstsein.

Während der »Dankbarkeitsmeditation« ist es hilfreich, wenn du dich in einer ruhigen Umgebung befindest und tief durchatmest. Du kannst dich in der Meditation auf verschiedene Aspekte deines Lebens konzentrieren, für die du dankbar bist, und deine Gedanken von einem Gefühl der Anerkennung und Zufriedenheit durchdringen lassen.

Diese Übungen sind nicht nur einfach zu praktizieren, sondern auch äußerst effektiv, um das Selbstbewusstsein und die Selbstwahrnehmung positiv zu stärken. Indem du dir regelmäßig Zeit für diese Übungen nimmst, kannst du langfristig eine tiefere Verbindung zu dir selbst aufbauen und einen gesünderen Blick auf dich selbst entwickeln.

Wie kannst du dich gegen äußere Einflüsse schützen, um dein inneres Gleichgewicht zu bewahren?

Sich gegen äußere Einflüsse zu schützen, ist entscheidend für das Bewahren des inneren Gleichgewichts. Eine Technik ist das Setzen und Einhalten von Grenzen. Dr. Brené Brown, eine Expertin für Scham und Verletzlichkeit, betont die Bedeutung klarer Grenzen für das emotionale Wohlbefinden. (Brown, 2015)

Grenzen sind wichtig für dein persönliches Wohlbefinden und deine Selbstachtung. Es geht darum, klare Linien zu ziehen, die zeigen, was für dich akzeptabel ist und was nicht. Beispielsweise kannst du Grenzen in zwischenmenschlichen Beziehungen setzen, um Respekt und Selbstachtung zu wahren. Um Grenzen effektiv zu setzen, solltest du zunächst reflektieren, was dir wichtig ist und welche eigenen Bedürfnisse du hast. Ein Beispiel könnte sein: »Ich werde nicht zulassen, dass jemand mich beleidigt oder respektlos behandelt.« Es ist entscheidend, deine Grenzen klar und direkt zu kommunizieren, sei es verbal oder durch Handlungen. Ein klares Nein mit Blickkontakt und eine entsprechende Haltung sind hier wichtig. Bleibe dann standhaft und gib nicht nach, wenn deine rote Linie in Gefahr gerät. Achte darauf, dass dein Raum respektiert wird. Fühle dich nicht schuldig, Grenzen zu setzen. Dies ist für deine eigenen Selbstachtung und deine innere Stärke wichtig, aber ebenso für deine Wirkung nach außen. Regelmäßiges Überprüfen und Anpassen der eigenen roten Linien ist ebenfalls wichtig, da sich Bedürfnisse und Umstände ändern können. Flexibilität in der Anpassung der Grenzen zeigt Selbstachtung und gesunden Selbstschutz. (Brown, 2015)

Eine weitere Methode, um dein inneres Gleichgewicht zu stärken, ist das Praktizieren von »Digital Detox«. Hier legst du regelmäßig Pausen von digitalen Geräten ein, um dich zu erholen und zu zentrieren. Die Reduzierung der Nutzung sozialer Medien kann dein Wohlbefinden verbessern.

»Digital Detox« ist eine entscheidende Maßnahme zur Förderung des geistigen Wohlbefindens. In einer Welt, die von Technologie geprägt ist, ermöglicht es, eine gesunde Balance zu finden und negative Auswirkungen von Überstimulation zu reduzieren. Um »Digital Detox« erfolgreich umzusetzen, ist es hilfreich, konkrete Zeiten festzulegen, in denen du keine digitalen Geräte nutzt. Beispielsweise könntest du dir vor dem Schlafengehen oder am Wochenende digitale Auszeiten nehmen. Es ist wichtig, alternative Aktivitäten zu finden, die keine digitalen Geräte erfordern, wie zum Beispiel Spaziergänge in der Natur, das Lesen eines Buches oder Gespräche mit Freunden und Familie.

Während des »Digital Detox« solltest du bewusst auf die Veränderungen in der eigenen Stimmung und Konzentration achten. Du kannst feststellen, wie sich die Abwesenheit digitaler Ablenkungen auf das eigene Wohlbefinden auswirkt.

Achten solltest du darauf, dass dieser Verzicht keine einmalige Maßnahme bleibt, sondern, dass du es regelmäßig praktizierst, um langfristig positive Effekte zu erzielen. Dies fördert auch eine gesunde Beziehung zur Technologie.

Bei der Übung »Abendliche Reflexion« lässt du den Tag Revue passieren und konzentrierst dich auf positive Erlebnisse. Diese Praxis hilft, dich von äußeren Einflüssen zu lösen und das innere Gleichgewicht zu bewahren. Die »Abendliche Reflexion« ist wertvoll, um positive Erlebnisse zu betonen und zur inneren Balance zu finden. Sie hilft dir dabei, den Tag bewusst abzuschließen und mit einem Gefühl der Zufriedenheit und Dankbarkeit zu entspannen. Nimm dir für diese Übung Zeit und such dir idealerweise eine ruhige Umgebung. Erinnere dich dann, was an diesem Tag gut gelaufen ist und welche Erfolge du feiern konntest. Beispiele könnten eine erfolgreiche Präsentation bei der Arbeit oder ein gutes Gespräch mit einem Freund sein.

Es ist wichtig, dass du dich auf die positiven Erlebnisse konzentrierst und dankbar für sie bist, anstatt dich auf negative Aspekte zu fixieren. Dies fördert eine optimistische Einstellung und trägt zur psychischen Gesundheit bei.

Achte darauf, die »Abendliche Reflexion« regelmäßig zu praktizieren, um eine Gewohnheit daraus zu machen. Dies ermöglicht dir, positive Emotionen zu verstärken und auch schwierige Tage in einem anderen Licht zu sehen.

Diese Übung kann natürlich individuell angepasst werden, je nach persönlichen Vorlieben und Lebensumständen.

Erprobt und konkret: Meine Lifehacks, mit denen du innere Balance, Selbstwahrnehmung und Selbstbewusstsein für ein gefestigtes, jugendliches Leben bewahren kannst:

❶ Pflege gesunde Beziehungen:
Umgib dich mit unterstützenden Menschen, die dich akzeptieren und fördern. Offene Gespräche und gegenseitige Unterstützung stärken dein Selbstbewusstsein und fördern deine innere Stabilität.

❷ Bewahre eine Work-Life-Balance:
Setze klare Grenzen zwischen Arbeit und Freizeit. Priorisiere deine persönlichen Interessen und Erholung, um Überlastung zu vermeiden und deine Energie zu erhalten.

❸ Bleibe neugierig:
Suche ständig nach neuen Möglichkeiten, um dich persönlich und beruflich weiterzuentwickeln. Indem du neue Fähigkeiten erwirbst und Herausforderungen annimmst, stärkst du dein Selbstvertrauen und deine Selbstwahrnehmung.

6.

Mindful positivity: Deine perfekte Einstellung für ein langes Leben

Feiere dein Lachen, deinen Humor und deine positive Haltung für mehr Jugendlichkeit und Leichtigkeit

»Ha, ha, ha, ha, ha! Kannst du mal ernst sein?« Eigentlich hatte ich sauer reagieren wollen. »Mann, kannst du mal ernst sein?« Gerade ging es mir nicht so gut und mir war das halb volle Wasserglas aus der Hand gefallen. Alles war auf dem Boden verschüttet, doch wie durch ein Wunder war das Glas selbst gänzlich unversehrt. Wie konnte er einfach lachen?! »Lachst du mich aus?« »Ach Quatsch«, er musste noch mehr lachen. »Wie du das Gesicht verziehst, du siehst aus wie eine Petersilie!« »Findest du dich lustig, wie du das sagst?«, erwiderte ich. »Du könntest mich damit kränken.« Jetzt musste ich aber auch lachen. »Petersilie?! Wie sollte das denn aussehen.« »Hey, ich hab einfach versucht, dich auf andere Gedanken zu bringen, ich meine, einfach zum Lachen zu bringen. Lach doch mal! Es ist doch okay, das kann jedem passieren, dass einem etwas aus der Hand fällt. Und? Es ist nicht einmal etwas kaputtgegangen. Also!« Wickie verzog das Gesicht zu einer Grimasse, und wieder musste ich lachen. »Meine Großmutter sagte immer: ›Pass auf, sonst bleibt dein Gesicht so stehen.‹« »Ja, ja, das kenne ich auch. Ob die das wirklich geglaubt haben damals?«

Ausgelacht zu werden, fand mein Vater gar nicht komisch. Als ich ein kleines Kind war, spielten wir in der Familie und mit Freunden ab und zu Brettspiele. Ich erinnere mich an einen Tag, da ging es um »Mensch ärgere dich nicht«. Es war ein Sonntagnachmittag, die Sonne schien durch die Fenster, wir saßen am Küchentisch und begannen unser Spiel. Es lief gut für mich und ich konnte einen Spielstein meines Vaters zurück auf die Startposition schlagen. Mein Vater zog eine Grimasse und schnaubte ernsthaft verärgert. Das brachte mich zum Kichern. Doch es wurde noch besser, als ich ihn erneut rauswarf – diesmal gleich zwei Steine hintereinander. Ich konnte mich vor Lachen kaum halten und kicherte so laut, dass sich die anderen im Raum nicht mehr unterhalten konnten.

Mein Vater schaute sauer und sprach sehr akzentuiert und streng: »Jetzt reicht es aber!« Mein Versuch, jetzt ernst zu bleiben, machte die Situation noch komischer für mich: Ich brach in noch lauteres Gelächter aus und konnte einfach nicht aufhören. Ich lachte und lachte, bis mir die Tränen über die Wangen liefen und ich Schluckauf bekam. Es schüttelte mich richtig. Schließlich fiel ich vor Lachen vom Stuhl und landete kichernd auf dem Boden. Mein Vater, der anfangs noch so wütend war, konnte sich auch nicht länger beherrschen. Er sah mich dort liegen, immer noch lachend, und musste ebenfalls lachen – erst leise, dann immer lauter. Wir lachten beide, bis uns die Bäuche wehtaten, und steckten alle anderen im Raum ebenso an. Es war ein unvergesslicher Moment. Er zeigte uns, wie ansteckend und befreiend Lachen sein kann, selbst wenn es mit einem »Auslachen« beginnt.

Lachen über das Missgeschick eines anderen, auch als »Schadenfreude« bezeichnet, kann aus einer Reihe von neuronalen und evolutionären Mechanismen erklärt werden. Neurowissenschaftlich betrachtet spielt das Belohnungssystem im Gehirn eine zentrale Rolle. Schadenfreude aktiviert das ventrale Striatum und den Nucleus accumbens, zwei Schlüsselregionen des Gehirns, die an der Verarbeitung von Belohnungen beteiligt sind. Diese Aktivierung löst die Ausschüttung von Dopamin aus, einem Neurotransmitter, der mit Gefühlen von Vergnügen und Belohnung verbunden ist. Ein weiterer neurologischer Aspekt ist der Vergleichsprozess im Gehirn. Die »Theorie der sozialen Vergleichsprozesse« besagt, dass Menschen dazu neigen, sich mit anderen zu messen, um ihre eigene Position in der sozialen Hierarchie zu bestimmen. Wenn wir sehen, dass jemand anderem ein Missgeschick passiert, fühlen wir uns möglicherweise im Vergleich besser und überlegen, was wiederum positive Emotionen und Lachen auslösen kann. Psychologisch gesehen hat das Lachen über das Malheur eines anderen mehrere Facetten. Eine wichtige Rolle spielt die

Theorie der Entspannung und Erleichterung. Sigmund Freud postulierte, dass Lachen eine Möglichkeit ist, psychische Spannungen und Stress abzubauen. Wenn wir ein Missgeschick beobachten, das keine ernsthaften Konsequenzen hat, kann das Lachen als eine Form der Erleichterung fungieren und Spannungen abbauen. Ein weiterer psychologischer Faktor ist die Distanzierung. Wenn wir über den Fehler eines anderen lachen, schaffen wir eine emotionale Distanz zu der Situation. Dieser Abstand hilft uns, die Ernsthaftigkeit des Vorfalls zu relativieren und ihn als weniger bedrohlich zu empfinden.

»*Lachen ist befreiend* und verbindet – selbst wenn es mit Schadenfreude beginnt.«

Lachen kann so erlösend wirken

Das Lachen über die Missgeschicke anderer sollte man nicht vorschnell verurteilen. Es ist eine natürliche menschliche Reaktion, die tief in unseren neurologischen und psychologischen Mechanismen verwurzelt ist. Es aktiviert Belohnungssysteme im Gehirn und hilft, psychische Spannungen abzubauen. Psychologisch gesehen dient es der Entspannung, Erleichterung und Distanzierung. Obwohl es auf den ersten Blick unfreundlich erscheinen mag, ist es meist eine natürliche und unbewusste Reaktion, die nicht unbedingt aus Boshaftigkeit entsteht. Solange es in einem angemessenen und respektvollen Rahmen bleibt, ist es nicht schlimm und kann sogar positive soziale Funktionen erfüllen, wenn beide Seiten lachen.

Denn: Schadenfreude kann soziale Bindungen stärken. Wenn Menschen gemeinsam – im besten Falle beide Parteien, also auch der, dem das Unglück passiert ist – über ein Missgeschick lachen, kann dies das Gemeinschaftsgefühl und die soziale Kohäsion fördern. Gemeinsames Lachen schafft Verbindungen und fördert positive Interaktionen.

Die Forschung zeigt zudem, dass das Lachen über kleine Missgeschicke als harmlos betrachtet werden kann, solange diese nicht zu Schaden oder ernsten Verletzungen führen. Es hilft, Stress abzubauen, und kann sogar die Stimmung heben. Laut einer Studie der Universität Zürich fühlen sich Menschen, die Schadenfreude empfinden, oft sogar glücklicher und weniger gestresst. (Cikara & Fiske, 2012)

»Lachen kann so erlösend sein – in allen Situationen. Ich glaube, wenn Menschen mehr lachen würden, hätten wir weniger Kriege«, sinnierte ich. Wickie stimmte zu. »Ich glaube auch, dass wir mehr davon in unseren Alltag einbauen sollten. Und das tun wir beide hier im Krankenhaus ja auch. Nur dass du es bisher nicht magst, wenn ich dich an den Füßen kitzle.«

»Dieses Lachen meine ich ja auch nicht«, antwortete ich und verdrehte die Augen. »Wenn du versuchst, mich zu kitzeln, und ich lachen würde, ist das ein anderes Lachen, als wenn es von Herzen kommt.«

Lachen ist einfach toll – es kann so viele Situationen einfach entschärfen und entspannen, erinnerte ich mich. Vor einigen Jahren war ich nach Ungarn aufs Land gefahren, um eine spannende Frau für eine Reportage zu interviewen. Als ich auf ihr Anwesen fuhr, stand sie schon auf den Stufen, die zum Haus führten. Ich stieg aus, ließ die Autotür ins Schloss fallen – und musste in dem Moment an mich halten, um nicht loszuschreien: Auf ihrem Kopf saß eine riesengroße, haarige Spinne. Mein erster Impuls war Ekel, aber ich riss mich zusammen. Während sie mich begrüßte und mir von ihrem Leben erzählte, fuhr sie sich mit der Hand über den Kopf und ich konnte nicht fassen, dass sie die Spinne nicht bemerkte. Um mich abzulenken, stellte ich eine Frage nach der anderen, aber mein Blick wanderte immer wieder zu der Spinne und so richtig konzentrieren konnte ich mich nicht. Was, wenn die Spinne plötzlich auf mich springen würde? Schließlich konnte ich nicht anders und begann, nervös zu kichern. Sie schaute mich verwundert an, und ich sagte: »Entschuldigung, aber Sie haben eine sehr ungewöhnliche Frisur heute.«

Verwirrt tastete sie nach ihrem Kopf, und als sie die Spinne spürte, schrie sie kurz auf, begann aber dann selbst zu lachen. Wir lachten beide so laut, dass ihr Hausmeister neugierig aus seinem Fenster im Nebenhaus schaute. Mit einem Lachen, das alle Nervosität vertrieb, half ich ihr, die Spinne loszuwerden. Am Ende des Interviews waren wir beide tränenüberströmt vor Lachen und sie sagte: »Das wird wohl das unvergesslichste Interview meines Lebens bleiben.«

Lachen entwaffnet und schafft Verbindungen. Es befreit – auch von Zwängen, die wir uns selbst auferlegen. »Ja, du hast schon recht«, überlegte Wickie. »Die Geschichte mit der Spinne ist schon lustig. Ich habe mir gerade vorgestellt, wie ich mich fühlen würde, wenn ich eine solche Spinne dort sitzen hätte und das erst herausfände, wenn ich mir auf den Kopf fasse. Da kribbelt es mich bei dem Gedanken daran.« »Lachen ist oft entwaffnend«, erklärte ich, »und verbindet über Grenzen hinweg.«

Das zeigt auch gut die folgende Geschichte, die ich gern mit dir teile: In einer ruhigen Nachbarschaft am Rande der Stadt lebten viele Familien mit kleinen Kindern. Eines Sommertages versammelten sich einige der Nachbarskinder im Garten von Frau Müller, einer älteren Dame, die für ihre freundliche Art bekannt war. Sie war eine pensionierte Lehrerin und liebte es, Zeit mit den Kleinen zu verbringen und ihnen Geschichten zu erzählen. An diesem Tag beschlossen die Kinder, etwas Besonderes zu tun. Lena, Chris und ihre Freunde hatten gehört, dass Blödsinn machen manchmal sehr lustig sein kann. Sie fragten Frau Müller, was Blödsinn machen eigentlich bedeutet. Frau Müller lächelte und sagte: »Blödsinn machen bedeutet, Dinge zu tun, die vielleicht albern oder ungewöhnlich erscheinen, die uns aber zum Lachen bringen und uns erlauben, kreativ zu sein.« Die Kinder waren neugierig und begannen damit, Ideen zu sammeln. Sie beschlossen, eine »Rasensprinkler-Party« zu veranstalten, weil es seit Tagen nicht mehr geregnet hatte. Frau Müller schmunzelte und erlaubte ihnen, den Gartenschlauch anzuschließen.

Während die Kinder durch den Sprinkler rannten und lachten, bemerkten einige Erwachsene aus der Nachbarschaft das fröhliche Treiben. Einige von ihnen lächelten, andere schüttelten den Kopf und dachten, dass solche Spielereien nur etwas für Kinder seien. Doch Frau Müller erklärte den Erwachsenen: »Kinder sollten die Freiheit haben, kreativ zu sein und zu experimentieren. Das hilft ihnen, ihre Vorstellungskraft zu entwickeln und selbstbewusst zu werden. Und wir Erwachsenen können viel von ihrer

Unbeschwertheit und ihrem Mut lernen.« Die Kinder tobten weiter im Garten herum und versuchten sogar, Seifenblasen mit dem Gartenschlauch zu machen. Ein paar Erwachsene begannen, sich ihnen anzuschließen, und bald waren alle zusammen dabei, alte Kinderspiele wie Verstecken und Fangen zu spielen. Am Ende des Tages saßen alle gemeinsam im Garten und genossen die warme Sommersonne. Die Kinder strahlten vor Glück, und selbst die ernsten Erwachsenen lächelten und fühlten sich jung und leicht. So lernten alle an diesem Tag eine wichtige Lektion: Dass es manchmal guttut, »Blödsinn« zu machen, um die Last des Alltags abzuschütteln, zu lachen und das Leben in vollen Zügen zu genießen. Es war ein Tag, an dem die positive Ausstrahlung der Kinder alle Herzen erwärmte und die Nachbarschaft enger zusammenbrachte.

»Lachen und Blödsinn machen kann so befreiend sein. Das merke ich immer wieder. Gerade jetzt, wo man auch sagen könnte: ›Die hat ja nichts mehr zu lachen‹«, sagte ich. »Das sag ich dir doch immer«, lachte Wickie, »mach dich locker. Nimm nicht immer alles so ernst. Lachen tut nicht weh und tut dem Immunsystem richtig gut!« Das stimmt, ich hatte letztens ein Gespräch mit meiner Freundin Anna. Sie war in ihrer Beziehung ziemlich verzweifelt: »Es war immer einfach zwischen uns«, erzählte sie. »Leicht fühlte es sich an, irgendwie ist auch die Liebe nach den Jahren geblieben, aber in den letzten Wochen? Ich weiß nicht mehr weiter. So ist es gerade extrem nervenaufreibend, sehr anstrengend. Ich kann nicht mehr.« Wir unterhielten uns, ich schlug ihr vor, die Situation einfach mal zu verändern und aus ihr herauszutreten. Sie solle versuchen, wieder Leichtigkeit in den gemeinsamen Alltag zu bringen.

Anna und Max lebten in einer kleinen Stadt, ein Paar, das schon viele Jahre zusammen war. Sie hatten ihre Höhen und Tiefen erlebt, aber in letzter Zeit schienen sie sich immer häufiger in kleinen Streitereien zu verfangen. Max war oft gestresst von seiner Arbeit und reagierte manchmal gereizt, während Anna sehr empfindlich auf Kritik reagierte. Eines Tages, nach einem besonders anstrengenden Arbeitstag für Max, kam es zu einer hitzigen Diskussion über banale Dinge wie den Abwasch und die Hausarbeit. Max war genervt und antwortete scharf auf Annas Kommentare. Plötzlich erinnerte sich Anna an etwas, was sie vor Kurzem gelesen hatte: dass Humor und gemeinsames Lachen helfen können, Spannungen abzubauen und Verständnis zu fördern. Statt weiter zu streiten, entschied sie sich, einen anderen Ansatz zu wählen. Sie hielt kurz inne und machte eine leichte, humorvolle Bemerkung zu dem Thema, einen kleinen Scherz über die Situation und sich selbst. Max, überrascht von Annas plötzlicher Veränderung im Ton, schaute sie verwundert an, begann dann aber zu lächeln. Anna nutzte diese Gelegenheit und sagte: »Weißt du, wir könnten eine Karriere als Komiker-Duo starten. Ich meine, wenn wir uns schon über Abwasch und Wäsche streiten, könnten wir genauso gut Witze darüber machen!« Max konnte nicht anders, als zu lachen. Er merkte, wie absurd ihre Streiterei eigentlich war und wie lächerlich es ist, sich über kleine Dinge so aufzuregen. Er erkannte, dass seine Reaktionen oft von seinem Stress und seiner Müdigkeit beeinflusst wurden und dass ein wenig Humor den ganzen Ärger lösen konnte. Statt sich verteidigen zu müssen, fühlte sich Max verstanden und sogar erleichtert. Er schüttelte den Kopf und sagte: »Du hast recht, Anna. Ich bin wirklich zu ernst geworden, wenn es um solche Kleinigkeiten geht.«

Von diesem Tag an begannen Anna und Max, öfter gemeinsam zu lachen, wenn sie in solche Situationen gerieten. Sie nutzten ihren Humor, um verhärtete Fronten zu lösen und Missverständnisse zu klären. Er half ihnen, ihre Reaktionsmuster zu ändern und sich gegenseitig besser zu verstehen. Ihre Beziehung wurde dadurch stärker und sie lernten, dass gemeinsames Lachen nicht bedeutet, den anderen lächerlich zu machen, sondern sich selbst und die Situation nicht zu ernst zu nehmen. Das half ihnen, in schwierigen Zeiten füreinander da zu sein und sich wieder auf das zu konzentrieren, was wirklich wichtig war: ihre Liebe und ihre gemeinsame Zukunft. Oft werden Paare, die viele Jahrzehnte glücklich zusammenleben, danach gefragt, was sie denn so glücklich miteinander macht, was ihre Beziehung so stabil hält und wie sie es schaffen, gemeinsam zu wachsen. Lachen und gleicher Humor stehen bei den Antworten häufig an erster Stelle.

Wer das perfekt umzusetzen wusste, war Walter, der Arzt, der in den schweren Stunden an meiner Seite war und später mein Freund wurde. Walter war ein Mann, der sein Leben stets mit einem Lächeln meisterte. Mit 99 Jahren hatte er bereits vier Darmoperationen hinter sich, jede einzelne mit der Unterstützung seiner liebevollen Frau Lara, einer Lachyoga-Therapeutin, wie schon kurz in Kapitel 3 erwähnt. Lara war fest davon überzeugt, dass Lachyoga Walters Genesung unterstützte. Sie setzte sich damit auch über jeden Zweifel der Schulmediziner hinweg und die Ärzte waren jedes Mal erstaunt darüber, wie schnell er sich erholte.

Die erste Operation war für Walter und Lara eine große Herausforderung. Er war nervös und ängstlich, doch Lara war fest entschlossen, ihn durch Lachen und positive Energie zu unterstützen. Sie brachte ihn dazu, vor und nach der Operation Lachyoga-Übungen zu machen. Gemeinsam setzten sie sich hin, atmeten tief ein und begannen zu lachen, zunächst zögerlich, dann immer ausgelassener. Das Lachen war anfangs gezwungen, aber je mehr sie es praktizierten, desto natürlicher wurde es. Lara erklärte Walter, dass diese Form von Yoga nicht nur die Stimmung hebt, sondern auch den Körper entspannt und das Immunsystem stärkt. Walter begann zu verstehen, dass diese Übungen nicht nur eine gute Ablenkung waren, sondern tatsächlich seine Heilung unterstützten. Bei der zweiten Operation war Walters Zuversicht gewachsen. Er und Lara machten Lachyoga zu einem festen Ritual vor und nach jedem Eingriff. Sie lachten über kleine Witze, über lustige gemeinsame Erinnerungen und über die Absurditäten des Krankenhauslebens. Die dritte OP verlief dann viel einfacher als erwartet. Die Ärzte bemerkten, dass Walters Körper schneller heilte als bei anderen Patienten seines Alters. Sie fragten Lara nach ihrem Geheimnis. Sie erklärte ihnen die Kraft dieser Yogavariante und wie es nicht nur Walters physische, sondern auch seine emotionale Gesundheit stärkte.

Als Walter sich schließlich mit 99 Jahren seiner vierten Operation unterzog, war er ein alter Profi im Lachyoga. Er wusste, dass es nicht nur eine Medizin für seinen Körper, sondern auch für seine Seele war. Lara und er lachten gemeinsam vor der OP, sie umarmten sich und stärkten einander mit ihrer Liebe und ihrem Optimismus. Der Eingriff verlief wieder erfolgreich. Die Ärzte, die Walters Geschichte kannten, waren beeindruckt von seiner Vitalität und der Kraft seines Geistes. Sie lobten Lara und Walter für ihre außergewöhnliche Art der Heilung. Beide teilten ihre Geschichte mit anderen, die ebenfalls vor großen Herausforderungen standen. Sie ermutigten sie, Lachyoga in ihren Alltag zu integrieren, sei es bei Krankheiten oder einfach nur, um das Leben mit mehr Freude und Leichtigkeit zu nehmen. Lara gab Tipps, wie man die Methode am besten anwendet: Starte mit einfachen Atemübungen, beginne dann zu lachen und lasse es von Herzen kommen.

Walter und Lara bewiesen, dass das Alter keine Grenze für Freude und Heilung sein muss, solange man den Geist und das Herz offenhält. Ihre Geschichte ist eine warme und emotionale Erinnerung daran, dass Liebe, Lachen und gegenseitige Unterstützung die mächtigsten Heilmittel sein können, die es gibt.

Und wer wissen möchte, was da eigentlich im Körper passiert: Lachen aktiviert zahlreiche Gehirnareale, einschließlich der Bereiche, die für Emotionen, Motorik und Kognition verantwortlich sind. Dies führt zur

Freisetzung von Endorphinen, den körpereigenen Wohlfühlhormonen, die Stress reduzieren und das Schmerzempfinden verringern. Gleichzeitig wird die Produktion von Stresshormonen wie Cortisol gesenkt, was das Immunsystem stärkt und die allgemeine körperliche Gesundheit fördert. Durch die tiefe Atmung beim Lachen wird der Sauerstoffgehalt im Blut erhöht, was die Durchblutung verbessert und das Herz-Kreislauf-System unterstützt. Zudem fördert das gemeinsame Lachen soziale Bindungen und das Gefühl der Zugehörigkeit, was ebenfalls positive Effekte auf die mentale Gesundheit hat.

Mindful Positivity, also eine positive Geisteshaltung in Kombination mit Lachen und Achtsamkeit, spielt eine entscheidende Rolle für deine Langlebigkeit, Jugendlichkeit und dein allgemeines Wohlbefinden. Auch die Wissenschaft belegt vielfältig, dass diese Praktiken sowohl auf neurologischer als auch auf physiologischer Ebene tiefgreifende Auswirkungen haben.

Laut einer Studie der Harvard Medical School kann Mindful Positivity die Lebenserwartung um bis zu zehn Jahre verlängern. Diese Untersuchung zeigt, dass Menschen mit einer optimistischen Einstellung eine um 50 Prozent höhere Wahrscheinlichkeit haben, das Alter von 85 Jahren zu erreichen. Dies liegt daran, dass positive Emotionen die Ausschüttung von Stresshormonen wie Cortisol reduzieren und die Produktion von Endorphinen und Dopamin fördern. Das stärkt das Immunsystem und mindert Entzündungen im Körper. (MDR, 2022)

Achtsamkeit hat ebenfalls tiefgreifende Auswirkungen auf die Gehirnstruktur. Die Wissenschaft weiß schon länger, dass regelmäßige Achtsamkeitsmeditation die Dichte der grauen Substanz in Hirnregionen wie dem Hippocampus und dem präfrontalen Kortex erhöht. Diese Bereiche sind für Gedächtnis, Emotionsregulation und Entscheidungsfindung entscheidend.

Ein weiterer Vorteil der Achtsamkeit ist die Verbesserung der Schlafqualität. Forscher der University of Utah fanden heraus, dass Achtsamkeitspraxis die Schlafqualität erhöht, indem sie die geistige Ruhe fördert und das Gedankenkarussell vor dem Einschlafen reduziert. Gute Schlafqualität ist entscheidend für die Erholung des Körpers und die kognitive Leistungsfähigkeit. (Fitterer, 2024)

Dr. Sara Lazar vom Massachusetts General Hospital fand heraus, dass bei Menschen, die regelmäßig Achtsamkeit praktizieren, eine Verringerung der Amygdala-Aktivität zu beobachten ist. Die Amygdala ist der Teil des Gehirns, der für die Verarbeitung von Angst und Stress verantwortlich ist. Eine geringere Aktivität in diesem Bereich bedeutet weniger Angstreaktionen und eine insgesamt ruhigere, stabilere emotionale Verfassung. (Göldner, 2020)

Humor und Lachen sind weitere entscheidende Komponenten der Mindful Positivity. Lachen fördert die Ausschüttung von Endorphinen und senkt gleichzeitig den Blutdruck und den Cortisolspiegel. Eine Studie der Loma Linda University in Kalifornien ergab, dass Lachen die Beta-Endorphin-Spiegel um bis zu 27 Prozent und den menschlichen Wachstumshormonspiegel um bis zu 87 Prozent erhöhen kann. Diese Hormone sind für die Schmerzlinderung und das Zellwachstum sowie für die Regeneration entscheidend. (American Physiological Society, 2006)

Ein optimistischer Lebensstil kann das Risiko für chronische Krankheiten wie Herz-Kreislauf-Erkrankungen reduzieren. Laut der American Heart Association haben Menschen mit einer positiven Einstellung ein um 33 Prozent geringeres Risiko, einen Herzinfarkt zu erleiden oder an einer Herzkrankheit zu sterben. Dies wird auf die stressreduzierenden Effekte von Optimismus und die damit einhergehende gesündere Lebensweise zurückgeführt. (Sin, 2016)

Regelmäßiges Praktizieren von Mindful-Positivity-Techniken, wie Meditation, Dankbarkeitsübungen und Lachyoga, kann das Wohlbefinden erheblich verbessern und die Lebensqualität steigern. Dr. Michael Murray, ein Experte für natürliche Medizin, betont: »Ein positiver Geist ist das beste Präventionsmittel gegen viele der Erkrankungen, die unsere moderne Gesellschaft plagen.« (ISFCrew, 2022)

Zusammengefasst zeigt die Forschung, dass Mindful Positivity auf mehreren Ebenen wirkt: Sie reduziert Stress, stärkt das Immunsystem, verbessert die Gehirnstruktur und -funktion, senkt das Risiko für chronische Krankheiten und fördert ein längeres, gesünderes, jugendlicheres Leben. Indem wir bewusst positive Gedanken kultivieren und regelmäßig Achtsamkeit praktizieren, können wir nicht nur unsere geistige und körperliche Gesundheit verbessern, sondern auch unsere Lebensdauer verlängern.

Finde dein inneres Kind wieder: Ein psychologischer Ansatz

Die Verbindung mit dem inneren Kind ist ein bedeutender Aspekt der Psychologie, der oft übersehen wird. Das innere Kind steht für die emotionalen und oft ungefilterten Erfahrungen aus unserer Kindheit. Diese Erfahrungen prägen unser Erwachsenenleben, unsere Beziehungen und unser emotionales Wohlbefinden. Laut einer Studie der Harvard University haben Menschen, die eine starke Verbindung zu ihrem inneren Kind haben, höhere emotionale Resilienz und weniger depressive Symptome. (Harvard University, 2015)

Ein Schlüssel, mit dem du wieder Zugang zu deinem inneren Kind bekommen kannst, ist – auch hier – die Achtsamkeit. Übungen dazu helfen, dir deiner Gefühle und Bedürfnisse bewusst zu werden. Beginne ganz einfach damit: Halte täglich ein paar Minuten inne, atme tief und frage dich: »Wie fühle ich mich gerade?« Dies fördert deine Selbstwahrnehmung und bringt oft verborgene Emotionen an die Oberfläche.

Spielerische Aktivitäten sind ebenfalls hilfreich. Psychologen betonen ihre Bedeutung für das emotionale Wohlbefinden. Dr. Stuart Brown, Gründer des National Institute for Play, erklärt: »Spielen ist nicht nur für Kinder wichtig, sondern auch für Erwachsene. Es fördert Kreativität, Flexibilität und Freude.« Erwachsene können durch Aktivitäten wie Malen, Tanzen oder einfaches Herumtollen im Freien ihr inneres Kind wieder entdecken. (Heather, 2023)

Eine weitere Übung zur Wiederentdeckung deines inneren Kindes ist das Führen eines Tagebuchs. Notiere regelmäßig deine Gedanken und Gefühle, besonders die, die du als Kind oft hattest. Dies kann dir helfen, alte Wunden zu erkennen und zu heilen. Regelmäßiges Tagebuchschreiben verbessert die emotionale Gesundheit und reduziert Stresssignale im Körper spürbar.

Visualisierungsübungen sind ebenfalls effektiv. Stell dir vor, du triffst dein jüngeres Ich. Welche Ratschläge würdest du ihm geben? Welche Erlebnisse möchtest du mit ihm teilen? Diese Technik, die von vielen Therapeuten empfohlen wird, kann tief verwurzelte emotionale Blockaden lösen und ein Gefühl der inneren Harmonie schaffen.

Das Konzept des »inneren Kindes« bezieht sich auf die emotionalen Erfahrungen und Prägungen, die wir in unserer Kindheit gemacht haben und die uns im Erwachsenenalter noch beeinflussen. Dieses innere Kind steht für die jüngere, empfindsame Version von uns selbst, die oft Bedürfnisse, Ängste und Verletzungen in sich trägt, die nicht vollständig verarbeitet wurden.

Wenn du deinem inneren Kind Ratschläge gibst, geht es darum, eine bewusste, mitfühlende und stärkende Beziehung zu diesen Anteilen in dir zu entwickeln. Oft tragen wir unbewusst Überzeugungen oder Verhaltensmuster mit uns, die aus der Kindheit stammen und uns heute im Erwachsenenleben blockieren oder belasten. Indem du deinem inneren Kind Ratschläge gibst, hilfst du diesen verletzten oder unsicheren Teilen in dir, zu wachsen und sich sicherer zu fühlen. Es geht darum, die Verantwortung eines liebevollen Erwachsenen zu übernehmen, der dem inneren Kind Schutz, Unterstützung und Orientierung gibt.

Das Ziel ist es, die emotionalen Wunden der Vergangenheit zu heilen und somit freier, selbstbewusster und ausgeglichener im Erwachsenenleben zu agieren. Wenn das innere Kind verstanden und angenommen wird, können die daraus resultierenden emotionalen Blockaden gelöst werden. Dies führt zu mehr Selbstakzeptanz, besserer emotionaler Stabilität und größerer Fähigkeit, gesunde Beziehungen zu führen.

Auch wenn das innere Kind symbolisch immer bei uns ist und alles miterlebt, bedeutet das nicht, dass diese Erfahrungen verarbeitet und integriert sind. Indem du aktiv Erlebnisse mit deinem inneren Kind teilst, anerkennst du seine Existenz und seine Gefühle. Dies schafft eine Brücke zwischen den kindlichen Gefühlen und dem erwachsenen Verstand, wodurch ein tieferes Verständnis und eine stärkere emotionale Heilung möglich werden.

Viele emotionale Blockaden stammen aus unverarbeiteten Erfahrungen der Kindheit. Wenn du dich um dein inneres Kind kümmerst, kannst du alte Verletzungen an die Oberfläche bringen und in einem sicheren Rahmen bearbeiten. Dies erlaubt es dir, alte Glaubenssätze oder Ängste loszulassen, die dich bisher eingeschränkt haben. Indem du deinem inneren Kind zuhörst, es ernst nimmst und ihm gibst, was es damals vielleicht nicht bekommen hat (Liebe, Sicherheit, Anerkennung), kann sich die emotionale Last lösen und du wirst freier, authentischer und zufriedener im Hier und Jetzt leben.

Die Forschung zeigt, dass die Heilung des inneren Kindes die Lebenszufriedenheit erheblich steigern kann.

Interaktionen mit Kindern können ebenfalls eine heilende Wirkung haben. Spielen, Lachen und Lernen mit Kindern können alte, positive Erinnerungen wachrufen und das innere Kind nähren. Wer kennt nicht Erwachsene, die es genießen, wie sie es früher selbst als Kind genossen haben, mit der Carrerabahn ihres Kindes zu spielen oder zusammen mit Kindern mit Gummistiefeln in Pfützen zu springen.

Auch eine Therapie kann eine entscheidende Rolle spielen: Methoden wie die Innere-Kind-Arbeit nach John Bradshaw helfen, verborgene

Kindheitstraumata zu erkennen und zu verarbeiten. Diese Ansätze fördern das Verständnis dafür, wie vergangene Erlebnisse aktuelle Verhaltensmuster beeinflussen und bieten Werkzeuge zur Heilung und Integration dieser Erlebnisse.

Die Innere-Kind-Arbeit nach John Bradshaw zielt darauf ab, dass viele unserer heutigen emotionalen und psychologischen Probleme auf unverarbeitete Kindheitserlebnisse zurückzuführen sind. Er glaubte, dass durch das Wiederherstellen der Verbindung zu unserem inneren Kind und die Heilung dieser Wunden ein tiefes emotionales Wohlbefinden und eine größere Selbstakzeptanz erreicht werden können.

Bradshaw identifizierte verschiedene Aspekte des inneren Kindes, darunter das verwundete innere Kind, das verborgene innere Kind und das spontane innere Kind. Jede dieser Facetten repräsentiert unterschiedliche Teile unserer Kindheitserfahrungen und beeinflusst, wie wir heute auf emotionale Herausforderungen reagieren.

Übung für dich:
Die Reise zu deinem inneren Kind

Diese Übung hilft, eine bewusste Verbindung zu deinem inneren Kind herzustellen, alte Wunden zu erkennen und damit zu beginnen, diese zu heilen.

<u>Vorbereitung:</u>

Such dir einen ruhigen Ort, an dem du ungestört bist.

Setz dich bequem hin oder leg dich hin.

Schließ die Augen und atme einige Male tief durch, um dich zu entspannen.

❶ Visualisierung:
Stell dir vor, du gehst einen Weg entlang, der dich zu einem besonderen Ort deiner Kindheit führt. Das könnte dein altes Zuhause, ein Lieblingsspielplatz oder ein anderer Ort sein, an dem du dich als Kind sicher und glücklich gefühlt hast.

❷ Begegnung:
Visualisiere nun, dass dein jüngeres Ich, dein inneres Kind, an diesem Ort wartet. Wie sieht es aus? Was macht es gerade? Achte auf Details wie Gesichtsausdruck, Körperhaltung und Kleidung. Nimm dir Zeit, diese Vorstellung zu festigen.

❸ Dialog:
Tritt in einen liebevollen und unterstützenden Dialog mit deinem inneren Kind. Du kannst damit beginnen, dich vorzustellen: »Hallo, ich bin dein älteres Ich. Ich bin hier, um dir zuzuhören und für dich da zu sein.« Frag dein inneres Kind, wie es sich fühlt und was es braucht. Lass ihm Raum, um seine Gefühle und Gedanken auszudrücken.

❹ Zuhören und Trösten:
Hör aufmerksam zu, was dein inneres Kind dir sagt. Es könnte Angst, Trauer, Wut oder Freude ausdrücken. Versichere ihm, dass seine Gefühle wichtig und gültig sind. Sag ihm: »Es ist in Ordnung, dass du dich so fühlst. Ich bin für dich da.«

❺ Versprechen der Unterstützung:
Gib deinem inneren Kind das Versprechen, es künftig mehr zu unterstützen und auf seine Bedürfnisse zu achten. Sag ihm, dass du bereit bist, es zu schützen und ihm zu helfen, sich sicher und geliebt zu fühlen.

❻ Abschluss:
Verabschiede dich liebevoll von deinem inneren Kind mit dem Versprechen, immer für es da zu sein und dass hier an diesem Ort euer Treffpunkt ist, an dem ihr euch ab sofort regelmäßig begegnet und weiterhin an eurer Beziehung arbeitet.
Stell dir vor, dass du den Weg zurückgehst, den du gekommen bist, und bringe deine Aufmerksamkeit langsam wieder in die Gegenwart.

Nachbereitung:

Öffne langsam die Augen und nimm dir einen Moment, um deine Erfahrungen zu reflektieren.

Notiere dir in einem Tagebuch, was du während der Übung gefühlt und erlebt hast.

Überlege, wie du die Bedürfnisse und Wünsche deines inneren Kindes in deinen Alltag integrieren kannst.

Die Innere-Kind-Arbeit nach John Bradshaw kann tiefgreifende Veränderungen im emotionalen Wohlbefinden bewirken. Durch das Erkennen und Heilen der Wunden des inneren Kindes können wir eine tiefere Selbstakzeptanz und ein erfüllteres Leben erreichen. Diese konkrete Übung zur Begegnung mit dem inneren Kind ist ein erster Schritt auf diesem heilenden Weg.

Es ist wichtig zu erkennen, dass das innere Kind nicht nur für schmerzhafte Erinnerungen steht, sondern auch für Freude, Kreativität und Unschuld. Das Annehmen und Pflegen des inneren Kindes kann helfen, eine tiefere Verbindung zu sich selbst und zu anderen zu entwickeln. Wie C. G. Jung sagte: »In jedem von uns gibt es ein Kind, das spielen will.« (Petschnegg, 2024)

Verbiete dir auch nicht, spielerisch zu sein, Dinge zu tun, die du als Kind gern getan hast und die »man« für Erwachsene als albern oder nicht altersgemäß abtun könnte.

Welche Techniken kannst du verwenden, um eine positive Denkweise zu kultivieren?

Es gibt mehrere Techniken für eine positive Denkweise, die auf neurowissenschaftlichen und psychologischen Erkenntnissen basieren. Eine effektive Methode ist die »Positive Affirmationen«-Technik. Hierbei wiederholst du täglich positive Sätze wie »Ich bin stark und fähig« oder »Ich verdiene Erfolg und Glück«. Affirmationen können das Selbstwertgefühl stärken und Stress reduzieren. Neurowissenschaftlich gesehen aktivieren sie den linken präfrontalen Kortex, der mit positiven Emotionen verbunden ist.

Meditation ist ebenfalls hilfreich. Besonders die »Loving-Kindness-Meditation« (Metta-Meditation) kann das Mitgefühl für sich selbst und andere erhöhen. Laut einer Studie der Harvard Medical School verbessert regelmäßige Meditation die emotionale Regulation und verringert negative Denkmuster. Meditieren aktiviert den ventromedialen präfrontalen Kortex, der an der Emotionsregulation beteiligt ist. (Powell, 2018)

Kognitive Verhaltenstherapie (CBT) ist eine psychologische Methode, um negative Gedankenmuster zu durchbrechen. Durch gezielte Übungen lernst du, negative Gedanken zu erkennen und durch positive zu ersetzen. Laut einer Studie der American Psychological Association ist CBT besonders effektiv bei der Behandlung von Depressionen und Angststörungen. (American Psychological Association, 2017)

Zusätzlich kannst du die »Reframing«-Technik nutzen, um negative Situationen in einem positiveren Licht zu sehen. Wenn dir beispielsweise etwas schiefgeht, versuchst du, das Positive daran zu finden oder eine Lektion daraus zu lernen. Diese Technik verändert die neuronalen Bahnen im Gehirn und fördert ein optimistisches Denken.

Schließlich ist regelmäßige körperliche Aktivität wichtig. Laut einer Studie der Mayo Clinic kann Sport die Produktion von Endorphinen steigern, die als natürliche Stimmungsaufheller wirken. Schon 30 Minuten moderates Training pro Tag können dein Wohlbefinden erheblich verbessern. (Mayo Clinic Stuff, 2022)

> »Positive Affirmationen und Meditation fördern Wohlbefinden und stärken das Selbstwertgefühl.«

Wie kannst du Humor im Alltag integrieren, um Stress abzubauen und Freude zu fördern?

Humor ist ein kraftvolles Werkzeug, um Stress abzubauen und Freude zu fördern. Eine Möglichkeit, Humor in den Alltag zu integrieren, ist das bewusste Konsumieren von humorvollen Inhalten. Schau dir täglich eine Comedyshow oder lustige Videos an oder lies humorvolle Bücher.

Auch durch das Erzählen von Witzen und lustigen Geschichten kannst du mehr Spaß in deinen Tag bringen. Teile regelmäßig humorvolle Anekdoten mit Freunden und Familie. Laut einer Studie der Mayo Clinic stärkt gemeinsames Lachen soziale Bindungen und verbessert das allgemeine Wohlbefinden. (Mayo Clinic Stuff, 2023b)

Eine praktische Übung ist das »Lachyoga«, bei dem tiefes Atmen mit absichtlichem Lachen kombiniert wird. Beginne deinen Tag mit fünf bis zehn Minuten, indem du laut und herzhaft lachst, auch wenn es zunächst erzwungen scheint. Diese Übung kann deine Stimmung sofort heben und dir den ganzen Tag über positive Energie liefern.

Integriere auch humorvolle Rituale in deinen Alltag. Hänge lustige Zitate oder Bilder in deinem Zuhause oder am Arbeitsplatz auf, die dich zum Lächeln bringen. Laut Dr. Lee Berk, einem führenden Forscher im Bereich Lachtherapie, kann regelmäßiges Lachen die kardiovaskuläre Gesundheit verbessern und das Immunsystem stärken. (Berk, 2001)

Versuche, humorvolle Perspektiven auf stressige Situationen zu entwickeln. Wenn du in einer anstrengenden Lage bist, frage dich: »Wie würde ein Comedian diese Geschehnisse beschreiben?« Diese Technik kann helfen, Abstand zu gewinnen und die Situation weniger ernst zu nehmen.

Eine weitere Übung ist das Führen eines »Humor-Tagebuchs«. Notiere dir jeden Tag mindestens eine humorvolle Begebenheit oder einen Witz, der dich zum Lachen gebracht hat. Diese Reflexion kann dazu beitragen, eine positive Grundstimmung zu kultivieren.

Laut der Psychologin Dr. Barbara Fredrickson fördert Humor positive Emotionen, die die Resilienz und Kreativität steigern. (Fredrickson, 2001) Auch das Spielen mit Kindern oder Haustieren kann spaßige Momente und Leichtigkeit in deinen Alltag bringen.

Schließlich ist es wichtig, sich selbst nicht zu ernst zu nehmen. Selbstironische Momente und das Lachen über eigene kleine Missgeschicke fördern Selbstakzeptanz und Gelassenheit. Insgesamt trägt ein humorvoller Umgang mit dem Alltag dazu bei, Stress zu mindern und die Lebensfreude zu erhöhen.

Wie kann dir Achtsamkeit helfen, negative Gedankenmuster zu durchbrechen?

Achtsamkeit ist eine wirkungsvolle Methode, um negative Gedankenmuster zu durchbrechen und das geistige Wohlbefinden zu verbessern. Achtsamkeitstraining kann die kognitive Flexibilität erhöhen, was bedeutet, dass du besser in der Lage bist, alternative Perspektiven zu entwickeln und dich nicht in negativen Denkmustern verfängst.

Neurowissenschaftliche Studien zeigen, dass regelmäßige Achtsamkeitspraxis die Dichte der grauen Substanz im Hippocampus erhöht, der für Lernen und Gedächtnis zuständig ist, und die Aktivität der Amygdala reduziert, die mit Stress und Angst verbunden ist. (Hölzel, 2011).

Eine konkrete Übung ist die »Atemmeditation«. Setze dich in eine bequeme Position, schließe die Augen und konzentriere dich auf deinen Atem. Atme tief ein und aus und beobachte, wie sich deine Brust hebt und senkt. Wenn negative Gedanken auftauchen, nimm sie wahr, ohne sie zu bewerten, und lenke deine Aufmerksamkeit sanft zurück auf den Atem. Diese Praxis kann helfen, das Bewusstsein für den gegenwärtigen Moment zu schärfen und negative Gedankenspiralen zu durchbrechen.

Laut Jon Kabat-Zinn, dem Begründer der achtsamkeitsbasierten Stressreduktion (MBSR), fördert Achtsamkeit die Fähigkeit, Gedanken und Emotionen zu beobachten, ohne sich mit ihnen zu identifizieren. Dies ermöglicht es, einen Schritt zurückzutreten und negative Gedanken nicht als Wahrheit zu akzeptieren, sondern sie als vorübergehende mentale Ereignisse zu sehen.

Studien zeigen, dass Achtsamkeit die Produktion des Stresshormons Cortisol reduziert und gleichzeitig die Freisetzung von Serotonin und Dopamin fördert, die für Wohlbefinden und Glück zuständig sind. (Tang, 2021) Die regelmäßige Praxis kann somit die Stimmung stabilisieren und negative Gedankenmuster verringern.

Ein weiterer Ansatz ist die »achtsame Beobachtung«. Nimm bewusst deine Umgebung, Geräusche, Gerüche und visuelle Eindrücke wahr, ohne zu urteilen. Diese Praxis hilft dir, deinen Geist zu beruhigen und die Aufmerksamkeit weg von negativen Gedanken zu lenken.

Auch »achtsames Gehen« ist eine effektive Möglichkeit, Negativität zu überwinden. Gehe langsam und bewusst, achte auf jeden Schritt und die Bewegungen deines Körpers. Dies kann helfen, den Geist zu beruhigen und negative Gedankenmuster zu unterbrechen. Laut Dr. Sara Lazar kann regelmäßiges achtsames Gehen die Konnektivität zwischen den Hirnregionen, die für die Selbstregulation verantwortlich sind, stärken. (Oberliesen, 2023)

Eine weitere Technik ist das »achtsame Beobachten von Gedanken«. Setz dich hin, schließ die Augen und beobachte, was in deinem Kopf vor sich geht, ohne es zu bewerten. Stell dir vor, deine Gedanken sind Wolken, die am Himmel vorbeiziehen. Diese Übung hilft dir, eine distanzierte Perspektive zu entwickeln und negative Denkmuster zu erkennen, ohne dich von ihnen überwältigen zu lassen.

Gerade bei alltäglichen Dingen kannst du immer wieder deine Achtsamkeit trainieren – zum Beispiel auch beim Essen: Nimm dir Zeit, deine Mahlzeiten bewusst zu genießen, jeden Bissen zu schmecken und die Textur zu spüren. Dies fördert nicht nur eine positive Beziehung zu deinen Lebensmitteln, sondern hilft dir auch, den Moment auszukosten und andere, vor allem negative Gedanken loszulassen.

Welche Übungen unterstützen das Training deines positiven Mindsets?

Eine gute Übung ist die »Visualisierung positiver Ergebnisse«. Setze dich bequem hin, schließe die Augen und stelle dir vor, wie du deine Ziele erreichst. Visualisiere die Details und die positiven Emotionen, die du dabei empfindest. Diese Technik verbessert die Motivation und Zielerreichung.

Die »Tagesrückschau« ist eine weitere hilfreiche Übung. Setz dich jeden Abend hin und geh mental durch deinen Tag. Was ist gut gelaufen? Wo gab es Herausforderungen? Was hast du daraus gelernt? Stelle dir dies vor wie einen Film, der vor deinem inneren Auge abläuft. Diese Reflexion hilft dir, Erfolge zu feiern und aus Fehlern zu lernen. Solche Übungen steigern dein positives Denken und fördern langfristig dein Glücksempfinden. Weitere Übungen findest du im Kapitel 6.4.

Wie beeinflusst eine positive Einstellung deine Beziehungen zu anderen Menschen?

Optimisten sind oft freundlicher, aufgeschlossener und empathischer. Positive Emotionen verbessern die sozialen Bindungen und fördern das Gemeinschaftsgefühl. Eine lebensbejahende Sichtweise hilft, Konflikte konstruktiver zu lösen und Missverständnisse zu vermeiden.

Eine konkrete Übung zur Förderung guter Beziehungen ist das aktive Zuhören. Wenn jemand spricht, konzentriere dich vollständig auf die Person, ohne sie zu unterbrechen oder abzulenken. Zeige Interesse durch Nicken und Rückfragen. Aktives Zuhören stärkt das Vertrauen und die emotionale Bindung zwischen Gesprächspartnern.

Ein weiterer Ansatz sind tägliche Komplimente. Mach es dir zur Gewohnheit, anderen Menschen ehrlich gemeinte Komplimente zu machen. Das Geben und Empfangen dieser Nettigkeiten steigert das Selbstwertgefühl und fördert positive Emotionen. Menschen, die regelmäßig Komplimente machen, sind glücklicher und zufriedener mit ihren Beziehungen.

7.

Optimize senses: Optimiere deine Sinne

Schärfe deine Intuition und sei achtsam gegenüber der Natur, Tieren, Menschen und Symbolen

»Ich muss dir mal eine Geschichte erzählen. Meine Freundin rief mich gestern an und erzählte mir von ihrem Erlebnis.« Wickie nickte: »Ja klar, bin ganz Ohr, erzähl!«

»Es war an einem sonnigen Nachmittag, als zwei Frauen, Carla und Julia, ihre kleinen Motorboote am Steg nebeneinander anlegten. Carla war bekannt für ihre warmherzige Art und ihr Engagement für ihre politische Partei. Julia hingegen galt als abweisend und voller Vorurteile gegenüber Carla. Sie war aktives Mitglied in einer anderen Partei. Sie redete oft hinter Carlas Rücken schlecht über sie, war neidisch auf Carlas Erfolge und ihr positives Image.

Obwohl Carla von Julias Haltung wusste, ließ sie sich davon nicht beeindrucken und behandelte Julia stets mit Respekt. Sie glaubte daran, dass Menschen oft aus Unsicherheit oder eigenen ungelösten Konflikten heraus negativ über andere urteilen. Psychologisch betrachtet können solche Vorurteile tieferliegende Ängste oder Komplexe widerspiegeln, die jemandem das Gefühl geben, dass sie selbst oder ihre eigenen Überzeugungen bedroht sind.

In der Begegnung am Steg nahmen Carla und Julia sich endlich Zeit für ein Gespräch. Carla zeigte sich von ihrer freundlichen Seite, was Julia überraschte. Sie begann, Carla aus einer neuen Perspektive zu sehen, fernab von den negativen Gerüchten, die sie über sie gehört hatte, und von ihrer eigenen Voreingenommenheit, die zu Teilen lediglich darauf basierte, dass Carla in einer anderen Partei war als sie. Julia erkannte, dass ihre Vorurteile gegenüber Carla unbegründet waren und eher von ihrer eigenen Unsicherheit herrührten.«

Psychologisch gesehen können Vorurteile und Neid oft dazu führen, dass Menschen andere abwerten oder schlecht über sie reden, um sich selbst besser zu fühlen oder um ihre eigenen Mängel zu kompensieren. Diese Verhaltensweisen können tiefe emotionale Wurzeln haben und sind nicht immer einfach zu überwinden. Um das zu schaffen, ist es wichtig, sich selbst zu reflektieren und die eigenen Motivationen und Ängste zu verstehen. Selbstreflexion und Empathie können helfen, negative Gefühle gegenüber anderen zu reduzieren und eine offene Haltung zu entwickeln. Menschen mit diesem verletzenden Verhaltensmuster können leicht daran erkannt werden, dass sie andere ständig kritisieren oder abwerten, ohne dafür eine klare Grundlage zu haben. Ein offener und respektvoller Umgang miteinander sowie das Hinterfragen von eigenen Vorurteilen können dazu beitragen, solche Konflikte zu minimieren und eine positive zwischenmenschliche Dynamik zu fördern. Carla und Julia fanden durch ihr Gespräch am Steg eine neue Basis des Respekts füreinander. Julia lernte, dass Vorurteile oft mehr über die Person, die urteilt, aussagen als über die Person, über die geurteilt wird. Diese Erfahrung half beiden Frauen, ihre Differenzen zu überwinden und eine ehrliche Verbindung aufzubauen, die auf gegenseitigem Verständnis und Respekt basierte.

»Oh je, da kommt wieder jemand, der mir Blut abnehmen möchte!« Ich stöhnte. »Die können mich doch einfach in Ruhe lassen, wenn sie eh davon ausgehen, dass ich jeden Moment nicht mehr da sein könnte.« Wickie lachte. »Ich glaube, du bist mittlerweile ein Unikum hier und auf dich werden schon Wetten abgeschlossen. Es gibt sogar einige, die wetten, dass du in ein paar Tagen allein aus dem Krankenhaus gehst. Du siehst, viele glauben an dich.« »Echt?« Ich war berührt. »Wow, das ist cool. Vielleicht mache ich ja auch anderen Patienten Hoffnung mit ihrem eigenen Schicksal.«

Mach es wie Dr. Walter

Es war eine Geschichte, die die Menschen in der kleinen Stadt tief berührte: Dr. Walter, der Arzt, der mit 99 Jahren immer noch Patienten behandelte und Blut abnahm. Seine Hingabe und Überzeugung, anderen zu helfen, war legendär. Jeden Morgen machte er sich auf den Weg zu seiner Praxis, grüßte jeden mit einem strahlenden Lächeln und kümmerte sich liebevoll um seine Patienten. Medizinisch betrachtet war Dr. Walters Gesundheit bemerkenswert.

Die Wissenschaft weiß, dass eine aktive geistige und körperliche Tätigkeit im Alter neuroplastische Veränderungen im Gehirn fördern kann. Dies bedeutet, dass das Gehirn auch im hohen Alter in der Lage ist, neue Verbindungen zu bilden und sich anzupassen. Dr. Walter hatte zeitlebens auf allen Ebenen aktiv gelebt, was seine kognitive Funktion und seine Fähigkeit, sich zu konzentrieren, unterstützte.

Psychologisch gesehen spielte seine positive Lebenseinstellung eine entscheidende Rolle. Er war optimistisch, engagiert und hatte eine tiefe Überzeugung, dass seine Arbeit einen positiven Unterschied im Leben seiner Patienten machen konnte. Er machte alles so, wie es die Forschung zu Langlebigkeit und Jugendlichkeit herausgefunden hat, tat all das, was die Verjüngung fördert. Neurowissenschaftlich betrachtet kann eine Lebensweise, die gesunde Ernährung, regelmäßige körperliche Bewegung und geistige Herausforderungen umfasst, die Gehirnfunktion unterstützen. Bewegung fördert die Durchblutung und den Sauerstofftransport zum Gehirn, was wiederum die kognitive Leistungsfähigkeit verbessert. Geistige Aktivitäten wie Lesen, Lernen neuer Fähigkeiten oder die Arbeit mit Zahlen halten das Gehirn aktiv und stimuliert.

❶ **Bleib geistig aktiv:**
Es ist wissenschaftlich nachgewiesen, dass regelmäßige geistige Herausforderungen das Risiko für Demenz und kognitive Beeinträchtigungen reduzieren können. Menschen, die ihr Gehirn aktiv halten, haben oft eine bessere mentale Reserve und können geistige Aufgaben besser bewältigen.

Versuche, täglich ein Kreuzworträtsel oder Sudoku zu lösen. Diese Spiele fördern dein logisches Denken und dein Wortverständnis, was deine Denkfähigkeit stärkt. Psychologisch gesehen hilft das Lösen von Rätseln oder das Lernen neuer Fähigkeiten, neue neuronale Verbindungen im Gehirn zu schaffen. Neuroplastizität ermöglicht es dem Gehirn, sich anzupassen und zu wachsen, was die kognitive Funktion unterstützt. Medizinisch betrachtet verbessert eine aktive geistige Tätigkeit die Durchblutung und Sauerstoffversorgung des Gehirns, was mindestens zur Erhaltung seiner Funktion beiträgt.

❷ **Pflege deine sozialen Kontakte:**
Untersuchungen zeigen, dass soziale Interaktionen mit einer verbesserten emotionalen Gesundheit und einem verringerten Risiko für Depressionen verbunden sind. Einsamkeit hingegen kann negative Auswirkungen haben, bis hin zu depressiven Störungen.

Setz dir das Ziel, mindestens einmal pro Woche mit Freunden oder Familie zu telefonieren oder dich persönlich zu treffen. Pflege regelmäßige Interaktionen, um soziale Bindungen zu stärken. Psychologisch betrachtet bieten soziale Kontakte emotionale Unterstützung, fördern das Selbstwertgefühl und die Zugehörigkeit. Neurologisch gesehen stimulieren soziale Aktivitäten das Belohnungssystem im Gehirn, indem sie die Freisetzung von Neurotransmittern wie Dopamin begünstigen, die Glücksgefühle auslösen. Medizinisch betrachtet kann eine gute soziale Unterstützung das Immunsystem stärken und das Risiko für Herzkrankheiten verringern.

❸ Achte auf eine ausgewogene Ernährung:
Eine Ernährung mit viel Obst, Gemüse, Vollkornprodukten und gesunden Fetten kann das Risiko für Herz-Kreislauf-Erkrankungen, Diabetes und bestimmte Krebsarten verringern.

Integriere täglich mindestens eine Mahlzeit mit einer Vielzahl von farbenfrohen Obst- und Gemüsesorten. Diese liefern wichtige Vitamine, Antioxidantien und Ballaststoffe für die Gesundheit deines Körpers, insbesondere auch deines Gehirns.

Aus psychologischer Sicht spielt eine ausgewogene Ernährung eine Rolle bei der Stabilisierung der Stimmung und der mentalen Gesundheit. Neurowissenschaftlich betrachtet sind bestimmte Nährstoffe wie Omega-3-Fettsäuren wichtig für die Gehirnfunktion, da sie zur Bildung von Nervenzellmembranen beitragen. Medizinisch betrachtet unterstützt eine gesunde Ernährung die Herzgesundheit, die Durchblutung und den Stoffwechsel, was wiederum die kognitive Funktion fördert.

❹ Bleib körperlich aktiv:
Regelmäßige körperliche Aktivität ist mit einer verbesserten Mobilität und einer besseren Herz-Kreislauf-Gesundheit verbunden.

Gehe täglich 30 Minuten spazieren oder nimm an einer sanften Gymnastikklasse teil, um deine Kraft und Beweglichkeit zu erhalten.

Psychologisch betrachtet hilft dir körperliche Aktivität dabei, Stress abzubauen, indem sie die Freisetzung von Endorphinen stimuliert. Neurowissenschaftlich gesehen fördert Bewegung die Bildung neuer Nervenzellen und Synapsen im Gehirn, was deine kognitive Leistungsfähigkeit unterstützt. Medizinisch betrachtet verbessert körperliche Aktivität die Durchblutung, den Sauerstofftransport und den Stoffwechsel im Gehirn, was deine geistige Frische fördert.

❺ Pflege eine positive Lebenseinstellung:
Eine positive Lebenseinstellung ist mit einer besseren Stressbewältigung, höherer Resilienz und einer verbesserten Lebensqualität verbunden.

Optimismus ist ein unschlagbares Werkzeug, wenn es darum geht, negative Gedanken zu reduzieren und die emotionale Anpassungsfähigkeit zu verbessern. Neurowissenschaftlich gesehen stimuliert eine positive Einstellung die Freisetzung von Neurotransmittern wie Serotonin und Dopamin, die Glücksgefühle fördern. Medizinisch betrachtet kann eine positive Lebenseinstellung das Immunsystem stärken und das Risiko für stressbedingte Krankheiten wie Bluthochdruck verringern.

Diese fünf Tipps basieren auf wissenschaftlichen Erkenntnissen und sind perfekte und leicht durchführbare Begleiter, um bis ins hohe Alter vital und voller Energie zu bleiben, ähnlich wie Walter. Integriere diese Empfehlungen in deinen Alltag und unterstütze damit deine körperliche und geistige Gesundheit.

Schärfe deine Sinne nach Vorbild indigener Völker

Das Wissen indigener Völker ist von unschätzbarem Wert, wenn es darum geht, die eigenen Sinne zu schärfen, weil ihre Lebensweise tief mit der Natur und den natürlichen Zyklen verbunden ist. Es gibt einige Gründe, warum ihr Wissen für uns so wertvoll ist:

❶ **Intensive Naturverbundenheit**
Indigene Völker leben oft in direktem Kontakt mit der Natur und sind auf ihre Sinne angewiesen, um zu überleben. Ihr Wissen über die natürlichen Elemente, Tiere, Pflanzen und Wetterphänomene ist tief in ihrer Kultur verankert. Durch die enge Beobachtung und das Verständnis der Natur haben sie Techniken entwickelt, die es ihnen ermöglichen, subtile Veränderungen in ihrer Umgebung wahrzunehmen. Das hat ihre Sinne geschärft.

❷ **Ganzheitliches Verständnis der Welt**
Indigene Weltanschauungen sind oft ganzheitlich und betrachten den Menschen als integralen Bestandteil eines größeren Ökosystems. Dieses Verständnis fördert eine erhöhte Achtsamkeit gegenüber der Umgebung und den eigenen Empfindungen. Indem wir von diesen Weltanschauungen lernen, können wir unsere Sinne öffnen und eine tiefere Verbindung zur Umwelt aufbauen.

❸ **Traditionelle Praktiken und Rituale**
Viele indigene Kulturen haben traditionelle Praktiken und Rituale, die auf der Schärfung der Sinne basieren, wie z. B. Fasten, Meditation, Tanz,

Gesang oder Visionssuche. Diese Rituale dienen dazu, den Geist zu fokussieren, die Wahrnehmung zu intensivieren und eine tiefere Verbindung zur Natur herzustellen. Durch das Erlernen und Anwenden solcher Praktiken können auch Nicht-Indigene ihre Sinne verfeinern.

❹ **Achtsamkeit und Präsenz**
Indigene Völker leben häufig in einem Zustand erhöhter Achtsamkeit und Präsenz, da ihr Überleben oft davon abhängt, wie gut sie ihre Umgebung wahrnehmen können. Sie hören auf die Geräusche der Natur, riechen die Luftveränderungen und fühlen die feinen Unterschiede im Boden. Diese Fähigkeiten sind das Ergebnis von Jahrhunderten der Beobachtung und des Lebens in Harmonie mit der Natur.

❺ **Wissen über Pflanzen und Tiere**
Indigene Völker verfügen über ein tiefes Wissen über Pflanzen und Tiere, das auf Generationen von Erfahrungen basiert. Sie wissen, welche Pflanzen essbar sind, welche heilende Eigenschaften haben und wie man das Verhalten von Tieren interpretiert. Dieses Wissen schärft nicht nur den Verstand, sondern auch die Sinne, indem es uns lehrt, genau hinzusehen, zuzuhören und zu fühlen.

❻ **Wiederverbindung mit der Natur**
Viele moderne Lebensweisen haben uns von der Natur entfremdet, was dazu führen kann, dass unsere Sinne stumpfer werden. Indigene Praktiken können uns helfen, diese Verbindung wiederherzustellen, unsere Sinne zu reaktivieren und eine tiefere Sensibilität für die Umwelt zu entwickeln.

Walter hatte auch viele spannende Geschichten über die Lebensweise indigener Völker zu erzählen. Mit vielen hatte er jahrelang eng bei

Operationen zusammengearbeitet. Zu seinen »Kollegen« gehörten damals Voodoo-Priester, Stammesälteste, Schamamen und die weisen Frauen des Dorfes.

Indigene Völker wie die San in der Kalahariwüste oder die Aborigines in Australien werden oft für ihre bemerkenswerte Sehfähigkeit und ihr ausgezeichnetes Gehör bewundert. Man weiß heute, dass diese Eigenschaften oft auf ihre Umgebung und ihre Lebensweise zurückzuführen sind. Die San zum Beispiel leben seit Jahrtausenden als Jäger und Sammler in der Kalahariwüste, wo ihre Überlebensfähigkeit stark von der Wahrnehmung ihrer Umgebung abhängt.

Medizinisch gesehen gibt es Hinweise darauf, dass die Ernährung und die Lebensweise dieser indigenen Völker ihre sensorischen Fähigkeiten unterstützen. Ihre Nahrung, reich an natürlichen Nährstoffen und wenig verarbeiteten Lebensmitteln, wirkt sich auf ihre Sinneswahrnehmung aus. So haben beispielsweise bestimmte Nahrungsmittel und Pflanzenextrakte antioxidative Eigenschaften, die die Augengesundheit unterstützen können.

Neurowissenschaftliche Untersuchungen zeigen interessante Erkenntnisse über die Anpassungsfähigkeit des Gehirns bei indigenen Völkern. Die ständige Nutzung der Sinne in ihrer natürlichen Umgebung verbessert ihre Wahrnehmungssensibilität. Die regelmäßige Nutzung der Sinne wirkt sich auf die Gehirnstruktur aus, um sensorische Informationen effizienter zu verarbeiten.

In der Völkerkunde werden diese Fähigkeiten als kulturelles Erbe betrachtet, das eng mit traditionellem Wissen und Praktiken verbunden ist. Beispielsweise nutzen Aborigines überlieferte Jagdtechniken, die ein tiefes Verständnis der Natur und der Tierwelt erfordern. Diese Kenntnisse werden von Generation zu Generation weitergegeben und sind ein integraler Bestandteil ihrer Kultur.

Die erhöhte sensorische Empfindlichkeit entwickelte sich durch generationsübergreifende Anpassung an ihre Lebensweise. Einige Theorien deuten darauf hin, dass die Fähigkeit des besseren Hörens und Sehens in indigenen Völkern auch mit einer spirituellen oder metaphysischen Dimension verbunden ist. Traditionelle Rituale und Praktiken schärfen die Sinne und fördern eine tiefere Verbindung zur natürlichen und spirituellen Welt.

»*Indigene Weisheit* schärft unsere Sinne und fördert Achtsamkeit.«

Von Fühlrohren, Schüttel- und Riechdosen

Als Kind liebte ich es, mit meiner Mutter zu basteln und neue Dinge zu entdecken. Besonders in Erinnerung geblieben ist mir unser Projekt mit einem alten Postrohr, das wir in ein faszinierendes Fühlrohr verwandelt haben. Meine Mutter war immer voller kreativer Ideen, um meine Sinne zu schulen und mir spielerisch Wissen zu vermitteln.

Das Fühlrohr war für mich damals ein echtes Kunstwerk. Wir klebten verschiedene Materialien wie einen ausgestopften Gummihandschuh-Finger, ein Stück Fell, einen glatten Stein und andere interessante Objekte hintereinander in das Rohr. Die Aufgabe war es dann, die Materialien zu ertasten, zu beschreiben und zu benennen, ohne sie dabei zu sehen. Das hat nicht nur meinen Tastsinn geschärft, sondern auch meine Fähigkeit verbessert, Dinge zu benennen und zu beschreiben.

Ein weiteres tolles Projekt waren unsere Schütteldosen. Aus alten Dia-Rollendosen wurden kleine Schätze für uns Kinder. Meine Mutter füllte sie mit unterschiedlich dicken und feinen Körnern wie Maiskörnern, Erbsen, Sand, Kieselsteinen und Hirse. Durch Schütteln konnte ich erraten, was sich darin befand, basierend auf den Geräuschen, die sie machten. Das war eine lustige Herausforderung und schulte mein Gehör und meine Feinmotorik.

Besonders spannend waren auch die Riechdosen. In kleinen Döschen hatte meine Mutter verschiedene Kräuter, Samen und andere duftende Materialien versteckt. Mit verbundenen Augen musste ich jeden Duft erkennen und benennen. Das war manchmal gar nicht so einfach, aber es hat mir gezeigt, wie wichtig der Geruchssinn für die Unterscheidung verschiedener Dinge ist.

Das Training der Sinne hat nicht nur unseren Horizont erweitert, sondern auch unsere Bindung an die Natur gestärkt. Meine Mutter hat uns Kindern beigebracht, wie man die Welt um sich herum aufmerksam wahrnimmt und sie mit allen Sinnen erlebt.

Das, was ich als Kind gebastelt habe, eignet sich genauso für Erwachsene. Die eigenen Sinne kann man am besten spielerisch schulen. Und auch, wenn dir Basteln nicht liegt – es gibt viele Möglichkeiten, die eigenen Sinne zu stärken, z. B. wenn du dir beim nächsten Einkauf auf dem Wochenmarkt am Gewürzstand Zeit nimmst, die verschiedenen Gerüche zu erraten.

»*Spielerisches Erleben* trainiert unsere Sinne und stärkt die Verbindung zur Welt.«

Schärfe deine Intuition und die Wahrnehmung subtiler Signale

Ein ganzheitlicher Ansatz aus psychologischer, medizinischer und neurowissenschaftlicher Perspektive hilft, sich diesem Thema zu nähern. In unserer schnelllebigen Gesellschaft neigen wir dazu, oberflächlich zu handeln und vorschnelle Urteile zu fällen, was unsere Fähigkeit, feine emotionale und intuitive Signale wahrzunehmen, beeinträchtigen kann.

Psychologisch gesehen basiert Intuition auf einem Zusammenspiel aus bewussten und unbewussten Prozessen. Menschen, die sich intensiv mit ihren Emotionen auseinandersetzen und ihre Wahrnehmungsfähigkeit trainieren, können eine höhere emotionale Intelligenz entwickeln. Als emotionale Intelligenz bezeichnet man die Fähigkeit, eigene und fremde Emotionen wahrzunehmen, zu verstehen, zu regulieren und effektiv in sozialen Interaktionen zu nutzen. Emotionale Intelligenz fördert Intuition, indem sie uns hilft, unsere eigenen und die Gefühle anderer besser zu verstehen und zu interpretieren, wodurch wir unbewusst bessere Entscheidungen treffen können. Durch Achtsamkeitspraktiken wie Meditation und Selbstreflexion können wir lernen, unsere inneren Zustände besser zu erkennen und zu interpretieren.

Im medizinischen Sinne spielt das limbische System eine zentrale Rolle bei der Verarbeitung emotionaler Informationen und der Generierung von Intuition. Es handelt sich dabei um einen komplexen Bereich des Gehirns, der für die Steuerung von Emotionen, Gedächtnis und Verhaltensreaktionen verantwortlich ist. Neurotransmitter wie Dopamin und Serotonin beeinflussen unsere Stimmung und können die Wahrnehmung subtiler Signale verstärken. (Phelps, 2013) Eine gesunde Ernährung und regelmäßige körperliche Bewegung fördern die neurologische Gesundheit, was wiederum die kognitive Flexibilität und die Fähigkeit zur intuitiven Entscheidungsfindung unterstützt.

Neurowissenschaftlich betrachtet ermöglicht Neuroplastizität dem Gehirn, sich an neue Erfahrungen anzupassen und neue neuronale Verbindungen zu bilden. Durch gezieltes Training können wir diese Schaltkreise stärken, die für die Verarbeitung und Interpretation von subtilen Signalen relevant sind. (Doidge, 2007) Übungen zur Verbesserung der Sensorik, wie z. B. das bewusste Hören von Umgebungsgeräuschen oder das Fokussieren auf feine Geschmacksnuancen, können die sensorische Wahrnehmung schärfen.

Um subtile Signale wahrnehmen zu können, ist es essenziell, die Aufmerksamkeit bewusst zu lenken und präsent zu sein. Das bedeutet auch, Vorurteile und vorschnelle Urteile zu hinterfragen und sich für neue Perspektiven zu öffnen. Diskussionen mit anderen Menschen und das Einholen unterschiedlicher Meinungen fördern die geistige Flexibilität und erweitern den Horizont.

In einer Zeit, in der die Informationsflut oft überwältigend ist, kann es hilfreich sein, bewusst Pausen einzulegen, um die Wahrnehmung zu schärfen. Achtsamkeitstraining und regelmäßige mentale Übungen können dabei helfen, die Fähigkeit zur Intuition und zum Verständnis subtiler Signale zu verbessern. Indem wir uns auf das Hier und Jetzt konzentrieren und unsere Sinne bewusst nutzen, können wir nicht nur unsere persönliche Entwicklung fördern, sondern auch zu einem tieferen Verständnis unserer Umwelt gelangen.

Entwickle mentale Stärke und Vorstellungskraft

Mentale Stärke und Vorstellungskraft sind zentrale Elemente für den Erfolg in verschiedenen Lebensbereichen, insbesondere im Sport, der Therapie und im Berufsleben. Mentale Stärke bezieht sich auf die Fähigkeit, trotz widriger Umstände oder Stresssituationen fokussiert und leistungsfähig zu bleiben. Vorstellungskraft ermöglicht es, mentale Bilder zu erzeugen, die das eigene Verhalten und die Leistung positiv beeinflussen können.

Beide Eigenschaften spielen eine entscheidende Rolle im Spitzensport. Mentale Stärke hilft, Motivation aufrechtzuerhalten und Rückschläge zu überwinden, während Vorstellungskraft das Training und die Wettkampfleistung optimiert.

Sportler wie der weltbekannte Schwimmer Michael Phelps und die Tennisspielerin Serena Williams nutzen Visualisierungstechniken, um ihre Wettkämpfe gedanklich durchzuspielen und sich auf verschiedene Szenarien vorzubereiten. Der mehrfache Olympiasieger Phelps hat in Interviews oft betont, wie wichtig genau diese Dinge für seinen Erfolg waren. Er bereitete sich auf seine entscheidenden Wettkämpfe vor, indem er Visualisierungstechniken nutzte. So arbeitete er mit Dr. Peter Haberl, einem Sportpsychologen des US-amerikanischen Olympiateams, zusammen, um diese Technik zu perfektionieren. Jeden Morgen und Abend setzte sich Phelps in einen ruhigen Raum, schloss die Augen und stellte sich detailliert vor, wie er ins Wasser eintauchte. Er visualisierte jeden Armzug, jede Wende und sogar das Gefühl des Wassers auf seiner Haut. Dr. Haberl hatte ihn angewiesen, nicht nur die idealen Abläufe zu sehen, sondern auch mögliche Probleme einzuplanen, wie eine verpatzte Wende oder einen zu langsamen Start. Phelps sah sich selbst, wie er ruhig und konzentriert auf solche Herausforderungen reagierte und sie meisterte. Er nutzte alle Sinne in seiner Vorstellung: das Geräusch des Wassers, den Geruch des Chlors, das Gefühl des Adrenalinkicks in seinem Körper.

Diese Visualisierungsübung half Phelps, sich mental auf jede Eventualität vorzubereiten. Er fühlte sich, als hätte er den Wettkampf bereits Hundertmal gewonnen, bevor er tatsächlich im Becken war. Dies gab ihm nicht nur Selbstvertrauen, sondern auch eine unglaubliche Ruhe und Gelassenheit.

Durch diese Technik konnte Michael Phelps seine Rekorde brechen und seine Gegner dominieren. Sein Erfolg zeigt, wie mächtig der Geist sein kann, wenn er richtig trainiert wird. Um diese Methode selbst anzuwenden, solltest du einen ruhigen Ort finden, dich entspannen, die Augen schließen und dir die Abläufe in allen Details vorstellen, einschließlich möglicher Probleme und deren Lösungen. Dies stärkt nicht nur deine mentale, sondern auch deine physische Vorbereitung auf jede Herausforderung.

Die renommierte Psychologin Dr. Angela Duckworth betont in ihrem Buch »Grit: The Power of Passion and Perseverance« (Duckworth, 2016), dass Ausdauer und Leidenschaft bei langfristigen Zielen entscheidend für Erfolg sind. Dabei sind gezielte Übung und mentales Training wichtige Faktoren für die Entwicklung von Expertise. Neurowissenschaftlich betrachtet können Meditation und mentales Training strukturelle Veränderungen im Gehirn bewirken, die Resilienz und kognitive Flexibilität fördern.

📋 Übungen für dich:

❶ Visualisierung:
Visualisierung aktiviert ähnliche Gehirnareale wie die tatsächliche Durchführung der Handlung, was die Leistungsfähigkeit verbessern kann.

Setz dich in eine ruhige Umgebung und schließe die Augen. Stell dir eine spezifische Situation vor, in der du erfolgreich bist, z. B. ein wichtiges Meeting oder einen Wettkampf. Visualisiere jedes Detail, einschließlich der Geräusche und Gerüche.

❷ Positive Selbstgespräche:
Positive Selbstgespräche können das Selbstvertrauen stärken und negative Gedankenmuster durchbrechen.

Erstelle eine Liste positiver Affirmationen, die du dir regelmäßig selbst vorsagst, z. B. »Ich bin stark und konzentriert«. Wiederhole diese Sätze täglich.

❸ Mentales Rehearsal:
Mentales Rehearsal hilft, sich besser auf reale Situationen vorzubereiten und die Angst vor dem Versagen zu reduzieren.

Plane einen spezifischen Ablauf, den du häufig durchlaufen musst, z. B. eine Präsentation oder ein Sportereignis. Spiele diesen Ablauf gedanklich durch und stelle dir vor, wie du jede Herausforderung meisterst, als wärst du gerade im Begriff, dich ihr zu stellen. Spüre alle Sinne dabei, deine Muskeln, deine Haut, gehe in die Bewegung, die du dir vorstellst.

Wie dich Menschenkenntnis und empathisches Zuhören stärken und erfolgreicher machen

Der Psychologe Malcolm Gladwell beschreibt in seinem Buch »Blink: The Power of Thinking Without Thinking« (2007), wie intuitive Urteile oft genauso zuverlässig sein können, wie sorgfältig durchdachte Entscheidungen. Ein Beispiel dafür ist der Fußballtrainer José Mourinho, der für seine Fähigkeit bekannt ist, die Stärken und Schwächen seiner Spieler intuitiv zu erkennen und sie entsprechend einzusetzen.

Die Forschungen von Dr. Daniel Kahneman, einem Nobelpreisträger für Wirtschaftswissenschaften, zeigen, dass intuitive Entscheidungen oft durch Erfahrung und Mustererkennung beeinflusst werden. Seine Dual-Process-Theorie beschreibt, wie das Gehirn schnelle, intuitive Urteile (und langsame, analytische Entscheidungen) trifft. Die Fähigkeit, subtile emotionale Signale wahrzunehmen, ist auch für das Verständnis und die Vorhersage von Beziehungsverläufen entscheidend. (The Decision Lab, 2024)

Übungen für dich:

❶ Achtsamkeitsmeditation:
Achtsamkeit fördert die Selbstwahrnehmung, erleichtert, intuitive Einsichten zu erkennen und hilft, Vertrauen im Allgemeinen aufzubauen.

Setz dich in eine bequeme Position und konzentriere dich auf deinen Atem. Achte bewusst auf deine Gedanken und Gefühle, ohne sie zu bewerten.

❷ **Empathie-Training:**
Empathie stärkt die Fähigkeit, emotionale Signale zu erkennen und Menschenkenntnis zu verbessern.

Beobachte täglich eine Person in deinem Umfeld und versuche, ihre Gefühle und Gedanken nachzuvollziehen. Frage dich, wie du in ihrer Situation fühlen würdest.

❸ **Körperliche Signale deuten:**
Körpersprache liefert wertvolle Hinweise auf die inneren Zustände und Absichten anderer, was die Menschenkenntnis fördert.

Achte bewusst auf die Körpersprache deiner Mitmenschen. Versuche, Gesten, Mimik und Haltung zu interpretieren und ihre Bedeutung zu verstehen.

Vor Jahren erzählte mir eine Freundin von einer Partnerschaftsvermittlerin, die, wie sie sagte, nach einer Minute einfach alles von ihr wusste, sie komplett einschätzen konnte und auch sofort wusste, welcher Mann zu ihr passt. »Ich war baff«, sagte sie. »Da sitzt dir eine fremde Frau gegenüber und erzählt dir, wen du an deiner Seite brauchst, um eine glückliche Beziehung zu finden und zu führen.« Jahrelang, so sagte sie, fand sie den falschen Partner, die immer gleichen Gründe führten dazu, dass es nach kürzerer oder längerer Zeit auseinanderging. Irgendwann wusste sie nicht mehr weiter. Sie untersuchte ihre letzten Partnerschaften und plötzlich fiel es ihr wie Schuppen von den Augen: Sie folgte immer den gleichen Mustern. Schemata, die sie in ihrer Kindheit gelernt hatte, die aber dazu führten, dass sie immer wieder die gleichen Typen, Abläufe, Rollenzuweisungen wählte. Diese Frau, das wusste sie in diesem ersten Moment, würde ihr helfen. Und so war es.

Die international bekannte Top-Partnervermittlerin ist dafür in Kreisen bekannt, auf höchstem Niveau den perfekten Partner für ihre Klienten zu finden. Ihre außergewöhnliche Menschenkenntnis hat sie sich selbst beigebracht und regelmäßig trainiert. Samantha begann ihre Reise als Anwältin, ein Beruf, in dem sie schnell bemerkte, wie wichtig Menschenkenntnis in der Kommunikation und in Verhandlungen war. Sie vertiefte sich in die Psychologie, las unzählige Bücher und nahm an Seminaren zu Körpersprache und nonverbaler Kommunikation teil. Ihre Beobachtungen und Studien verfeinerte sie durch tägliche Übungen.

Jeden Tag verbrachte sie eine Stunde damit, Menschen in Cafés und öffentlichen Plätzen zu beobachten. Sie analysierte ihre Bewegungen, Mimik und Interaktionen, um Muster zu erkennen und zu verstehen. Samantha führte ein Tagebuch, in dem sie ihre Beobachtungen festhielt und reflektierte, um ihre Fähigkeiten kontinuierlich zu verbessern. Das folgte gar keinem festen Schema: Wie zufällig hielt sie alles fest, versuchte Strukturen, Muster, Konzepte, Verbindungen zu erkennen. Dazu machte sie Skizzen, Mindmaps und Brainstorming, einfach das, was ihr gerade im ersten Moment durch den Kopf ging, wenn sie jemandem das erste Mal begegnete.

Wenn ein neuer Klient zu ihr kam, begann Samantha mit einem intensiven Gespräch, in dem sie nicht nur auf die Worte, sondern auf jede nonverbale Nuance achtete. Sie fragte nach Lebenszielen, Werten und vergangenen Beziehungen, um ein umfassendes Bild zu bekommen. Samantha erstellte ein detailliertes Profil und nutzte ihre Menschenkenntnis, um potenzielle Partner auszuwählen, die nicht nur auf dem Papier passten, sondern auch in der Tiefe harmonierten.

Sie organisierte Treffen in ungezwungenen Umgebungen, wie in Kunstgalerien oder bei Weinproben, wo sie die Interaktionen ihrer Klienten beobachten konnte. Manchmal organisierte sie auch ein Essen, weil sie wusste, dass ihr Gegenüber sich dann darauf mehr konzentrierte als darauf, Antworten zu konstruieren. Sie achtete darauf, wie die Personen miteinander kommunizierten, welche Themen sie bewegten und wie sie aufeinander reagierten. Ihre Analysen gingen weit über oberflächliche Gemeinsamkeiten hinaus; sie suchte nach tiefen emotionalen Verbindungen und ergänzenden Charaktereigenschaften.

Ein Beispiel für ihren Erfolg war das Match zwischen Rachel, einer erfolgreichen Internetunternehmerin, die eine E-Commerce-Plattform für Kosmetik in der Menopause betrieb, und Tom, einem kreativen Architekten, der mit Liebe zum Detail in Kleinarbeit Prototypen von neuen, innovativen Bauten erstellte. Obwohl sie auf den ersten Blick unterschiedlich erschienen, erkannte Samantha das Potenzial ihrer Beziehung. Beim ersten Treffen sah sie, wie Rachel sich für Toms Designideen begeisterte und Tom von Rachels Entschlossenheit inspiriert wurde. Ihre Methode war erfolgreich: Rachel und Tom verliebten sich. Sie führen auch heute noch eine erfüllte Beziehung.

Samantha erklärt ihre Trefferquote damit, dass sie nicht nur auf oberflächliche Übereinstimmungen achtet, sondern tief in die Psychologie ihrer Klienten eintaucht. Für sie ist Menschenkenntnis die Fähigkeit, das wahre Wesen einer Person zu erkennen und Verbindungen zu schaffen, die Bestand haben. Samanthas Ansatz basiert auf kontinuierlichem Lernen, Empathie und der Fähigkeit, Menschen wirklich zuzuhören und zu verstehen. So wurde sie zu dem Geheimtipp in der Partnervermittlung auf internationalem Top-Niveau.

»So richtig zuhören können wenige, so kommt es mir manchmal vor«, sinnierte Wickie. »Und so richtig zielgruppengerecht sprechen können auch nicht viele«, lachte ich. »Du meinst den Arzt, der dir so nonchalant erzählt hat, dass du nur noch ein paar Tage zu leben hast?« »Ja, den meine ich. Von oben und mit Distanz betrachtet ist das schon heftig oder würde sich für einen Slapstick eignen. ›Hallo, wie geht es Ihnen? Noch gut? Okay, Sie müssen in ein paar Tagen sterben. Viel Spaß in der verbleibenden Zeit.‹ Und dann Raumwechsel. Nächster Patient. Also so jemanden würde ich nicht als Partner an meiner Seite haben. Das ist ja ein Gefühlstoter.«

Aktives Zuhören ist eine Schlüsselkompetenz für effektive Kommunikation und kann sowohl beruflich als auch privat von großem Nutzen sein. Studien zeigen, dass aktive Zuhörer zu 40 Prozent weniger Missverständnisse und Konflikte erleben. (Harvard Business Review, 2015) Doch was bedeutet aktives Zuhören genau?

Diese Technik beinhaltet, dem Gesprächspartner die volle Aufmerksamkeit zu schenken, nonverbale Signale wie Blickkontakt und Nicken zu nutzen und das Gesagte durch kurze Zusammenfassungen zu bestätigen. Ein einfacher Trick ist die »Paraphrasierung«, bei der man das Gehörte in eigenen Worten wiedergibt. Zum Beispiel: »Wenn ich dich richtig verstehe, meinst du, dass …«

Eine weitere Technik ist das »Spiegeln« der Emotionen des Sprechers. Wenn jemand über eine stressige Situation spricht, könnte man sagen: »Das klingt wirklich frustrierend.« Dies zeigt Empathie und Verständnis. Die Forschung belegt, dass solch empathisches Zuhören das Vertrauen und die Bindung zwischen Gesprächspartnern stärkt. (Bodie, 2013)

Wichtig dabei ist auch, Unterbrechungen zu vermeiden und Ablenkungen auszuschalten. Dies führt zu einer verbesserten Informationsaufnahme. Daher sollten Smartphones und andere Geräte während eines Gesprächs beiseitegelegt werden.

Rückmeldungen sind ebenso wichtig wie das Zuhören. Effektives Feedback sollte spezifisch, konstruktiv und zeitnah sein. Anstatt vage Kommentare zu machen, sollten konkrete Beispiele genannt werden. Zum Beispiel: »Ich habe bemerkt, dass du in unserem letzten Austausch sehr klare und prägnante Argumente gebracht hast. Das hat wirklich geholfen.«

Konstruktives Feedback sollte auch Verbesserungsvorschläge enthalten. Anstatt nur auf Fehler hinzuweisen, könnte es heißen: »Vielleicht könntest du beim nächsten Mal versuchen, deine Argumente mit mehr Beispielen zu untermauern. Das könnte es noch überzeugender für mich machen.«

Wichtig ist auch das Sandwich-Feedback-Modell, bei dem positives Feedback, Verbesserungsvorschläge und wieder positives Feedback kombiniert werden. Dies hilft, die Botschaft besser zu vermitteln und gleichzeitig die Motivation des Gegenübers zu erhalten.

Regelmäßiges und gut strukturiertes Feedback ist eine großartige Möglichkeit, um Beziehungen weiterzuentwickeln. (Landry, 2020)

Die folgende Abbildung gibt einen guten Überblick über das, was wir auch unter »Longevity-Praktiken« verstehen und zur Verjüngung, Vitalität und für eine jugendliche Ausstrahlung in Anlehnung an bewährte Praktiken der Naturvölker und der Menschen in »Blue Zones« machen können (Abb. 4).

Der Begriff »Blue Zones« geht auf die Arbeiten des Demografen Michel Poulain und des Arztes Gianni Pes zurück, die ihn 2004 einführten. Er beschreibt Regionen auf der Welt, in denen Menschen besonders lange und gesund leben. Zu diesen Orten zählen unter anderem Okinawa in Japan, Sardinien in Italien, Nicoya in Costa Rica, Ikaria in Griechenland und Loma Linda in Kalifornien. Der Forscher Dan Buettner hat diese Gebiete eingehend untersucht und herausgefunden, dass viele der Bewohner über 100 Jahre alt werden. Was diese Menschen von anderen unterscheidet, ist vor allem ihre pflanzenbasierte Ernährung, die tägliche körperliche Aktivität, enge soziale Verbindungen und ein klarer Lebenssinn. Sie leiden deutlich seltener an chronischen Krankheiten wie Herz-Kreislauf-Erkrankungen oder Demenz. Ihre Lebensweise ist geprägt von einem stressarmen Alltag und einer tiefen Gemeinschaftsverbundenheit.

Bewährte Praktiken zur Verjüngung, für Vitalität und eine jugendliche Ausstrahlung

Grundsätzlich

Empathie- und Achtsamkeitstraining

Kontinuierliches Lernen

Aktives Zuhören und Umgang mit Feedback

Konkret

Wahrnehmung und Deutung subtiler emotionaler und körperlicher Signale

Unterstützung sensorischer Fähigkeiten durch Ernährung und eine Lebensweise nach Vorbild indigener Völker

Spielerisches Sinnes- und Intuitionstraining für mehr emotionale Intelligenz

Visualisierung für mentale Stärke, Motivation, Überwindung von Rückschlägen und Leistungssteigerung

Abb. 4 Bewährte Longevity-Praktiken für jeden Tag

»Hast du das alles so einstudiert und deshalb kann man sich mit dir so gut unterhalten?!« Wickie lachte. »Natürlich«, lachte ich. »Alles nur Schauspiel, eigentlich bin ich ja eine Sprach-Legasthenikerin.« »Das ist nicht abgekauft.« Wickie grinste.

8.

Uplift Nutrition: Die Schlüsselrolle deiner Ernährung

Iss achtsam, trinke gesund, verwende Nahrungsergänzungsmittel und integriere Fasten in deine Routine

»Nein, darauf verzichte ich nicht! Wenn es ein wenig wäre, dann okay, aber doch nicht alles, was mir Spaß macht – ist das Ihr Ernst?« Ich hatte gerade mit einer der anerkanntesten Ernährungsmedizinerinnen gesprochen. Und einiges von dem, was sie mir mitgeteilt hatte, gefiel mir nicht. »Was hat sie denn alles gesagt? Reg dich erst einmal ab«, meinte Wickie. »Du weißt gar nicht, wie gemein das ist. Alles, was mir meinen so blöden Zustand gerade verschönert, alle kleinen Freuden, darauf soll ich jetzt verzichten, meinte sie gerade am Telefon.« »Ja, was denn genau?« »Okay, ich erzähle dir mal der Reihe nach von vorn:«

Helga saß in einem kleinen Vorort von Heidelberg. Ihre Kontaktdaten überhaupt ausfindig zu machen, war schon einem Detektiv- oder Spionageauftrag nahegekommen. Es sei ein Riesenglück gewesen, so begann sie, dass ich sie überhaupt erreicht habe. Sie sei über ein Jahr mit Terminen ausgebucht, obwohl sie im Netz schon nicht mehr als Ernährungsmedizinerin zu finden sei. Aber irgendetwas in meiner Stimme habe sie bewegt, zurückzurufen. »Verraten Sie das nicht!«, sagte sie ganz direkt. »Ich mache sonst nie eine Ausnahme, aber Sie klangen klug. Ich mag Menschen, die meinen Rat annehmen, ihn ernst nehmen. Die verstehen, dass es um mehr geht, als zwei- bis dreimal die guten Vorsätze einzuhalten und dann war's das wieder, bis der Schuh wieder sooooo drückt, dass es wieder nicht anders geht, als zu mir zu kommen. Für viele bin ich ja die letzte Rettung. Und dann kommen sie wieder, manchmal auf allen Vieren, reumütig gekrochen. Und dann jammern sie und ich erkläre ihnen geduldig, dass sie Glück hatten, dass ihr Körper ihnen bis jetzt verziehen hat, und dass ich so sehr hoffe, dass sie nicht schon wieder alle guten Vorsätze vergessen haben, wenn sie zuhause angekommen sind.

Unser Körper vergisst nie, aber er verzeiht uns Dinge. Unser Körper ist ein unglaubliches Wunderwerk«, schwärmte sie. »Er ist ausgestattet mit einem Notfallkoffer. Wenn Gefahr kommt, dann macht uns unser Adrenalin schnell, lässt uns Schmerz vergessen und stattet uns für eine bestimmte Zeit mit übernatürlichen Kräften aus. Oder wenn Mangelzeiten anstehen, können wir tagelang ohne Essen auskommen und der Körper behält Reserven, wenn die Zeichen auf Stress, Gefahr und Ausnahmezeiten stehen. Wenn wir einen schlimmen Unfall haben, schaltet der Schock unser Schmerzempfinden erst einmal aus, sodass wir bei schneller Hilfe den ganz schlimmen Schmerz gar nicht spüren. Also, du hast Glück anscheinend. Das wirst du wahrscheinlich nicht so sehen, aber du hast in der Tat Glück. Denn dein jetzt geschundener Körper ist mit einem klugen Köpfchen ausgestattet. Zum Glück. Und dieses Köpfchen hat kapiert, dass der Weg, den du bisher gegangen bist, ganz schnell zum Tod führen kann. Was also jetzt? Du bist so klug und hast mich kontaktiert. Das ist erst einmal gut. Und dann hörst du mir aufmerksam zu und stellst Fragen. Das ist auch gut. Viele meiner Patienten unterbrechen mich ständig empört, weil ich ihnen gerade mit der Streichung diverser Lebensmittel ihr Leben kaputtmache. Ist das dein Leben? Anscheinend nicht, du gehörst zu denen, die die größten Heilungschancen haben, denn du verstehst, dass ein anderer Weg auch anders essen und andere Lebensmittel bedeutet.

Zuallererst musst du wirklich essen lernen – lange kauen, lange einspeicheln, dabei möglichst nicht sprechen, möglichst nicht trinken, die volle Konzentration auf das Essen selbst. Das finden viele langweilig. Nun gut, das hilft, dem Magen Arbeit abzunehmen, die Verdauung schon im Mund zu starten, so, wie es sein sollte. Denn ist ein Organ überarbeitet, tut das dem restlichen System nicht gut.

Viele finden auch langweilig, dass gesund essen heißt, in Balance mit sich zu bleiben. Das bedeutet beispielsweise festzustellen, wann ich Appetit und wann ich Hunger habe, wann dieser vorbei ist und welche

Menge an Nahrung für mich ausreicht. Denn die Forscher sagen, dass es am besten ist, dann aufzuhören, wenn man noch nicht ganz satt ist.

Viele können es sich auch nicht vorstellen, bewusst für eine Zeit auf Nahrung zu verzichten. Nichts zu verzehren, wenn man beschäftigt ist, ja klar, wenn man schläft oder wenn man einfach keinen Hunger hat. Aber bewusst Fasten? Das ist für viele eine Entbehrung, vor der es ihnen graut. Dabei ist Intervallfasten sehr gut und hilft, das Verdauungssystem und damit den Körper wieder stabiler und belastbarer, frischer und aufgeräumter zu bekommen. Es gibt Ärzte, die eine Intervalldiät mit einer Krebstherapie verbinden, weil sie sich davon eine schnellere und bessere Heilung versprechen.« Sie machte eine Pause und bezog sich dann direkt auf meinen Fall: »Du bist noch geschwächt von allem, aber du hast es schon richtig gemacht, zu schauen, was dir nicht guttut. Es gibt verschiedene Nahrungsmittel, die bei vielen Menschen zu Problemen führen. Dazu gehören Kuhmilch, rotes Fleisch, raffinierter Zucker, gesättigte Fette, Weißmehl, Früchte außer Beeren, rohe Zwiebeln und Knoblauch. Aber auch alle Lebensmittel, die stark verarbeitet sind und denen Zusatzstoffe beigemischt werden, die ein Produkt geschmacksintensiver, haltbarer oder auch kräftiger in der Farbe machen, wie Geschmacksverstärker. Bei dir klingt es für mich so, als solltest du all das komplett weglassen und dann hören wir uns in einer Woche wieder. Schaffst du es, meinem Rat konsequent zu folgen, dann wird dich dein Körper dafür belohnen. Du wirst sehen. Schreibe dir auf, was du jeden Tag isst, führe Tagebuch, wann du was isst und trinkst und wann dein Körper darauf reagiert. Dein Körper gibt dir die Zeichen, wenn er etwas nicht mag. Und wisse: Konsequenz ist das Wichtigste! Wenn du dir helfen möchtest, bleib dran!«

Ich dachte nach. Ja, Konsequenz ist das, was vielen Menschen dann doch fehlt, obgleich sie in Situationen sind, in denen sie wissen müssten, dass sie ihre letzte Chance bekommen haben auf ein Leben in Gesundheit, ohne Beschwerden bis ins hohe Alter. Ich kenne so viele, bei denen das zutrifft, und man fragt sich: Warum ändern sie nichts? Da ist beispielsweise Dan, er hat schwer Diabetes, aber er raucht und trinkt gern und oft Alkohol. Angesprochen auf seinen Lebensstil, wiegelt er die Anzahl der Zigaretten ab, erzählt (seit Monaten), dass er bald aufhört zu rauchen, dass das easy sein wird und Alkohol – das sei so selten, er müsse da halt mitmachen, wenn es Firmenevents gibt, sonst sei sein Job gefährdet. Alle würden da etwas trinken, mache er nicht mit, gelte er als Weichei. Seitdem ist er zweimal im Krankenhaus gewesen. Ob Rauchen oder Trinken der Grund war? Zumindest wurde ihm geraten, auf beides für seine Gesundheit zu verzichten. Er ist aber überzeugt, das eine hat mit dem anderen nichts zu tun, und führt sein Leben so weiter.

Tony und ein Leben mit Zukunft

Tony, ein Bekannter von mir aus der Zeit, in der ich in den USA arbeitete, lebte sein Leben als erfolgreicher Banker, ohne sich weitere Gedanken um seine Kinder, Krankheiten oder den Sinn des Lebens zu machen. Er verdiente aus seiner Sicht viel Geld, hatte ausreichend Zeit für seine Passionen: gutes Essen, Zigarren und alte Whiskys. Er war in wichtige Organisationen eingebunden und zufrieden mit dem aktuellen Zustand. Bis zu dem Tag, als er die erschütternde Diagnose erhielt: ein bösartiger Tumor mit Metastasen. Die Prognose war düster, doch Tony beschloss, den Kampf um sein Leben aufzunehmen. Anstatt sich von der Krankheit überwältigen zu lassen, entschied er sich für einen ungewöhnlichen Weg: 100 Tage im Jahr nicht essen, ein tägliches Sport- und Bodybuildingprogramm und jeden Tag meditieren. Seit fünf Jahren führt Tony dieses Programm mittlerweile diszipliniert durch. Seit vier Jahren ist er metastasen- und beschwerdefrei. Sein Geheimnis? Eine Prise Glück, ein ausgeklügelter Plan und eiserne Disziplin. Tony beginnt seinen Tag um fünf Uhr morgens mit einer Stunde Meditation. Dabei konzentriert er sich auf seinen Atem und visualisiert, wie sein Körper den Krebs besiegt. Studien zeigen, dass Meditation das Immunsystem stärken und Stress reduzieren kann. (Rouleau, 2015)

Nach der Meditation geht Tony ins Fitnessstudio. Trotz seines Intervallfastens schafft er es, intensiv zu trainieren. Er hebt Gewichte, macht Kardio und dehnt sich, um seine Muskulatur zu stärken und fit zu bleiben. Durch das Bodybuilding baut er Muskelmasse auf, was ihm hilft, auch während der Fastenzeiten stark und gesund zu bleiben. Forschungsergebnisse deuten darauf hin, dass körperliche Aktivität das Risiko von Krebsrückfällen verringern kann. (National Cancer Institute, 2020)

Das Fasten selbst ist der härteste Teil seines Plans. Tony ist nicht durchgehend abstinent, sondern teilt die 100 Tage auf das gesamte Jahr verteilt in mehrere Intervalle auf. Während dieser Zeit trinkt er nur Wasser und gelegentlich Brühe, um essenzielle Mineralien und Elektrolyte aufzunehmen. Fasten kann den Stoffwechsel regulieren und die Autophagie fördern. Das ist ein Prozess, bei dem der Körper beschädigte Zellen abbaut und recycelt, was besonders bei Krebs hilfreich sein kann. (Lahiri, 2019)

Um das Fasten gesund zu gestalten, überwacht Tony regelmäßig seine Blutwerte und bleibt in engem Kontakt mit seinem Arzt. Dies stellt sicher, dass er keine Mangelerscheinungen entwickelt und sein Körper den Belastungen standhält.

Doch was treibt Tony an, das alles durchzuhalten? Es ist sein unerschütterlicher Wille zu leben und seine Familie. Seine Frau und Kinder stehen ihm bei, motivieren ihn und helfen ihm, durch die schwierigsten Phasen zu kommen. Das hat seine Beziehung gestärkt und die Familie eng zusammengeschweißt. Zudem hat Tony ein starkes Netzwerk von Freunden und Unterstützern, die an ihn und seine Methode glauben und ihn ermutigen. »Disziplin, Glaube und Unterstützung sind die Schlüssel«, sagt er. »Es ist kein einfacher Weg, aber es ist möglich.«

Tonys Geschichte ist ein Zeugnis dafür, wie weit Menschen gehen können, um gegen eine lebensbedrohliche Krankheit zu kämpfen. Seine Methode mag nicht für jeden geeignet sein, aber sie zeigt, dass mit Entschlossenheit, Planung und Unterstützung erstaunliche Dinge erreicht werden können.

Was passiert im Körper beim Fasten?

Fasten ist die bewusste, zeitlich begrenzte Einschränkung oder der Verzicht auf Nahrung und/oder bestimmte Getränke, um körperliche, geistige und auch spirituelle Ziele zu erreichen. Während des Fastens wird in der Regel auf feste Nahrung verzichtet, oft auch auf Genussmittel wie Kaffee oder Alkohol, wobei es verschiedene Formen des Fastens gibt, darunter das Intervallfasten (zeitweiser Verzicht auf Nahrung), Heilfasten (kompletter Nahrungsverzicht für mehrere Tage) und religiöses Fasten (Verzicht in Einklang mit spirituellen Praktiken). Diese unterschiedlichen Fastenarten zielen darauf ab, den Körper zu reinigen, die Gesundheit zu fördern und die Achtsamkeit gegenüber dem eigenen Körper und Geist zu schärfen. Ein Nebeneffekt: Man nimmt beim Fasten etwas ab, der Körper strafft sich und der Gesamtausdruck wirkt jünger, vitaler und kraftvoller.

Beim Fasten stellt der Körper seinen Stoffwechsel von der Energiegewinnung aus Glukose (Kohlenhydraten) auf die Energiegewinnung aus Fett um. Diese Umstellung erfolgt in mehreren Phasen:

Glykogenabbau:
Innerhalb der ersten 24 Stunden werden die Glykogenspeicher in der Leber und den Muskeln aufgebraucht.

Ketose:
Nach etwa zwei bis drei Tagen beginnt der Körper, Ketonkörper aus Fett zu produzieren, um das Gehirn und andere Organe mit Energie zu versorgen.

Autophagie ist ein Prozess, bei dem Zellen beschädigte Proteine und Organellen abbauen und recyceln. Dies wird durch Fasten aktiviert und trägt zur Zellreparatur und -erneuerung bei. Man kann diesen Prozess auch als Verjüngungsprozess bezeichnen.

Studien zeigen, dass Autophagie durch Fasten ausgelöst wird und dabei hilft, den Körper von Zellabfall und schädlichen Komponenten zu reinigen. Dies kann das Risiko für neurodegenerative Erkrankungen wie Alzheimer und Parkinson senken.

Fasten verbessert die Insulinsensitivität, was den Blutzuckerspiegel stabilisiert und das Risiko für Typ-2-Diabetes verringert. Forscher fanden heraus, dass intermittierendes Fasten, also Intervallfasten, die Insulinsensitivität signifikant verbessern kann.

Außerdem reduziert es Entzündungsmarker im Körper und kann chronische Inflammationen lindern. Durch die Umstellung des Stoffwechsels und die Reduktion der Kalorienaufnahme kann diese Praxis effektiv beim Gewichtsmanagement helfen. Sie kann verschiedene Risikofaktoren für Herzkrankheiten verbessern, einschließlich des Blutdrucks sowie des Cholesterin- und Triglyceridspiegels, und fördert die Produktion von Gehirn-abgeleitetem neurotrophischem Faktor (BDNF), der für das Wachstum neuer Nervenzellen und die Verbesserung der kognitiven Funktionen wichtig ist. (Yuan, 2022)

Forscher um Prof. Przemyslaw Kowianski (Kowianski, 2018) fanden heraus, dass BDNF die Neurogenese und synaptische Plastizität fördert, die das Gedächtnis und die Lernfähigkeit verbessern können.

Studien an Mäusen haben sogar gezeigt, dass Fasten die Lebensdauer verlängern kann, indem es die Zellgesundheit verbessert und altersbedingte Krankheiten verzögert. Das folgende Schaubild gibt einen guten Überblick darüber, was im Körper beim Fasten passiert (Abb. 5, Donnersberg-Apotheke, 2024):

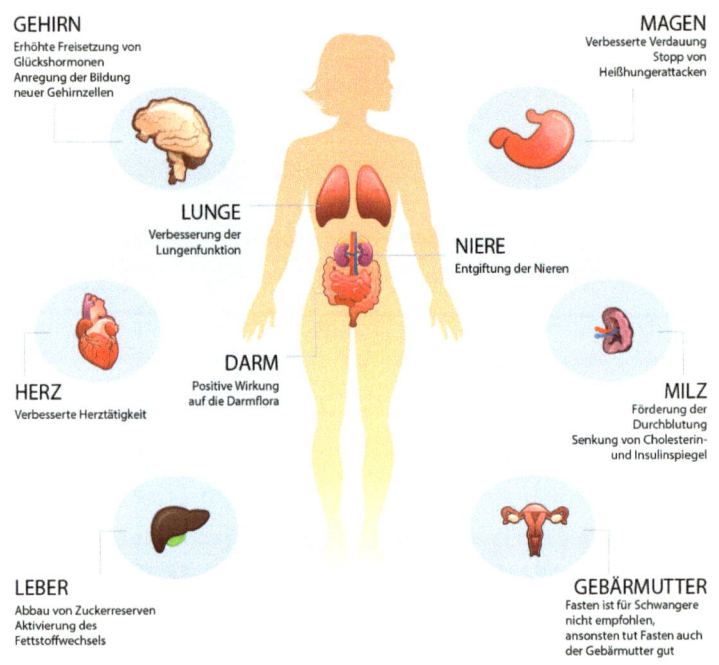

Abb. 5 Was passiert in meinem Körper beim Fasten – (Grafik erstellt nach der gleichnamigen Infografik in: Donnersberg-Apotheke, 2024)

Tipps für dich, wenn du fasten möchtest

Grundsätzlich gilt beim Fasten, dass du vor Beginn deines Programms einen Arzt konsultieren und mit ihm deine Pläne besprechen solltest. Dein Arzt oder Ernährungsberater sollte dir helfen, einen genauen und individuellen Fastenplan zu erstellen, besonders bei bestehenden Gesundheitsproblemen. Starte langsam, um den Körper an die neuen Essenszeiten zu gewöhnen, trinke währenddessen ausreichend Wasser und Kräutertees.

- **Intervallfasten**: Beim in termittierenden Fasten, wie der 16/8-Methode, wird täglich 16 Stunden gefastet und in einem Acht-Stunden-Fenster gegessen. Eine andere Variante ist die 5:2-Diät, bei der an zwei nicht aufeinanderfolgenden Tagen pro Woche die Kalorienaufnahme auf 500 bis 600 Kalorien begrenzt wird. Beide Methoden zielen darauf ab, den Stoffwechsel zu optimieren und den Körper in Phasen der Nahrungsabstinenz zu regenerieren.
- **Wasserfasten**: Beim Wasserfasten trinkt man über einen Zeitraum von 24 bis 48 Stunden ausschließlich Wasser, um den Körper von Stoffwechselabfällen zu reinigen und Zellreparaturen zu fördern. Diese Form des Fastens sollte gut vorbereitet und im Rahmen der eigenen gesundheitlichen Möglichkeiten durchgeführt werden, also Vorsicht, wenn Erkrankungen vorliegen. In dem Fall sollte man sich vorher und während der Fastenphase unbedingt mit einem Arzt absprechen.
- **Langzeitfasten**: Beim Langzeitfasten werden über mehrere Tage bis Wochen hinweg nur Wasser, Kräutertees und Brühen konsumiert, was eine tiefere Reinigung und Erneuerung des Körpers ermöglicht. Da es eine Belastung für den Körper darstellt, sollte Langzeitfasten immer unter

ärztlicher Aufsicht erfolgen, um gesundheitliche Risiken zu vermeiden. Beginne das Fasten schrittweise, indem du deine Mahlzeiten an den Tagen zuvor reduzierst, und vermehrt leicht verdauliche Nahrung wie Gemüse und Obst isst.

Achte darauf, während des Fastens ausreichend Wasser oder Kräutertees zu trinken, um hydriert zu bleiben und den Körper zu unterstützen. Plane für das Fasten über den Tag hinweg entspannende Aktivitäten wie Spaziergänge, Meditation oder leichte Dehnübungen ein, um Stress zu vermeiden und die Entgiftung zu fördern. Höre auf deinen Körper: Wenn du dich schwach oder unwohl fühlst, beende das Fasten langsam, indem du leichte Mahlzeiten wie Brühen oder Smoothies zu dir nimmst. Wichtig ist, dass die Mahlzeiten leicht bekömmlich sein müssen. Fettreiche Speisen, hoch eiweißhaltige und stark kohlenhydrathaltige sind problematisch direkt nach dem Fasten und können zu schwerwiegenden gesundheitlichen Problemen führen. Man sagt deshalb auch, dass das Fastenbrechen – auch Abfasten genannt – mindestens ebenso wichtig ist wie das Fasten selbst. Bereite dich also auf das Fastenbrechen vor, indem du deinen Körper schrittweise wieder an feste Nahrung gewöhnst, wie bereits beschrieben beginnend mit kleinen Portionen und leicht verdaulichen Lebensmitteln.

Informiere die Menschen vorab, mit denen du sonst deine Mahlzeiten einnimmst. Manche sind aufgeschlossen, es gibt aber auch solche, die mit Unverständnis reagieren. Ihnen ist oftmals das Thema fremd, weil sie es nur mit Abnehmen verbinden, oder es macht ihnen ein schlechtes Gewissen, weil sie aus Bequemlichkeit, Angst oder anderen Gründen nicht fasten, obwohl sie vielleicht sollten. Kurzum, es kann immer sein, dass du Gegenwind bekommst, wenn du deine Praxis umsetzen möchtest. Vorab die anderen zu informieren, ist da eine gute Idee, und wer weiß, vielleicht gibt es ja doch Menschen, die mitmachen wollen. Mehr zu den

Fastenmethoden findest du in der folgenden Abbildung (Abb. 6, s. Grafik „Fastenmethoden", Tschech 2022):

Fastenmethoden

Heilfasten nach Buchinger
- Kalorienarme Trinkdiät
- Dauer: ca. 14–25 Tage
- Behandlung unter ärztlicher Aufsicht in einer Klinik

Selbstständiges Fasten für Gesunde nach Buchinger / Lützner
- Kalorienarme Trinkdiät
- Dauer: 5–7 Tage

Wasserfasten – Nulldiät
- Abnehmen bei starkem Übergewicht
- Unter fachkundiger Betreuung

Teefasten
- Vergleichbar mit Wasserfasten
- Kräutertees gegen Übersäuerung
- Therapeutische Effekte von Heilpflanzen
- Unter fachkundiger Betreuung

Molke Trinkkur
- Kalorienarme Trinkdiät
- Dauer: 20–24 Tage
- Täglich ca. 3 Liter Flüssigkeit
- 1–2 Liter frische Molke, frische Gemüsesäfte und Mineralwasser

Schleimfasten
- 3–6-mal täglich eine Tasse Gersten-, Hafer-, Reis- oder Leinsamenschleim
- Schützt empfindliche Mund- und Magenschleimhäute
- Ideal bei Magen-Darm-Problemen
- Durch Eiweißgehalt des Getreides kein Muskelabbau

Basenfasten
- Nur basische Lebensmittel
- Überwiegend Gemüse und Obst, Pflanzenöle, Kräuter, Keimlinge und ausgewählte Nüsse

Intermittierendes Fasten
- 16-Std.-Fasten, ansonsten wird vollwertig gegessen,
- Fasten an einem Tag pro Woche,
- jeden 2. Tag fasten

Saftfasten
- Dauer: 5–7 Tage
- Weder feste Nahrung noch Genussmittel
- Vitaminreiche, frisch gepresste Säfte und ggfs. Fastensuppe
- mind. 2–3 Liter pro Tag, ggf. mit Kräutertee ergänzen

Abb. 6 Fastenmethoden – (s. Grafik „Fastenmethoden", Tschech 2022)

Einen verträgst du doch – oder: Von Tanten und Torten

Als Jugendliche war ich ein paarmal bei Veranstaltungen der Landjugend. Von Anfang an war mir klar, dass Alkohol in rauen Mengen, Rauchen und Drogen nichts für mich waren. Stattdessen trank ich offen Wasser, ohne es zu verstecken. An den Feiern nahm ich bald nicht mehr teil, weil ich nicht Teil dieser Kultur sein wollte. Doch das brachte mir einiges an Gerede ein. »Einen verträgst du schon«, hieß es oft. »Sei doch kein Spielverderber.« Oder: »Bist du schwanger? Du kannst es dir doch leisten! Willst du etwas Besseres sein?«

Auch im Unternehmen bei Firmenessen blieb ich mir treu. Statt rotem Fleisch, Kuhmilchprodukten, Speisen mit Industriezucker, Alkohol und Desserts aß ich Salat und glutenfrei. Die Kollegen lachten anfangs und meinten, ich wäre zu streng mit mir. Doch ich blieb standhaft. »Mein Körper wird es mir danken«, sagte ich und klärte sie über die Vorteile meiner Ernährung auf. Bald stellten einige überrascht fest, dass sie sich nach den Firmenessen weniger träge fühlten, wenn sie meinem Beispiel folgten.

Die größte Herausforderung war jedoch immer schon meine Torten liebende Tante gewesen. Bei Familientreffen drängte sie mich immer, ein Stück ihrer Sahnetorten zu essen. Ich lehnte höflich ab, woraufhin sie beleidigt reagierte. Eines Tages erklärte ich ihr und den sieben anderen Gästen, welche Auswirkungen raffinierter Zucker, gesättigte Fette, Weißmehl und Kuhmilch auf den Körper haben können. Sie wollten es nicht glauben. Nach dem Treffen bekam ich Nachrichten von meinen Cousins und Cousinen. Sie fühlten sich schwer und unwohl. Beim nächsten Familientreffen brachte ich gesündere Alternativen mit. Alle waren neugierig und die meisten probierten meine Gerichte. Einigen schmeckte es, anderen weniger, aber alle erklärten, dass sie sich nach dem Essen dieser süßen Alternativen weit besser fühlten als nach dem Verdrücken einer Sahnetorte.

Mit der Zeit gelang es mir, immer mehr Menschen zum Umdenken anzuregen, indem ich ehrlich über meine Gründe sprach und den Spieß umdrehte. Statt mich als Außenseiterin zu fühlen, zeigte ich ihnen die positiven Auswirkungen meines Lebensstils. Langsam fanden einige Gefallen an meinen Ideen und begannen umzudenken und auszuprobieren, sich anders als bisher zu ernähren.

> »Meine Standhaftigkeit zeigte anderen die positiven Seiten eines bewussten Lebensstils.«

Mythen rund um Ernährung, Gesundheit und Lebensstil

Ernährungsmythen sind weitverbreitet und können zu Missverständnissen führen, die unserer Gesundheit schaden. Einer der Mythen, die man immer wieder hört, besagt, dass es ausreiche, »Sonne zu essen«, und der Körper nur Licht zum Leben brauche, wenn der Mensch spirituell erfahren ist. Wissenschaftlich betrachtet ist dies falsch. Unser Körper benötigt eine Vielzahl von Nährstoffen wie Proteine, Fette, Kohlenhydrate, Vitamine und Mineralien, die wir durch eine ausgewogene Ernährung aufnehmen müssen. Auch Flüssigkeit ist wichtig, damit wir nicht »austrocknen«. Sonnenlicht ist zwar wichtig für die Vitamin-D-Synthese, aber keinesfalls ausreichend, um alle lebenswichtigen Nährstoffe zu liefern.

Ein weiterer Mythos ist, dass Abführen und Fasten für jeden geeignet seien und Körper und Geist reinigen würden. Medizinisch gesehen kann häufiges Abführen zu einem Ungleichgewicht der Elektrolyte und Dehydrierung führen. Bei falscher Anwendung ohne ärztliche Begleitung bringen Abführen und Fasten dem Körper mehr Schaden als Nutzen. Eine gesunde Darmflora lässt sich grundsätzlich durch eine ballaststoffreiche ausgewogene Ernährung, probiotische Lebensmittel sowie den Verzicht auf Genussmittel unterstützen.

Nudeln gelten bei körperlicher Tätigkeit, v. a. für Menschen, die sportlich aktiv sind, als gesund. Gerade bei Marathonläufern wird oft gesagt, dass der Verzehr dieser Art von Kohlenhydraten wichtig ist. Obwohl Nudeln eine gute Energiequelle sind, hängt ihre Wirkung stark von der

Art des Getreides ab, aus dem sie bestehen, und von ihrer Zubereitung. Produkte aus Vollkorn enthalten mehr Ballaststoffe und Nährstoffe als weiße Nudeln. Der glykämische Index (GI) spielt hierbei eine Rolle: Vollkornnudeln haben einen niedrigeren GI, was bedeutet, dass sie den Blutzuckerspiegel langsamer ansteigen lassen und länger satt machen.

Es gibt noch weitere Mythen in der Ernährung – von der Idee einer Diät aus ausschließlich Bananen und Bratwürsten bis zur Vorstellung von einer gesunden Diät, bei der man wochenlang allein von Fleisch lebt. Einseitige Ernährungsweisen sind nie gesund, aber zunehmend verbreitet – aus fehlenden finanziellen Möglichkeiten, falsch verstandenen Ess-Moden oder aus Bequemlichkeit und Appetit.

Produkte, die verarbeitet und vor allem die, die essfertig sind, enthalten oft Stabilisatoren und andere Zusatzstoffe, die dem Körper nicht guttun. Nicht jeder Mensch spürt direkt die negative Wirkung von sogenannten Convenience-Produkten. Immer mehr Menschen allerdings klagen nach dem Verzehr über Unwohlsein, Blähungen und andere unangenehme Begleiterscheinungen.

Aktuelle Zahlen und Daten belegen diese Fakten. Laut der Weltgesundheitsorganisation (WHO) leiden weltweit über zwei Milliarden Menschen an Mikronährstoffmängeln, weil sie sich nicht ausgewogen ernähren. (WHO, 2014)

Um Mythen in der Ernährung entgegenzuwirken, ist es wichtig, sich auf wissenschaftlich fundierte Informationen zu stützen. Eine ausgewogene Ernährung, reich an Nährstoffen, tägliche körperliche Bewegung und ein gesunder Lebensstil sind der Schlüssel zu einem langen und gesunden Leben. Jeder sollte sich darüber im Klaren sein, dass keine extremen Diäten oder Wundermittel langfristig die Gesundheit fördern können. Der Fokus sollte auf Nachhaltigkeit und Ausgewogenheit liegen, um Körper und Geist in bester Verfassung zu halten.

»*Ausgewogene Ernährung* ist der Schlüssel zu nachhaltiger Gesundheit.«

Einige Ernährungsweisen im Überblick: Blutgruppendiät, Trennkost, Makrobiotik und mehr

Dieser Überblick beleuchtet verschiedene Ernährungsweisen, darunter die Blutgruppendiät, Trennkost und Makrobiotik, ihre Grundprinzipien, potenziellen gesundheitlichen Vorteile sowie wissenschaftliche Hintergründe.

Die Ernährungsweisen Blutgruppendiät, Trennkost und Makrobiotik werden ausführlicher besprochen, weil sie spezifische und oft kontrovers diskutierte Prinzipien verfolgen, die umfassendere Erklärungen und wissenschaftliche Betrachtungen erfordern. Sie beruhen auf komplexen Theorien, die über allgemeine Ernährungsgrundsätze hinausgehen, weshalb ein detaillierteres Eingehen darauf notwendig ist, um ihre Grundlagen, potenziellen Vorteile und wissenschaftlichen Hintergründe zu verstehen. Im Gegensatz dazu basieren Ernährungsweisen wie die Mittelmeerdiät oder das Fermentieren auf allgemein akzeptierten und einfach zu vermittelnden Prinzipien, die weniger Erklärungsbedarf erfordern.

❶ Blutgruppendiät

Die Blutgruppendiät wurde vom amerikanischen Naturheilkunde-Wissenschaftler Dr. Peter J. D'Adamo entwickelt und basiert auf der Annahme, dass Menschen mit verschiedenen Blutgruppen unterschiedliche Ernährungsbedürfnisse haben. Laut D'Adamo beeinflusst die Blutgruppe die Verdauung und die Reaktion auf Lebensmittel. Zum Beispiel sollen Menschen mit Blutgruppe 0 eine proteinreiche Ernährung bevorzugen, während Blutgruppe A sich vegetarisch ernähren sollte. Kritiker beanstanden jedoch den Mangel an wissenschaftlichen Beweisen für diese

Theorie. Eine Studie aus dem Jahr 2014, veröffentlicht in der Zeitschrift *PLOS ONE*, fand keine signifikanten gesundheitlichen Vorteile der Blutgruppendiät. (Bechthold, 2013) Menschen, die diese Ernährungsform ausprobieren möchten, sollten sicherstellen, dass sie alle notwendigen Nährstoffe erhalten, da die strikte Einhaltung der Diät zu Mangelerscheinungen führen kann. (D'Adamo, 2017)

❷ **Trennkost**
Die Trennkost wurde Anfang des 20. Jahrhunderts von Dr. William Howard Hay entwickelt. Sie basiert auf der Theorie, dass Proteine und Kohlenhydrate getrennt voneinander verzehrt werden sollten, um Verdauungsprobleme zu vermeiden. Nach Hays Methode sollten Lebensmittel in drei Gruppen eingeteilt werden: eiweißhaltige, kohlenhydrathaltige und neutrale Lebensmittel. (Hay, 1999) Studien, unter anderem aus dem Jahr 2013, zeigten jedoch nach Korczaks und Kisters Forschungsarbeit »Wirksamkeit von Diäten zur nachhaltigen Gewichtsreduktion bei Übergewicht und Adipositas«, dass die Trennkost keine signifikanten Vorteile für den Gewichtsverlust im Vergleich zu einer ausgewogenen Ernährung bietet. (Korczak & Kister, 2013) Trotzdem kann die Trennkost für Menschen hilfreich sein, die ihre Verdauung verbessern möchten, indem sie sich bewusster mit ihrer Ernährung auseinandersetzen. Auch hier ist es wichtig, eine ausreichende Menge an Nährstoffen sicherzustellen und nicht zu einseitig zu essen.

❸ **Makrobiotik**
Die makrobiotische Ernährung wurde von George Ohsawa entwickelt und von Michio Kushi weiterverbreitet. Sie basiert auf dem Prinzip des Gleichgewichts zwischen Yin und Yang und beinhaltet den Verzehr von Vollkornprodukten, Gemüse, Hülsenfrüchten und wenig tierischen

Produkten. (Kushi & Kushi, 2006) Studien zeigen, dass eine makrobiotische Ernährung das Risiko von Herzerkrankungen und bestimmten Krebsarten senken kann. (Meier, 2024) Die Makrobiotik betont den Verzehr von natürlichen und unverarbeiteten Lebensmitteln, was zu einer besseren allgemeinen Gesundheit führen kann. Menschen, die diese Ernährung ausprobieren möchten, sollten sicherstellen, dass sie genügend Proteine und wichtige Vitamine wie B12 zu sich nehmen, da die Diät sonst zu Mangelerscheinungen führen kann.

Weitere gesunde Ernährungsweisen
Neben den genannten Diäten gibt es auch andere gesunde Ernährungsweisen, die wissenschaftlich fundiert sind.

Die Mittelmeerdiät, die reich an Obst, Gemüse, Vollkornprodukten, gesunden Fetten und Fisch ist, hat nachweislich viele gesundheitliche Vorteile. Laut einer Studie im New England Journal of Medicine aus dem Jahr 2013 kann die Mittelmeerdiät das Risiko für Herz-Kreislauf-Erkrankungen um bis zu 30 Prozent senken. (Aerzteblatt, 2013)

Eine andere gesunde Ernährungsweise ist die DASH-Diät (Dietary Approaches to Stop Hypertension), die ursprünglich ausschließlich zur Senkung des Blutdrucks entwickelt wurde. Sie betont den Verzehr von Obst, Gemüse, Vollkornprodukten und fettarmen Milchprodukten, schränkt den Konsum von Salz und rotem Fleisch ein und ist u. a. effektiv für die Senkung des Blutdrucks und die Förderung der Herzgesundheit. (DKV, 2024)

Diese Ernährungsweisen bieten unterschiedliche Ansätze zur Förderung der Gesundheit und müssen individuell angepasst werden. Wichtig ist, eine Ernährung zu wählen, die ausgewogen ist und den persönlichen Bedürfnissen entspricht.

Wie findest du heraus, was ausgewogen heißt und was deine persönlichen Bedürfnisse erfordern?

Um herauszufinden, was eine ausgewogene Ernährung für dich bedeutet und was deine persönlichen Bedürfnisse erfordern, ist es wichtig, zuerst die Grundlagen der Ernährungswissenschaft zu verstehen. Das bedeutet, sich damit auseinanderzusetzen, welche Nährstoffe dein Körper braucht und wie du diese in einem gesunden Verhältnis zu dir nimmst. Dann solltest du auf deinen eigenen Körper hören: Achte darauf, wie du dich nach bestimmten Mahlzeiten fühlst, ob du genug Energie hast und wie deine Verdauung funktioniert. Wenn du dir unsicher bist, kann es hilfreich sein, Rat von einem Ernährungsberater oder Arzt einzuholen, um maßgeschneiderte Empfehlungen zu bekommen, die zu deinem Lebensstil und deinen gesundheitlichen Zielen passen. Schließlich ist es wichtig, flexibel zu bleiben und deine Ernährung bei Bedarf anzupassen, um langfristig gesund zu bleiben.

Allergien können mit medizinischen Tests identifiziert werden. Unverträglichkeiten lassen sich auch selbst austesten. Führe ein Essenstagebuch. Halte fest, wie es dir geht, nachdem du etwas Bestimmtes gegessen oder getrunken hast. Geht es dir danach besser oder schlechter?

Ich beispielsweise fand darüber heraus, dass ich die meisten zuckerfreien Kaugummis nicht vertrage, denn das Aspartam führte bei mir zu Bauchschmerzen und Durchfall. Ebenso die Kuhmilch, die ich so liebte, denn ich bekam Bauchschmerzen, wenn ich Cappuccino, Latte Macchiato oder Kakao mit Kuhmilch trank.

Kurzfristig war ich der Ansicht, dass ich es nicht ohne Kuhmilch, wenigstens im Cappuccino oder Latte Macchiato aushalten würde. Aber heute weiß ich, dass sich der Verzicht gelohnt hat. Mittlerweile gibt es für einen gesunden Lebensstil so viele qualitativ gute, leckere und erschwingliche Alternativen und Möglichkeiten.

So bin ich von Kuhmilch auf Hafer-, Reis- oder Mandelmilch umgestiegen, von Weißmehlprodukten auf Dinkelmehl oder Sauerteig. Letzteres zum Beispiel auch bei Pizza, anstelle derer ich nun Pinsa esse, die durch den Sauerteig viel bekömmlicher ist.

Warum ist Sauerteig verträglicher als Hefe oder anderer Brotteig?
Sauerteig hat sich über Jahrtausende hinweg als besonders verdaulich und gesund erwiesen. Im Gegensatz zu herkömmlichen Hefeteigen, die nur eine kurze Garzeit haben, fermentiert Sauerteig über einen längeren Zeitraum. Das Fermentieren ist ein natürlicher biochemischer Prozess, bei dem Mikroorganismen wie Milchsäurebakterien und Hefen die Kohlenhydrate im Teig abbauen und dabei Zucker in Säuren, Gase oder Alkohol umwandeln. Dies hat zahlreiche Vorteile für unsere Gesundheit. Ein Fermentierungsprozess kann auch bei anderen Lebensmitteln genutzt werden. Bekannt sind vor allem die Umwandlung von Joghurt zu Kefir, fermentiertes Sauerkraut und der asiatische Kohl Kimchi als fermentierte Lebensmittel. Die Vorteile des Fermentierens sind einerseits eine verbesserte Verdauung:

Die langen Garzeiten von Sauerteig führen dazu, dass schwer verdauliche Substanzen wie Phytinsäure abgebaut werden. Phytinsäure bindet Mineralstoffe wie Eisen, Zink und Magnesium und verhindert deren Aufnahme im Darm. Durch das Fermentieren wird diese Bindung gelöst und die Mineralstoffe werden besser aufgenommen.

Die reduzierte Glutenmenge ist ein weiteres Plus
Während des Fermentierens wird ein Teil des Glutens abgebaut, was Sauerteigbrot für Menschen mit einer leichten Glutenunverträglichkeit besser bekömmlich macht. Studien zeigen, dass das Fermentieren von

Sauerteig das Gluten deutlich reduzieren kann. (Von Walden, 2024) Wir sprechen häufig davon, wie wichtig Probiotika für den Darm sind. Der Fermentierungsprozess fördert das Wachstum von Milchsäurebakterien, die als Probiotika bekannt sind. Diese nützlichen Bakterien unterstützen die Darmflora und tragen zu einer besseren Verdauung und einem stärkeren Immunsystem bei. Probiotische Bakterien senken das Risiko für Magen-Darm-Erkrankungen und fördern die allgemeine Gesundheit. Das Fermentieren von Sauerteig erhöht die Menge an nützlichen Bakterien im Brot und reduziert gleichzeitig schädliche Mikroorganismen.

Das Fermentieren hat noch einen weiteren Vorteil: die Förderung eines stabilen Blutzuckerspiegels. Sauerteigbrot hat einen niedrigeren glykämischen Index als herkömmliches Brot. Dies bedeutet, dass der Blutzuckerspiegel langsamer ansteigt, was insbesondere für Diabetiker und Menschen mit Insulinresistenz von Vorteil ist.

Sauerteigbrot ist aufgrund seiner langen Fermentierungszeit und der damit verbundenen biochemischen Veränderungen nicht nur bekömmlicher, sondern auch nährstoffreicher als herkömmliches Brot. Durch den regelmäßigen Verzehr von Sauerteigbrot kannst du die Verdauung, dein Immunsystem und die allgemeine Gesundheit unterstützen.

Alle fermentierten Produkte sind deshalb so gesund, weil sie reich an guten Bakterien sind, die deiner Darmflora guttun. Diese Mikroorganismen helfen deiner Verdauung auf die Sprünge, unterstützen dein Immunsystem und sorgen dafür, dass dein Körper Nährstoffe besser aufnehmen kann. Außerdem entstehen beim Fermentieren oft zusätzliche Vitamine, insbesondere B-Vitamine und Vitamin K, und wertvolle Enzyme, die insgesamt zu deinem Wohlbefinden beitragen.

Fermentierte Lebensmittel: Auswahl und Vorteile

❶ **Fermentiertes Gemüse**
An Gemüse eignen sich besonders Sauerkraut (fermentierter Kohl), Kimchi (fermentiertes koreanisches Gemüse), Gurken, Karotten, Rüben und Radieschen.

Diese Gemüse sind, in fermentiertem Zustand, reich an Probiotika. Sie haben zusätzlich einen hohen verdauungsfreundlichen Ballaststoffgehalt und aufgrund des Fermentierens eine erhöhte Verfügbarkeit von Vitaminen und Mineralien.

❷ **Milchprodukte**
Geeignete Milchprodukte sind Joghurt, Kefir, Käse (insbesondere gereifte Sorten) und Buttermilch. Sie enthalten lebende Bakterienkulturen wie Lactobakterien und Bifidobakterien, die bei Menschen mit Laktoseintoleranz die Verdauung von Laktose verbessern können. Außerdem sind Milchprodukte reich an Kalzium, Vitamin D und Proteinen. Kefir ist dabei bekannt für seinen hohen Gehalt an Probiotika und Nährstoffen, ideal für die Darmgesundheit und Immunsystemstärkung.

❸ **Getränke**
Kombucha (fermentierter Tee), Kefir (fermentierte Milch) und Kwass (fermentiertes Brotgetränk) sind bekannte fermentierte Getränke. Sie enthalten Antioxidantien, die Zellschäden verhindern, und unterstützen die Leberentgiftung. Kombucha eignet sich hervorragend zur Entgiftung und zur Unterstützung der Darmgesundheit.

❹ Sojaprodukte

Als Sojaprodukte eignen sich vor allem Miso (fermentierte Sojabohnenpaste), Tempeh (fermentierte Sojabohnen) und Nattō (fermentierte Sojabohnen). Tempeh und Nattō sind beides fermentierte Sojaprodukte, die sich jedoch in Geschmack, Textur und Herstellungsprozess deutlich unterscheiden: Tempeh ist fester und nussiger, während Nattō für seine schleimige Konsistenz und den intensiven Geschmack bekannt ist. Sie verfügen über einen hohen Proteingehalt und sind damit auch ideal für Vegetarier und Veganer. Reich an Vitamin K2 fördern sie die Knochengesundheit. Fermentierte Sojaprodukte haben probiotische und antioxidative Eigenschaften.

Viele dieser fermentierten Lebensmittel sind im Handel vor Ort oder online erhältlich, vor allem Kefir, Sauerkraut, Kimchi und Kombucha.

Möchtest du es selbst probieren? Zu Hause kannst du die Anzahl lebender Kulturen und den Nährstoffgehalt sogar noch maximieren, wenn du dort fermentierst. Online findest du viele Rezepte und Starterkulturen.

Natürlich musst du nicht den ganzen Tag lang fermentierte Nahrungsmittel zu dir nehmen. Und: Zu einer gesunden Ernährung gehören auch stilles Wasser und ungesüßte Tees.

So entwickelst du gesunde Trinkgewohnheiten und bleibst am Ball

Für dein Wohlbefinden, mehr Jugendlichkeit und Kraft sind gesunde Trinkgewohnheiten entscheidend. Hier zeige ich dir, wie du deinen Flüssigkeitsbedarf besser decken kannst und welche einfachen Tipps dir helfen, das konsequent umzusetzen.

❶ Ausreichend Wasser trinken
Die Deutsche Gesellschaft für Ernährung (DGE) empfiehlt Erwachsenen, täglich mindestens 1,5 Liter Wasser zu trinken. Wasser ist für nahezu alle Körperfunktionen notwendig und hilft, den Stoffwechsel zu regulieren. (Deutsche Gesellschaft für Ernährung, 2024)

Tipps zur Umsetzung:

Trinkplan: Mach dir einen Trinkplan, in dem du dir feste Zeiten setzt, zu denen du Wasser trinkst, z. B. morgens nach dem Aufstehen, vor jeder Mahlzeit und vor dem Schlafengehen.

Trinkflasche: Trag immer eine wiederverwendbare Trinkflasche bei dir, um regelmäßig kleine Mengen Wasser zu trinken.

Erinnerungen: Nutze einen Wecker auf deinem Handy oder spezielle Apps, die dich daran erinnern, Wasser zu trinken.

❷ **Gesunde Getränke wählen**
Zuckerhaltige Getränke und Alkohol können zu Gewichtszunahme und gesundheitlichen Problemen wie Diabetes und Herz-Kreislauf-Erkrankungen führen. Deshalb solltest du mit dem Konsum sparsam sein. Das gilt für Fruchtsäfte mit 100 Prozent Fruchtgehalt aufgrund des Fruchtzuckers ebenso wie für Limonaden mit einem hohen Anteil an raffiniertem Zucker.

Ein Tipp: Du bevorzugst Limonade und wählst die zuckerfreie Alternative mit Zuckeraustauschstoffen? Dann achte auf deren Wirkung. Nicht selten führen Zuckeraustauschstoffe zu Blähungen und Bauchschmerzen.

Tipps zur Umsetzung:

Wasser und Kräutertees:
Bevorzuge stilles, warmes Wasser, ungesüßte Kräutertees und Infused Water (Wasser mit frischen Früchten oder Kräutern) anstelle von Mixgetränken, Fruchtsäften, kohlensäurehaltigen Getränken und Limonaden.

Alternativen:
Ersetze Softdrinks und Säfte durch stilles Wasser oder selbstgemachte Limonaden mit möglichst wenig Zucker. Wenn du es gesund und süß magst: Füge deinen Getränken zum Beispiel Honig, Xylit oder Birkenzucker hinzu. Diese Süßungsmittel haben nicht nur einen niedrigen glykämischen Index, sondern sind auch Powerstoffe, die den Heißhunger auf Süßes dämpfen: Honig liefert wertvolle Antioxidantien, Xylit bzw. Birkenzucker unterstützt die Zahngesundheit und kann den Blutzuckerspiegel stabil halten.

Alkoholkonsum:
Reduziere den Konsum von Alkohol. Die DGE empfiehlt nicht mehr als 10 g Alkohol pro Tag für Frauen und 20 g für Männer. Am besten, du verzichtest gleich komplett.

❸ Flüssigkeitszufuhr durch Ernährung

Etwa 20 Prozent der täglichen Flüssigkeitszufuhr kannst du durch wasserreiche Lebensmittel wie Obst und Gemüse decken. Gurken z. B. bestehen zu 96 Prozent aus Wasser, Wassermelonen zu 92 Prozent. (Hennig, 2024)

Tipps zur Umsetzung:

Obst und Gemüse:
Integriere wasserreiches Obst und Gemüse wie Gurken, Tomaten, Melonen und Zucchini in deine Ernährung.

Suppen und Smoothies:
Bereite regelmäßig Suppen, Smoothies und wasserreiche Gerichte zu, um deine Flüssigkeitsaufnahme zu erhöhen.

❹ Vermeidung von Dehydration

Dehydration kann zu Müdigkeit, Kopfschmerzen und Konzentrationsproblemen führen. Bereits ein geringer Flüssigkeitsverlust von wenigen Prozent des Körpergewichts kann die kognitive Leistung beeinträchtigen.

Tipps zur Umsetzung:

Regelmäßiges Trinken: Trinke regelmäßig kleine Mengen Wasser, besonders bei heißem Wetter oder körperlicher Anstrengung.

Check: Achte auf Anzeichen von Dehydration wie dunklen Urin, trockene Haut und Mundtrockenheit.

Hydrationsergänzung: Verwende bei intensiver körperlicher Aktivität oder Krankheit Elektrolytlösungen, um den Flüssigkeits- und Elektrolythaushalt im Gleichgewicht zu halten.

❺ Achtsames Trinken
Achtsames Trinken fördert das Bewusstsein für den eigenen Flüssigkeitsbedarf und hilft, ungesunde Trinkgewohnheiten zu vermeiden.

Tipps zur Umsetzung:

Langsames Trinken: Trinke bewusst und langsam, um die Aufnahme zu genießen und auf deinen Durst zu achten.

Trinkpausen: Mache regelmäßige Trinkpausen, besonders während der Arbeit oder anderen Tätigkeiten, um sicherzustellen, dass du genügend Flüssigkeit zu dir nimmst. Hör auf deinen Körper: Achte auf die Signale deines Körpers und trinke, wenn du Durst hast.

Auch in stressigen Zeiten solltest du gesunde Essgewohnheiten beibehalten, indem du einfache, nahrhafte Mahlzeiten vorbereitest und immer gesunde Snacks wie Gemüsesticks oder Nüsse sowie stilles Wasser griffbereit hältst. Planung ist der Schlüssel: Erstelle wöchentliche Essenspläne und koche Mahlzeiten im Voraus, um Versuchungen zu widerstehen. Setze auf schnelle, gesunde Optionen wie Salate, Smoothies und Vollkornprodukte, die wenig Zeit in Anspruch nehmen. Nutze Achtsamkeit beim Essen, indem du dir bewusst Zeit nimmst und jede Mahlzeit genießt, ohne Tausend andere Dinge gleichzeitig zu tun, wie zu telefonieren, am Computer zu arbeiten oder zu lesen. Bleibe hydriert, indem du stets eine Wasserflasche bei dir hast und dir antrainierst, dass du regelmäßig aus ihr trinkst und sie mehrmals am Tag auffüllst.

Was, wenn die Ernährung für die Zufuhr an Nährstoffen nicht ausreicht? Dann sind Nahrungsergänzungsmittel die richtige Wahl. Sie können eine wichtige Rolle für deine allgemeine Gesundheit spielen. Sie helfen, eventuelle Nährstofflücken in deiner Ernährung zu schließen, besonders wenn du bestimmte Vitamine oder Mineralstoffe nicht ausreichend über die Nahrung aufnimmst. Zum Beispiel helfen Vitamin D-Präparate in den Wintermonaten, wenn die Sonneneinstrahlung für die körpereigene Produktion nicht ausreicht. Omega-3-Fettsäuren aus Fischölkapseln unterstützen die Gesundheit von Herz und Gehirn.

Es ist wichtig, Nahrungsergänzungsmittel gezielt und bedacht einzusetzen. Wenn deine Ernährung ausgewogen ist und du dich gesund fühlst, benötigst du möglicherweise keine zusätzlichen Ergänzungen. Manche Menschen wie Schwangere, Menschen im Stress oder Sportler profitieren von Nahrungsergänzungsmitteln, um ihren erhöhten Bedarf an den Vitaminen, Mineralien und Spurenelementen zu decken.

Bevor du Nahrungsergänzungsmittel einnimmst, solltest du mit einem Arzt sprechen und durch Untersuchungen vorab klären, welche individuellen Bedürfnisse bei dir bestehen, um mögliche Risiken durch Fehldosierungen zu minimieren. Qualität und Herkunft der Ergänzungen sind ebenfalls wichtig, um zu gewährleisten, dass die Nahrungsergänzungsmittel wirksam und sicher sind.

Doch Vorsicht, es gibt Unterschiede bei der Wirksamkeit von Nahrungsergänzungsprodukten

Nahrungsergänzungsprodukte sind nicht für jede Person gleichermaßen geeignet. Frauen haben oft andere physiologische Bedürfnisse und reagieren möglicherweise anders auf bestimmte Nährstoffe oder Dosierungen. Die Angaben auf den Verpackungen der Nahrungsergänzungsmittel beziehen sich auch nicht gesondert auf Menschen mit bestehenden Beschwerden und gehen selten auf die Wirkung bei zeitgleicher Einnahme anderer Medikamente oder Nahrungsergänzungsprodukte ein, die die Wirkung von Nahrungsergänzungsprodukten beeinflussen. So sind für Frauen bestimmte Nährstoffe wie Eisen oder Folsäure besonders wichtig, insbesondere während der Schwangerschaft oder bei der Menstruation. Ältere Erwachsene benötigen höhere Mengen bestimmter Nahrungsergänzungsprodukte, um altersbedingte Veränderungen auszugleichen. Menschen mit chronischen Krankheiten oder diejenigen, die bestimmte Medikamente einnehmen, müssen möglicherweise spezifische Nahrungsergänzungsprodukte verwenden oder Dosierungen anpassen, um gesundheitliche Risiken zu minimieren.

Es ist entscheidend, dass die Beratung zur Wirksamkeit von Nahrungsergänzungsprodukten individualisiert verläuft. Lege Wert darauf, dass bei den ärztlichen Empfehlungen dein individuelles Gesundheitsprofil berücksichtigt wird und du maßgeschneiderte Empfehlungen für Nahrungsergänzungsprodukte erhältst, basierend auf deinem Geschlecht, Alter, Gesundheitszustand und deinen weiteren individuellen Faktoren, wie Vorerkrankungen und deiner Lebenssituation.

Tipps für eine achtsame und ausgewogene Ernährung

1. Dein Geheimrezept: Iss vielseitig und ausgewogen

Laut der Deutschen Gesellschaft für Ernährung (DGE) sollten mindestens 30 verschiedene Lebensmittel pro Woche konsumiert werden, um eine breite Nährstoffversorgung zu gewährleisten. Eine abwechslungsreiche Ernährung stellt sicher, dass alle notwendigen Makro- und Mikronährstoffe aufgenommen werden. Dies umfasst Proteine, Kohlenhydrate, Fette, Vitamine und Mineralstoffe. (Deutsche Gesellschaft für Ernährung, 2024)

Um dir die Übersicht über die Vielfalt an Lebensmitteln zu erleichtern, gibt es die Ernährungspyramide, die in acht Gruppen unterteilt ist. An der Basis stehen die Getränke, denn ausreichendes Trinken ist das A und O. Danach kommen Gemüse, Obst und Getreide, die regelmäßig auf deinem Speiseplan landen sollten. Tierische Produkte wie Milch, Fleisch, Fisch und Eier folgen, aber auch pflanzliche Alternativen und Hülsenfrüchte können diese ersetzen. Fette und Öle sind sparsam zu verwenden, wobei die Qualität entscheidend ist. Ganz oben in der Pyramide findest du die Süßigkeiten und Snacks, die du nur in Maßen genießen solltest. Die Ampelfarben der Pyramide – Grün, Gelb und Rot – helfen dir dabei, die Menge der einzelnen Lebensmittelgruppen richtig einzuschätzen. Trinke täglich etwa 1,5 Liter Wasser oder ungesüßte Tees und iss fünf Portionen Gemüse und Obst, um deinem Körper alle wichtigen Nährstoffe zu liefern. Ergänze das mit Vollkornprodukten, hochwertigen Ölen und moderaten Mengen an Milchprodukten und magerem Fleisch. Ab und zu darf es auch mal etwas Süßes sein, aber genieße diese Extras bewusst und in kleinen Mengen. (Bundeszentrale für Ernährung, 2024)

2. Iss täglich einen hohen Anteil an Obst und vor allem Gemüse

Die DGE empfiehlt täglich mindestens fünf Portionen (ca. 400 bis 650 g) Obst und Gemüse für Erwachsene. Studien zeigen, dass ein höherer Obst- und Gemüseverzehr das Risiko für Herz-Kreislauf-Erkrankungen um bis zu 30 Prozent reduzieren kann. Obst und Gemüse liefern wichtige Vitamine, Mineralstoffe und Ballaststoffe, die für eine optimale Gesundheit und Verdauung notwendig sind. (Deutsche Gesellschaft für Ernährung, 2024)

Dazu kommen Sekundäre Pflanzenstoffe, natürliche Verbindungen, die in Pflanzen vorkommen, nicht direkt an deren Wachstum beteiligt sind, aber vielfältige gesundheitliche Vorteile bieten. Dazu gehören Antioxidantien, die helfen, Zellschäden durch freie Radikale zu verhindern, sowie entzündungshemmende Wirkstoffe, die chronische Entzündungen reduzieren und so das Risiko für zahlreiche Krankheiten senken können. Diese Pflanzenstoffe tragen auch zur Verjüngung der Haut bei und unterstützen eine jugendliche Ausstrahlung.

Sekundäre Pflanzenstoffe umfassen eine breite Palette von Verbindungen, darunter:

❶ **Flavonoide**: Diese befinden sich in Beeren, Zitrusfrüchten, Äpfeln und grünem Tee und wirken als starke Antioxidantien.

❷ **Carotinoide**: Sie sind in Karotten, Süßkartoffeln, Spinat und Tomaten enthalten, fördern die Augengesundheit und wirken antioxidativ.

❸ **Polyphenole**: Enthalten sind sie in Rotwein, Trauben, dunkler Schokolade und Nüssen und bieten Schutz vor Herz-Kreislauf-Erkrankungen.

❹ **Glucosinolate**: Diese Stoffe, die in Kreuzblütlern wie Brokkoli, Kohl und Rosenkohl vorkommen, haben krebshemmende Eigenschaften.

❺ **Phytoöstrogene**: In Sojaprodukten und Leinsamen enthalten, unterstützen sie die Hormonbalance und können das Risiko für einige Krebsarten senken.

Aber zurück zum Obst: Vorsicht – immer mehr Menschen haben eine Fruktoseintoleranz oder eine Unverträglichkeit gegen bestimmte Obstsorten. Oft fallen darunter Steinobst und stark wasserhaltige Früchte, wie Wassermelonen oder Erdbeeren. Das kann verschiedene Ursachen haben:

Bei der Fruktoseintoleranz kann der Körper Fruchtzucker (Fruktose) nicht ausreichend verarbeiten. Das führt zu Verdauungsbeschwerden wie Blähungen, Bauchschmerzen oder Durchfall nach dem Verzehr fruktosehaltiger Obstsorten. Zu diesen gehören Äpfel, Birnen, Kirschen, Mangos, Wasser- und Honigmelonen.

Häufiger tritt auch eine Sorbitintoleranz auf: Sorbit ist ein Zuckeralkohol, der in vielen Steinobstsorten vorkommt. Menschen mit dieser Unverträglichkeit können Sorbit nicht gut verdauen und erleiden ähnliche Symptome wie bei einer Fruktoseintoleranz.

Einige Sorten enthalten relativ hohe Mengen an Histamin. Zu ihnen gehören Erdbeeren, Himbeeren, Bananen, Ananas und Zitrusfrüchte (Orangen, Zitronen). Histamin kann zu allergieähnlichen Reaktionen wie Hautrötungen, Juckreiz, Kopfschmerzen oder Verdauungsproblemen führen.

Bestimmte Früchte können auch allergische Reaktionen auslösen. Beispielsweise sind Erdbeeren eine häufige Ursache für eine Lebensmittelallergie. Ursächlich sind die Proteine der Früchte, die eine immunologische Reaktion im Körper hervorrufen können. Die Symptome einer (Erdbeer-)Allergie können von milden Hautreaktionen bis hin zu einer schweren anaphylaktischen Reaktion reichen, die ein medizinischer Notfall ist. Auch vertragen mehr und mehr Menschen gespritztes Obst nicht und müssen auf Bioware umsteigen, was grundsätzlich sowieso die bevorzugte Ware sein sollte.

Insgesamt ist Obst reich an Vitaminen wie Vitamin C und Folsäure, die das Immunsystem stärken und die Zellfunktion unterstützen. Die enthaltenen Ballaststoffe fördern die Verdauung und helfen, den Blutzuckerspiegel zu stabilisieren. Zudem liefern Obstsorten natürliche Antioxidantien, die die Zellen vor Schäden durch freie Radikale schützen.

Gemüse bietet demgegenüber eine höhere Nährstoffdichte und ist kalorienärmer als Obst, was es ideal für eine ausgewogene Ernährung macht. Es enthält neben einer Vielzahl von Vitaminen und Mineralstoffen auch viele sekundäre Pflanzenstoffe, die entzündungshemmend und krebsvorbeugend wirken. Zudem ist Gemüse oft ballaststoffreicher, was noch effektiver zur Verdauungsgesundheit und länger anhaltendem Sättigungsgefühl beiträgt. Und einige Gemüsesorten schmecken so süß, dass sie es mit Obst aufnehmen können, wie Pastinaken oder Süßkartoffeln.

3. Bevorzuge Vollkornprodukte

Vollkornprodukte sind Lebensmittel, die aus dem ganzen Korn hergestellt werden, einschließlich der Schale, des Keimlings und des Endosperms. Zu den Mehlsorten, die zu den Vollkornprodukten zählen, gehören Vollkornweizenmehl, Vollkornroggenmehl, Dinkelvollkornmehl und Hafermehl.

Diese Sorten enthalten alle Bestandteile des Korns und bieten dadurch ein vollwertigeres Nährstoffprofil als raffinierte Mehlsorten. Zu den Vollkornprodukten zählen Vollkornbrot, Vollkornnudeln, brauner Reis und Haferflocken. Im Gegensatz zu Weißmehlprodukten, bei denen der nährstoffreiche äußere Teil des Korns entfernt wird, enthalten Vollkornprodukte mehr Ballaststoffe, Vitamine und Mineralien. Diese Ballaststoffe fördern ein gesundes Mikrobiom im Darm, indem sie nützliche Bakterien nähren, was sich positiv auf die Verdauung und das Immunsystem auswirkt. Obwohl Vollkornprodukte Gluten enthalten, können viele Menschen sie gut vertragen, weil der hohe Gehalt an Ballaststoffen, Vitaminen und Mineralien hilft, die Verdauung zu unterstützen und den Blutzuckerspiegel stabil zu halten. Die Ballaststoffe fördern zudem die Darmgesundheit, was das Mikrobiom stärkt und somit Entzündungen verringern kann, die bei einer Glutenunverträglichkeit auftreten. Eine Metaanalyse im *British Medical Journal* fand heraus, dass der Konsum von Vollkornprodukten das Risiko für Typ-2-Diabetes um 30 Prozent und das Risiko für Herz-Kreislauf-Erkrankungen um 20 Prozent senken kann. (MedMedia, 2019)

Ein kleiner Exkurs: Es gibt auch weitere gesunde Mehlsorten und alternative Inhaltsstoffe für Brot und andere Getreideprodukte, die für viele interessant sind, die trotz hoher Unverträglichkeit nicht auf Brot und Mehl verzichten möchten.

Dazu gehören beispielsweise Buchweizenmehl, Mandelmehl, Lupinenmehl, Esskastanienmehl und Kichererbsenmehl, die alle glutenfrei sind und gleichzeitig wertvolle Nährstoffe wie Eiweiß und Ballaststoffe liefern. Diese Alternativen unterstützen nicht nur eine ausgewogene Ernährung, sondern können auch die Verdauung fördern und das Risiko für Blutzuckerschwankungen verringern.

Wichtig zu wissen: Sauerteigmehl ist oft besser verträglich als Hefeteig, weil der längere Fermentationsprozess im Sauerteig dazu beiträgt, das Gluten teilweise abzubauen. Dadurch wird das Brot leichter verdaulich und kann weniger Beschwerden bei Menschen mit Glutenempfindlichkeit verursachen. Zudem sorgt die Milchsäuregärung für eine mildere Säure im Teig, die den Magen weniger belastet als die schnelle Hefegärung. Im Vergleich zu Brot aus Hefeteig kann Sauerteigbrot somit für manche Menschen bekömmlicher sein.

Alternativ ist es gesund, Körner, geschrotete Körner und Saaten zu essen, denn diese sind reich an Ballaststoffen, Vitaminen und Mineralstoffen, die die Verdauung fördern und den Körper mit wichtigen Nährstoffen versorgen. Sie enthalten essenzielle Fettsäuren, die Entzündungen im Körper reduzieren können, und unterstützen durch ihren hohen Proteingehalt den Muskelaufbau und die Zellregeneration. Regelmäßiger Verzehr dieser Lebensmittel trägt zudem zur Stabilisierung des Blutzuckerspiegels bei und fördert ein langanhaltendes Sättigungsgefühl, was eine gesunde Gewichtskontrolle unterstützt.

4. Reduziere Zucker und verarbeitete Lebensmittel

Zucker kann eine Vielzahl von gesundheitlichen Problemen verursachen, von Gewichtszunahme bis hin zu erhöhtem Risiko für Herzkrankheiten und Diabetes. Um deinen Zuckerkonsum zu reduzieren, könntest du alternative Süßungsmittel wie Honig, Ahornsirup oder Stevia in Betracht ziehen. Diese Optionen haben unterschiedliche Geschmacksprofile und Auswirkungen auf den Blutzuckerspiegel. Beispielsweise hat Stevia keinen Einfluss auf den Blutzuckerspiegel und kann dir helfen, süße Speisen zu genießen, ohne die negativen Auswirkungen von raffiniertem Zucker. Versuche auch, deinen Fruchtzucker zu reduzieren, indem du ganze Früchte anstelle von Fruchtsäften konsumierst, um von den Ballaststoffen zu profitieren und eine bessere Blutzuckerkontrolle zu erhalten.

Die Weltgesundheitsorganisation (WHO) empfiehlt, den freien Zuckerkonsum auf weniger als zehn Prozent der täglichen Kalorienaufnahme zu begrenzen. Ein hoher Zuckerkonsum ist mit einem erhöhten Risiko für Adipositas, Typ-2-Diabetes und Zahnkaries verbunden. Weniger verarbeitete Lebensmittel ohne Zuckerzusätze unterstützen eine stabilere Blutzuckerkurve und reduzieren das Risiko für chronische Krankheiten. (Hecht, 2024)

5. Genieße möglichst nur gesunde Fette

Gesunde Fette sind ein wichtiger Bestandteil einer ausgewogenen Ernährung und spielen eine entscheidende Rolle für deine Gesundheit. Sie liefern essenzielle Fettsäuren, die der Körper nicht selbst herstellen kann, und unterstützen die Aufnahme von fettlöslichen Vitaminen wie A, D, E und K. Beispiele für gesunde Fette enthaltende Nahrungsmittel sind Avocados, Nüsse, Samen und fetter Fisch wie Lachs oder Makrele. Statt gesättigte Fette aus verarbeiteten Lebensmitteln oder Transfette aus frittierten Speisen zu konsumieren, solltest du bevorzugt ungesättigte Fette aus pflanzlichen Quellen wählen. Diese Fette können helfen, den Cholesterinspiegel zu regulieren und Entzündungen im Körper zu reduzieren, was zu einer besseren Herzgesundheit beiträgt.

6. Iss achtsam

Achtsames Essen bedeutet, sich voll und ganz auf den Genuss deiner Mahlzeiten zu konzentrieren und das Essen bewusst zu erleben. Du kannst dies erreichen, indem du dir bewusst Zeit nimmst, um deine Mahlzeiten ohne Ablenkungen wie Fernsehen oder Smartphones zu genießen. Eine hilfreiche Technik ist es, sich vor dem ersten Bissen ein paar Momente Zeit zu nehmen, um den Geruch und das Aussehen deiner Speisen zu würdigen. Zudem kannst du kleine Portionen auf einem schönen Teller anrichten, um das Essen als eine Art Ritual zu zelebrieren. Diese Praxis kann nicht nur deine Verdauung verbessern, sondern auch deine Beziehung zum Essen stärken und dazu beitragen, dass du dich länger satt und zufriedener fühlst.

7. Sorge für eine angemessene Flüssigkeitszufuhr

Eine ausreichende Hydrierung ist essenziell für die körperliche Leistungsfähigkeit und die Gesundheit der Organe. Wasser und ungesüßte Tees sollten die Hauptquellen deiner Flüssigkeitszufuhr sein, um den Körper optimal zu hydrieren und die Nierenfunktion zu unterstützen. (Deutsche Gesellschaft für Ernährung, 2024) Ausreichende Flüssigkeitsaufnahme ist entscheidend für eine gute Gesundheit. Wasser ist essenziell für die Regeneration, Entgiftung und den Zellstoffwechsel. Es hilft deinem Körper, Abfallprodukte auszuschwemmen und die Körpertemperatur zu regulieren. Um sicherzustellen, dass du genügend Flüssigkeit bekommst, solltest du versuchen, täglich mindestens zwei Liter Wasser zu trinken. Wenn dir reines Wasser nicht zusagt, kannst du auch Kräutertees oder Wasser mit einem Spritzer Zitrone oder Gurke genießen, um es geschmacklich interessanter zu gestalten. Gerade bei sportlicher Betätigung oder heißen Temperaturen ist es wichtig, die Flüssigkeitszufuhr anzupassen, um dehydrierungsbedingte Symptome wie Müdigkeit oder Kopfschmerzen zu vermeiden.

8. Begrenze deinen Salzkonsum

Zu viel Salz kann zu Bluthochdruck und anderen gesundheitlichen Problemen führen. Gute Alternativen zu herkömmlichem Tafelsalz sind Meersalz und Himalayasalz, da sie Mineralien wie Kalium und Magnesium enthalten, die deinem Körper zusätzliche Vorteile bieten können. Auch Kräuter und Gewürze wie Rosmarin, Thymian oder Knoblauchpulver können verwendet werden, um deinen Speisen Geschmack zu verleihen, ohne auf Salz angewiesen zu sein. Dies kann dir helfen, den Salzverbrauch zu reduzieren und gleichzeitig die Geschmacksknospen auf eine gesunde Weise zu erfreuen. Experimentiere mit verschiedenen Kräutermischungen, um herauszufinden, welche am besten zu deinen Gerichten passen. Die WHO empfiehlt, den täglichen Salzkonsum auf weniger als fünf Gramm zu begrenzen, um das Risiko für Bluthochdruck und Herz-Kreislauf-Erkrankungen zu senken. (WHO, 2022)

9. Genieße regelmäßige Mahlzeiten

Regelmäßige Mahlzeiten sind wichtig, um deinen Blutzuckerspiegel stabil zu halten und Heißhungerattacken zu vermeiden. Wenn du gleichmäßig und angemessen isst, erhältst du eine konstante Energiezufuhr über den Tag hinweg, was dir hilft, konzentriert und leistungsfähig zu bleiben. Du könntest versuchen, drei Hauptmahlzeiten und zwei gesunde Snacks pro Tag einzuplanen. Eine gute Strategie ist es, Frühstück, Mittagessen und Abendessen zu festen Zeiten einzunehmen und gesunde Snacks wie Obst, Nüsse oder Joghurt zwischen den Mahlzeiten zu genießen. Dies kann auch dazu beitragen, den Stoffwechsel anzukurbeln und Gewichtsschwankungen zu vermeiden, die oft durch unregelmäßiges Essen verursacht werden.

10. Wähle deine Lebensmittel bewusst

Der Fokus auf qualitativ hochwertige, nährstoffreiche Nahrungsmittel kann deine allgemeine Gesundheit erheblich verbessern. Indem du Lebensmittel auswählst, die reich an Vitaminen, Mineralstoffen und Antioxidantien sind, gibst du deinem Körper die Nährstoffe, die er für optimale Funktion und Wohlbefinden benötigt. Zum Beispiel enthält grünes Blattgemüse wie Spinat und Grünkohl viele wichtige Nährstoffe und ist gleichzeitig kalorienarm. Der Konsum von Bio-Lebensmitteln und lokal angebauten Produkten kann ebenfalls Vorteile bieten, da sie oft weniger Pestizide enthalten und einen frischeren Geschmack haben. Der Kauf von saisonalen Produkten unterstützt nicht nur deine Gesundheit, sondern auch lokale Landwirte und reduziert den ökologischen Fußabdruck durch kürzere Transportwege.

9.

Create reality: Verwirkliche deine Visionen

Finde deine Mission und führe eine Wunschliste für zukünftige Ziele

Manchmal gibt es Tage, da sind wir stark, voller Kraft und Zuversicht. An anderen Tagen fühlen wir uns schlecht, haben Zweifel, würden am liebsten die Dinge, die uns belasten, hinschmeißen. »Das ist typisch für die, die intelligent sind«, sagte mal ein befreundeter Psychologe. »Die Dummen machen sich weniger Sorgen.« Das ist sehr pauschal, aber ein wenig Wahres ist dran. Sich Gedanken zu machen kann ein harter Richter sein – einengend, zu scharf.

Während ich die Tage zählte, seitdem ich die Diagnose erhalten hatte, dass ich nur noch ein paar Tage zu leben hätte, klopfte es an der Tür. Die Ärztin steckte ihren Kopf durch den Spalt. »Hallo, na, das ist ja eine Überraschung!« rief sie. »Du siehst ja toll aus. Gesicht durchblutet, Haare wachsen wieder, weniger Schläuche – du siehst ja schon wieder fast wie ein echter Mensch aus.«

Es waren nun einige Tage vergangen seit meiner Diagnose und ich freute mich, dass es mir deutlich besser ging. Meine Blutwerte hatten sich verbessert, ich atmete bereits ohne Maschinen und trainierte intensiv meine Armmuskeln, um mich auf die Zeit im Rollstuhl vorzubereiten. Die Fortschritte ermutigten mich, auch wenn ich noch Geduld brauchte, da mir alles zu lange dauerte und mir viele Übungen und Bewegungen noch schwerfielen.

Sie lachte. »Du, ich hab einen Plan. Wie wär's, wenn du zu mir ziehst, bis du wieder fit bist? Das Zimmer, das ich dir bieten kann, ist nicht kleiner, es hängen sogar Bilder an der Wand und die Räume riechen gut. Du hast Ruhe von den Weißkitteln, denn meinen lass ich in der Praxis und ich hab pro Tag immer etwas Zeit, um nach dir zu schauen.« »Meinst du wirklich, dass ich dafür schon fit genug bin?« Ich schaute sie fragend an.

»Du weißt«, begann sie, »es ist wichtig, in dir selbst Ruhe zu finden. Aber diese Ruhe sollte wie die eines Leuchtturms sein, nicht wie die eines

Maulwurfs. Der Leuchtturm strahlt weit hinaus, gibt Orientierung und Hoffnung. Ein Maulwurf hingegen gräbt sich in die Erde ein und sieht nie das Licht. Dieser Raum ist ein Maulwurfraum.«

Ich lachte und nickte. Die Ärztin fuhr fort: »Trau dich, weit zu blicken, auch wenn dir deine Visionen zu groß und zu kühn erscheinen. Es ist oft leichter für Menschen, die nicht so viel nachdenken und nicht so viel hinterfragen, an etwas zu glauben. Aber auch du kannst das lernen. Trau dich einfach.«

Sie schloss die Augen und atmete tief durch. »Die Rolle, die die Selbstdisziplin bei der Verwirklichung von Visionen und Zielen spielt, dürfen wir nicht unterschätzen. Selbstdisziplin ist wie der Anker für den Leuchtturm – sie hält dich fest, wenn die Stürme des Lebens toben. Du bist schon so weit. Du schaffst das!« Sie nahm meine Hand und drückte sie leicht. »Jeder kleine Schritt, den du machst, jede kleine Anstrengung, die du unternimmst, bringt dich deinem Ziel näher. Es ist okay, wenn es manchmal schwerfällt. Es ist okay, Zweifel zu haben. Aber wenn du in dir selbst die Ruhe findest und dich traust, weiter zu blicken, wirst du merken, wie stark du wirklich bist.«

Mein Blick klärte sich und ich fühlte, wie Entschlossenheit in mir aufkeimte. »Du schaffst das,« sagte meine Ärztin eindringlich. »Glaub an dich und halte an deinen Visionen fest. Selbstdisziplin wird dir helfen, sie in die Realität umzusetzen. Es ist ein langer Weg, aber es ist dein Weg und du hast die Kraft, ihn zu gehen. Ich stehe hinter dir. Hast du schon eine Bucketlist gemacht?«

»Oh Gott, nein, das hab ich mich bisher nicht getraut.« »Das gibt's doch nicht, das musst du machen«, sie blickte erstaunt. »Das macht so viel Spaß und ist so wichtig.« »Was ist das eigentlich?«, fragte ich, »Das ist doch so eine Liste, in die man einträgt, was man im Leben erreicht haben möchte, oder?«

Die »Bevor du den Löffel abgibst« Liste

Die Bucketlist ist eine Liste von Zielen, Träumen oder Erlebnissen, die jemand in seinem Leben erreichen oder erleben möchte, bevor er stirbt. Der Begriff wurde durch den Film »Das Beste kommt zum Schluss« (im Original »The Bucket List«) von 2007 auch bei uns populär. Die beiden Hauptfiguren, gespielt von Jack Nicholson und Morgan Freeman, erstellen darin eine Liste von Dingen, die sie noch erleben wollen, bevor sie sterben.

Eine Bucketlist hilft Menschen, klare Ziele zu definieren und sich auf diese zu konzentrieren. Ziele geben dem Leben Struktur und Richtung, was zu einer erhöhten Motivation führt, aktiv auf diese Ziele hinzuarbeiten. Durch das Erreichen von Zielen und das Erleben von besonderen Momenten kann die Lebenszufriedenheit erhöht werden. Menschen fühlen sich erfüllter und glücklicher, wenn sie ihre Träume verwirklichen.

Das Erstellen und Arbeiten an einer Bucketlist fördert zudem positives Denken. Es ermutigt Menschen, sich auf die Dinge zu konzentrieren, die sie glücklich machen und die sie im Leben erreichen möchten. Das Nachdenken über persönliche Ziele und Wünsche führt zu einer tieferen Selbstreflexion. Menschen lernen sich selbst besser kennen und verstehen, was ihnen wirklich wichtig ist. Das Streben nach positiven Erlebnissen und das Erreichen von Zielen können helfen, Stress abzubauen und ein Gefühl der Kontrolle über das eigene Leben zu entwickeln.

»Wenn du dich nun traust, eine Bucketlist zu erstellen – und ich rate dir dazu, denn so viel Zeit dazu wie jetzt wirst du bald nicht mehr haben«, sie schmunzelte, »dann solltest du einige Dinge beachten.« Sie zählte auf:

Schreib deine Ziele auf:
Nimm dir Zeit, um alle Dinge zu notieren, die du im Leben erfahren oder erreichen möchtest. Lass dich dabei von deinen Träumen inspirieren und sei kreativ. Ob es um Reisen an besondere Orte, berufliche Ziele oder persönliche Entwicklungen geht – alles ist erlaubt auf deiner Bucketlist.

Priorisiere deine Liste:
Ordne deine Ziele nach Wichtigkeit und Dringlichkeit. Überlege, welche Ziele du in naher Zukunft erreichen möchtest und welche längerfristig angelegt sind. Diese Priorisierung hilft dir dabei, den Fokus zu behalten und dich auf das Wesentliche zu konzentrieren.

Sei realistisch:
Stelle sicher, dass deine Ziele erreichbar sind. Es ist großartig, ambitionierte Ziele zu haben, aber sie sollten auch realistisch und machbar sein. Unrealistische Ziele können Frust verursachen und demotivierend wirken.

Erstelle Teilziele:
Teile große Ziele in kleinere, überschaubare Schritte auf. So kannst du deinen Fortschritt besser verfolgen und dich Schritt für Schritt deinen großen Zielen annähern. Jeder kleine Erfolg wird dich motivieren, weiterzumachen.

Überprüfe und aktualisiere regelmäßig:
Deine Ziele und Träume können sich im Laufe der Zeit ändern. Nimm dir daher Zeit, deine Bucketlist regelmäßig zu überprüfen und anzupassen. Neue Interessen können auftauchen und alte Ziele können an Bedeutung verlieren. Bleibe flexibel und passe deine Liste entsprechend an, um sicherzustellen, dass sie immer deine aktuellen Wünsche und Ziele widerspiegelt.

»Danke dir! Ich habe auch schon eine Idee, wie ich es mache – ich denke an eine Collage, damit ich die Dinge, die ich erreichen möchte, gleich zusätzlich visualisiere. Am besten wäre eine Powerpoint-Präsentation für mich, dann habe ich die später immer dabei und kann sie einfach ergänzen oder korrigieren. Und was, wenn ich mal schlechte Tage habe? Also einfach an die Diagnose dieser Ärzte hier denke, die mich schon tot sahen? Und ich etwas verzweifle, weil doch alles so lange dauert, das bessere Atmen, die permanenten Schmerzen, die Narben, die Haare auf dem Kopf, die nicht so schnell wachsen, wie ich es gern hätte?«

Die Ärztin lachte. »Rückschläge gehören zum Weg des Erfolgs dazu und sind oft Gelegenheiten, aus denen wir lernen und wachsen können. Nutze diese Herausforderungen als Chance zur Reflexion und zur Anpassung deiner Strategien, um gestärkt und besser vorbereitet weiterzumachen. Erinnere dich daran, dass selbst die größten Erfolge oft gerade durch viele Misserfolge und Herausforderungen erkämpft werden müssen. Umgib dich daher mit Unterstützung und positiven Einflüssen, die dir in schwierigen Zeiten Rückhalt geben und dich motivieren, deine Ziele zu verfolgen. Halte dich fern von Menschen, die Dinge schlechtreden, dir Angst machen, an deiner Gesundung zweifeln. Bleibe fokussiert auf das, was dich antreibt, und halte an deinen Träumen fest, auch wenn der Weg manchmal steinig ist – der Schlüssel liegt darin, niemals aufzugeben. Und diesen Schlüssel hast du in der Hand. Pass gut auf ihn auf, er beschützt dich.«

Ich hielt den Schlüssel, den sie mir bei unserer ersten Begegnung geschenkt hatte, in meiner Hand und drückte nochmal zu. Ja, dieser Schlüssel fühlte sich gut an, wie ein Anker in schweren Zeiten des Zweifels.

Und ich wusste: Ich würde es schaffen, denn ich war innerlich schon aufgestanden, auch wenn ich im Außen die ersten Schritte erst wieder neu lernen musste.

Wie willst du gehen, wenn du noch nicht aufgestanden bist?

Eines Tages traf der verzweifelte Christoph S. auf einem Personalkongress wieder auf Linda, eine der gefragtesten Coaches für Affirmationen. Christoph erklärte ihr, dass er dringend Geld für eine lebenswichtige Operation benötige, aber trotz intensiver Gebete und Visualisierungen sei nie etwas geschehen. »Ich habe das so gemacht, wie Sie es immer predigen. Und nichts ist passiert. Ich habe es sogar jeden Tag einmal gemacht, die ganzen letzten sechs Wochen. Was soll ich denn noch tun? Meine Kraft ist bald am Ende. Ich kann nicht mehr.« Linda hörte aufmerksam zu und fragte dann: »Was hast du bisher dafür getan?« Christoph runzelte die Stirn und antwortete: »Ich habe gebetet und mir vorgestellt, dass das Geld zu mir kommt, so, wie Sie das immer sagen, dass man das so machen muss.«

Linda lächelte sanft und fragte weiter: »Hast du irgendetwas unternommen, um das Geld zu beschaffen?« Christoph schüttelte den Kopf. »Nein, ich habe nichts riskiert, also nicht einmal Lotto gespielt. Ich habe mit niemandem darüber geredet und einfach gewartet.« Linda lehnte sich zurück und fragte Christoph: »Wo soll das Schicksal dich denn treffen, wenn du gar nicht sichtbar bist?«

Christoph fühlte sich ertappt. Es fiel im wie Schuppen von den Augen. Ja, klar, das war es, das hatte gefehlt. Linda fuhr fort: »Das Universum reagiert auf Handlungen, nicht nur auf Wünsche. Wenn du etwas erreichen willst, musst du dich auch bewegen. Tu das, was du tun würdest, wenn du sicher wärest, dass von dort das Geld kommt, und fühle dich dabei so, als wenn schon ausgemacht ist, dass du von dort das Geld bekommst. Tritt so auf, als ob du das Geld schon versprochen bekommen hättest. Geh hinaus, erzähle den Leuten von deiner Situation, sei aktiv!«

Diese Worte ließen Christoph nicht los. Am nächsten Tag begann er, von seiner Geschichte, von seiner Not zu erzählen. Er teilte sie mit Freunden und Nachbarn, berichtete von seiner Notlage und startete eine Online-Spendenaktion. Er spielte sogar Lotto und sprach mit Organisationen, die Menschen in Not helfen.

Zuerst geschah nichts. Christoph wurde unruhig. Hatte Linda doch nicht recht gehabt? War es einfach so, dass er sich in sein Schicksal fügen musste? Dann, ganz unverhofft, erhielt er einen Anruf von einem alten Schulfreund, der von seiner Situation erfahren hatte und bereit war, eine großzügige Spende zu leisten. Kurz darauf gewann er einen kleinen Betrag im Lotto. Auch die Spendenaktion im Internet lief gut an und sammelte eine beträchtliche Summe an Geld ein.

Christoph war überwältigt von der Unterstützung und erkannte, dass Linda recht gehabt hatte. Durch seine aktiven Bemühungen zog er das Geld tatsächlich an. In nur wenigen Wochen hatte er genug zusammen, um die Operation zu finanzieren. Als er sich einige Zeit später wieder bei Linda meldete, um ihr zu danken, sagte sie: »Du hast gelernt, dass das Schicksal nur dann eingreifen kann, wenn du ihm eine Chance gibst. Und es ist ganz wichtig: Du bist dein Wegbereiter, du hast es in der Hand.«

Christoph nickte zustimmend. Die Operation verlief erfolgreich und er erholte sich vollständig. Von da an lebte er sein Leben nach dem Prinzip, dass man nicht nur hoffen, sondern auch handeln muss. Jedes Mal, wenn er auf ein neues Ziel hinarbeitete, erinnerte er sich an die Lektion von Linda: »Sei sichtbar für das Schicksal und gehe ihm mit allen Sinnen entgegen.«

Christophs Geschichte zeigt: Es reicht nicht aus, an etwas zu glauben – wir müssen auch die ersten Schritte in die Richtung machen, in die wir gehen wollen. Der Ansatz des bekannten Bildungsreformers Johann Heinrich Pestalozzi war: mit Kopf, Herz und Hand. Unser Kopf allein kann viel analysieren, konstruieren und fokussieren, mit unserem Herz zusammen auch den tiefen Glauben daran entwickeln, manifestieren und damit die Zuversicht dazugeben. Aber zusammen mit der Hand kann Änderung fundamental erfolgen, denn dieser Aspekt bereitet das finale Tun vor. Hier finden die fünf Sinneswahrnehmungen statt, die Fakten schaffen, Erlebnisse und damit Neues bewegen können. Das klappt im Positiven wie im Negativen. Bei Letzterem sogar – leider – einfacher.

»*Glaube allein* genügt nicht – handle und gehe dem Schicksal mit allen Sinnen entgegen.«

Die Kraft negativer Nachrichten

Der Glaube an Negatives manifestiert sich leichter und stärker als der Glaube an Positives. Neurowissenschaftlich betrachtet ist unser Gehirn darauf programmiert, Bedrohungen stärker wahrzunehmen. Dies ist ein Überbleibsel aus unserer evolutionären Vergangenheit, als das Überleben von der schnellen Reaktion auf Gefahren abhing. Der präfrontale Kortex und die Amygdala spielen hier eine Schlüsselrolle. Die Amygdala, das Angstzentrum im Gehirn, reagiert besonders stark auf negative Reize und aktiviert das Stresssystem.

Psychologisch ist dieses Phänomen als Negativitäts-Bias bekannt. Studien zeigen, dass negative Ereignisse einen stärkeren Einfluss auf unsere Emotionen und unser Verhalten haben als positive. Negative Informationen werden etwa fünfmal so stark wie positive wahrgenommen. (Baumeister, 2019)

Medizinisch gesehen aktiviert dadurch ausgelöster Stress die Hypothalamus-Hypophysen-Nebennieren-Achse (HPA-Achse). Dies führt zur Ausschüttung von Cortisol, dem Stresshormon. Chronisch erhöhte Cortisolspiegel können das Immunsystem schwächen, Schlafprobleme verursachen und das Risiko für Herz-Kreislauf-Erkrankungen erhöhen. Studien zeigen, dass dauerhafter Stress die Telomere, die Schutzkappen unserer Chromosomen, verkürzt und somit den Alterungsprozess beschleunigt. (Blackburn & Epel, 2013) Diese Verkürzung der Telomere trägt zur beschleunigten Alterung bei und kann die Verjüngungsprozesse im Körper negativ beeinflussen.

Der Negativitäts-Bias beeinflusst auch unsere Entscheidungsfindung und Wahrnehmung. Schlechte Erfahrungen prägen sich tiefer ein und beeinflussen zukünftige Erwartungen und Handlungen. Eine nicht zu unterschätzende Rolle haben in diesem Prozess die sozialen Medien und

Nachrichten: Negative Schlagzeilen und Beiträge erhalten mehr Aufmerksamkeit und Interaktionen, was zu einer verstärkten Wahrnehmung dieser Art von Informationen führt. Dies wird durch den Algorithmus-Effekt verstärkt, der solche Inhalte bevorzugt und somit den Negativitäts-Bias weiter verstärkt.

Positives Denken kann zwar auch starke Effekte haben, erfordert aber oft mehr bewusste Anstrengung. Praktiken wie Dankbarkeitstagebücher oder Affirmationen können helfen, das Gehirn umzutrainieren. Studien zeigen, dass regelmäßiges Praktizieren von Dankbarkeit das Wohlbefinden und die Resilienz erhöht. (Emmons & McCullough, 2003) Diese positiven Praktiken können dazu beitragen, den Alterungsprozess zu verlangsamen und den Körper in einem verjüngten Zustand zu halten, indem sie die negativen Auswirkungen von Stress und chronischem Stress auf die Telomere und die allgemeine Gesundheit abmildern.

Zusammengefasst lässt sich sagen, dass sich der Glaube an Negatives stärker manifestiert, weil unser Gehirn evolutionär darauf programmiert ist, Bedrohungen intensiv wahrzunehmen und darauf zu reagieren. Psychologisch gesehen verankern sich negative Erfahrungen tiefer in unserem Gedächtnis und beeinflussen unser Verhalten stärker. Medizinisch führen negative Gedanken und Stress zu physiologischen Veränderungen, die unsere Gesundheit und den Verjüngungsprozess beeinträchtigen können. Um dem entgegenzuwirken, ist es wichtig, positive Gedanken bewusst zu kultivieren und Techniken zu nutzen, die das Gehirn in eine positivere Richtung lenken und somit den Alterungsprozess verlangsamen.

Verhext im Krankenhaus

Was im schlimmsten Fall passieren kann, wenn uns negative Glaubenssätze überrollen, Macht über uns gewinnen und die Oberhand über unser Leben gewinnen, hat der Arzt Walter sehr existenziell erlebt. Walter, der in Afrika Krankenhäuser gebaut und geleitet hatte, berichtete von einem außergewöhnlichen Fall, der ihn zutiefst erschüttert hatte. Eines Sonntags kam Meron, ein junger Mann, aufgeregt in sein Krankenhaus. »Kannst du mir helfen? Ich werde nächsten Sonntag um 12:00 Uhr sterben und ich möchte doch leben, ich bin doch noch so jung. Gerade habe ich ein Mädchen bei uns gesehen, das ich schon sehr schön finde, und ich könnte mir vorstellen, sie zu heiraten und eine Familie zu gründen«, erklärte er mit fester, aber trauriger Stimme. Walter war verwirrt und fragte nach dem Grund. Der Mann erzählte, dass er von einem Voodoo-Priester verflucht worden sei. »Ich muss die Schuld meines todkranken Vaters, des Stammesältesten, auf mich nehmen, damit er geheilt werden kann. Er hat Schuld auf sich geladen und die muss von ihm genommen werden, das braucht ein Opfer«, fügte er hinzu. Der junge Mann sollte als Opfer sterben, um seinen Vater zu retten, so hatte der Voodoo-Priester es verfügt. Doch er wollte nicht sterben.

Walter nahm ihn sofort auf und prüfte seine Gesundheitswerte: »Es ist alles gut, du bist kerngesund! Herz, Lunge, alles funktioniert bei dir und auch die Blutwerte sind nahezu perfekt. Junge, du bleibst bei uns. Wir werden sicherstellen, dass du weder einen Gifttrank zu dir nimmst noch von einem Giftpfeil getroffen oder auf andere Weise umgebracht wirst.« Die Woche verging und Walter tat alles in seiner Macht stehende, um Meron zu schützen. Er sprach mit ihm, versuchte ihm die Angst zu nehmen und erklärte ihm, dass der Fluch keine Macht über ihn habe, wenn er nicht daran glaube. Er gab ihm ein schönes Einzelzimmer, das zentral im Krankenhaus gelegen war – es gab nur ein Fenster zum Innenhof, das gleichzeitig eine

Tür war, sodass keine Fremden eindringen konnten. Zusätzlich hatte er das Zimmer auf einen anderen Namen belegen lassen, damit man ihn auf keinen Fall finden könne, wenn man in das Krankenhaus gewaltsam eindringen würde, um ihn zu töten. Die Information des jungen Mannes behielt er für sich, für den Fall, dass jemand im Krankenhaus bezahlt werden würde, ihn für Geld zu töten. Der Sonntag rückte näher und die Anspannung bei Walter stieg. Eine Viertelstunde vor 12 Uhr musste er in den OP, um eine Notoperation durchzuführen. Als er kurz nach 12 aus dem OP kam, eilte er sofort zum bewachten Zimmer, in dem sich Meron aufhielt. Er näherte sich dem Zimmer und hatte eine Vorahnung. Als er die Tür öffnete, lag Meron regungslos auf dem Bett. Leblos. Herzstillstand. Der junge Mann war tot. Walter untersuchte den Leichnam sorgfältig, um zu sehen, ob Meron nicht doch von einem äußeren Einfluss getötet worden war. Aber nein. Es gab keine Spuren von Fremdeinwirkung.

Walter wusste, dass Meron an den Fluch des Voodoo-Priesters geglaubt hatte. Seine Überzeugung vom bevorstehenden Tod hatte eine mächtige Wirkung auf seinen Körper gehabt. Neurowissenschaftlich und psychologisch betrachtet kann der Glaube an den Tod tatsächlich körperliche Reaktionen hervorrufen. Der extreme Stress und die Angst, die der junge Mann durchlebt hatte, hatten wahrscheinlich eine fatale Kettenreaktion in seinem Körper ausgelöst. Stress kann das Herz und das Nervensystem stark belasten und in extremen Fällen kann es zu einem Herzstillstand führen.

Walter erkannte, dass Meron nicht nur an einem physischen Problem, sondern an einem psychischen gelitten hatte. Er war von der Macht des Fluchs überzeugt gewesen, und dieser Glaube war so stark, dass er seinen Körper dazu gebracht hatte, sich selbst zu zerstören. Walter überlegte, wie man den Mann hätte retten können. Hätte er ihm mehr Zeit geben können, um seine Haltung zu überwinden? Hätte er intensivere psychologische Unterstützung anbieten sollen?

Der Schlüssel hätte darin liegen können, Merons Vertrauen zu gewinnen und ihm zu helfen, den Glauben an den Fluch zu brechen. Intensivere psychologische Betreuung, vielleicht durch einen anderen Voodoo-Priester, der ihm hätte helfen können, seine Ängste zu überwinden und seinen Glauben zu ändern, hätte möglicherweise den entscheidenden Unterschied gemacht. Walter dachte an Methoden wie kognitive Verhaltenstherapie, um irrationale Überzeugungen auszutauschen, und an die Wichtigkeit, dem jungen Mann eine neue Perspektive zu bieten. Aber im gleichen Moment wusste er, dass ein Voodoo-Priester aus seiner Kultur viel wirkungsvoller gewesen wäre, weil er Merons Sprache gesprochen hätte.

Der Tod des jungen Mannes war ein tragischer Beweis für die Macht des Geistes über den Körper. Walter nahm sich vor, in Zukunft noch aufmerksamer auf die psychologischen Zustände seiner Patienten zu achten und ihnen zu helfen, nicht nur physisch, sondern auch mental zu heilen. Denn der Glaube, so hatte er gelernt, kann sowohl das Leben retten als auch das Leben nehmen. Von diesem Tag an begann er, seine Patienten regelmäßig auch mit Schamamen, Voodoo-Priestern und weisen Frauen zu behandeln. Die Erfolge waren unglaublich. Die Vertreter ihrer eigenen Kultur an ihrer Seite zu haben, gab den Patienten noch größere Zuversicht und den Glauben, es zu schaffen, denn sie fühlten sich verstanden.

Christophs und Walters Beispiele zeigen, was der Glaube vermag, was er aber auch braucht, damit er sich optimal für den Menschen und seine Entwicklung realisieren kann. Während Christoph den Glauben hatte, aber kein Tun ergänzte, anfangs zu passiv war und erst die Wege nicht ging, die ihm die Türen hätten öffnen können, war Walters Patient gefangen in Wahrnehmungen, Erwartungen und kulturellen Verpflichtungen seiner Umgebung. So reichte seine an sich kluge Handlung – Schutz und Hilfe bei Walter zu suchen – allein nicht aus. Der Tat fehlte der Glaube.

Wo manifestieren wir einen Traum und wo beginnt die Lüge?

Auch wenn wir an etwas glauben und die ersten Schritte gehen, fehlt noch etwas, damit es erfolgreich werden kann: das Herz. Denn das steht stellvertretend für Werte, Respekt, Achtsamkeit und Ehrlichkeit sowie gerade, klar und in der Verantwortung für das zu sein, was man tut.

Vor einigen Jahren traf ich ein bemerkenswertes Paar. Kitty trug neben einem Zahnpastalächeln schwarze Highheels, einen schwarzen Imitatpelzmantel, den sie locker über ihre Schulter geworfen hatte, auftoupierte blondierte Haare mit einer sorgfältig gelegten Außen-Fönwelle, roten Lippenstift und Nagellack auf verlängerten Fingernägeln sowie ebenfalls verlängerte Wimpern. Das Rouge erinnerte an Äpfel und die Oberweite auch, die sie in ein enges rotes, knöchellanges Schlauchkleid gezwängt hatte. Er hatte blondierte, nach hinten gegelte Haare, die ihm bis zur Schulter gingen, war stark gebräunt, trug einen taubenblauen Anzug und eine silberne Krawatte, seine schwarzen Schuhe glänzten perfekt. Sie erzählte stolz, dass sie ein bekannter US-Tennisprofi sei und eine große internationale Firma im Mode-Bereich habe, die extrem expandiere. Er prahlte damit, ein ehemaliger international bekannter Fußballstar zu sein, der große Hallen mit seinen Keynotes zu Charisma und Motivation gefüllt hätte. Vom kleinen Verkäufer an der Kasse eines Supermarktes sei er zum Millionär, ach was, wenn man genau rechnen würde, eigentlich bald Milliardär, aufgestiegen und besitze nun mehrere große Unternehmen. Darunter eines für die Entwicklung von Robotern – dem nächsten großen Ding. Er verstehe davon eigentlich nichts, aber vom Geldverdienen. Er grinste. Und darauf käme es ja an. Zusammen seien sie ein megaerfolgreiches Paar mit einer echten Erfolgsgeschichte. Power Couple eben. Davon gäbe es wenige.

In Wirklichkeit hatte sie als Jugendliche in der Freizeit Tennis gespielt und während ihres Studiums Unterricht gegeben, um sich das Studium zu finanzieren. Er hatte ein Jahr lang bei einem nationalen Drittligisten Fußball gespielt. Ihre Unternehmen existierten nicht offiziell und sie hatten keine Angestellten. Dennoch gab es Menschen, die ihre Erfolgsstory glaubten, ihre selbstbewusste Ausstrahlung beeindruckte viele.

Die Psychologie dahinter zeigt, dass Menschen oft das glauben wollen, was ihnen als mögliches Märchen präsentiert wird. Das Phänomen der »sich selbst erfüllenden Prophezeiung« spielt hier eine Rolle: Wenn jemand sich selbstbewusst als erfolgreich darstellt, kann dies das Verhalten und die Wahrnehmung anderer beeinflussen. Neurowissenschaftlich betrachtet aktiviert das Selbstbewusstsein und die positive Selbstdarstellung die Spiegelneuronen im Gehirn der Zuhörer, was dazu führt, dass sie diese Haltung und den Glauben daran übernehmen.

Die Geschichte geht weiter: Das Paar zog die Aufmerksamkeit eines potenziellen Investors auf sich. Dieser glaubte an ihre Vision und beschloss, sie zu unterstützen. Mit dem erhaltenen Kapital gründeten sie tatsächlich ein Unternehmen im Bereich Robotik. Ihr Selbstbewusstsein und ihre charismatische Präsentation zogen Kunden und weitere Investoren an. Das Paar nutzte die Chancen, die ihnen durch ihre anfängliche Darstellung geboten wurden, und begann, echte Erfolge zu erzielen. Plötzlich wurden sie eines Tages von einer Zeitung mit der Wahrheit konfrontiert. Die Nachricht machte schnell die Runde. Damit hatte keiner gerechnet. Ihre Stakeholder nicht mit der Nachricht und sie nicht damit, dass irgendjemand die Wahrheit ihrer Vergangenheit nochmals herauskramen würde. Kunden und Investoren wendeten sich ab. Das Kartenhaus ihres Erfolgs zerbrach so schnell, wie ihr Traum begonnen hatte, sich zu realisieren. Aber hätte es nicht auch klappen können? Hatten sie es nicht richtig gemacht, so zu tun, als ob ihr Traum schon Realität wäre, und alles danach auszurichten? Manchmal hatten sie selbst schon an ihre Version geglaubt.

Mit Glaube und Ehrlichkeit zum Ziel

Physiologisch gesehen fördert ein starker Glaube an den eigenen Erfolg die Ausschüttung von Dopamin, einem Neurotransmitter, der für Motivation und Belohnung zuständig ist. Dies kann zu einem positiven Kreislauf führen, der weiter antreibt und den tatsächlichen Erfolg unterstützt. Dennoch gibt es Risiken. Sollten ihre Unwahrheiten aufgedeckt werden, könnten Menschen als Hochstapler entlarvt werden. Dies würde ihren Ruf massiv schädigen und alle aufgebauten Verbindungen zerstören. Vertrauen ist schwer wiederherzustellen. Sie könnten alles verlieren.

Insgesamt zeigt die Geschichte, dass ein starkes Selbstbewusstsein und der Glaube an die eigene Vision Türen öffnen können. Aber langfristiger Erfolg erfordert auch Integrität und echte Leistung. Eine Selffulfilling Prophecy, bei der man sich gibt und fühlt, als wäre man bereits am Ziel, kann ein mächtiges Werkzeug zur Zielerreichung sein. Dabei ist es entscheidend, auf dem Teppich und bei der Wahrheit zu bleiben. Sich zu fühlen und zu geben, als wäre man bereits am Ziel, verstärkt den Glauben an den Erfolg und führt zu Handlungen, die diesen Erfolg unterstützen. Lügen hingegen untergraben Vertrauen, erzeugen Stress auf Seiten des Lügenden und gefährden die Glaubwürdigkeit.

Ehrlichkeit und Authentizität sind die Schlüssel zu nachhaltigem Erfolg – und das sind die Gründe dafür:

❶ Ehrlichkeit baut Vertrauen auf. Konstruierte Lügen können schnell entlarvt werden, was zu einem Verlust der Glaubwürdigkeit führt. Vertrauen ist schwer wiederherzustellen, und einmal verloren, kann das den Weg zum Ziel erheblich erschweren oder sogar blockieren. Ehrlichkeit bewahrt auch den eigenen Selbstrespekt und die persönliche Integrität. Diese sind essenziell für langfristige Zufriedenheit und Erfolg.

❷ Authentisch zu sein und sich so zu geben, als wärst du bereits am Ziel, stärkt die innere Überzeugung und das Selbstbewusstsein. Lügen hingegen können zu inneren Konflikten und Selbstzweifeln führen, die die Motivation und den Glauben an den Erfolg untergraben.

❸ Zusammen mit einem authentischen Auftreten schafft Ehrlichkeit ein Netzwerk von Menschen, die wirklich unterstützen wollen. Lügen ziehen hingegen oft Opportunisten und Skeptiker an, die das Vertrauen schnell verlieren, wenn die Wahrheit ans Licht kommt.

❹ Das Leben einer Lüge erzeugt kognitive Dissonanz – ein unangenehmes Gefühl, das entsteht, wenn das eigene Verhalten nicht mit den Überzeugungen und Werten übereinstimmt. Dies kann zu erheblichen psychischen Belastungen und letztendlich Persönlichkeitsveränderungen führen. Ehrlichkeit vermeidet diese Dissonanz und fördert ein kohärentes und zufriedenes Leben.

Um klar mit beiden Beinen auf dem Boden zu stehen, bietet es sich an, auch für dich privat eine Mission zu finden, eine Vision zu haben und eine Roadmap zu schreiben, die zeigt, wie der Weg konkret aussehen kann, den du gehen möchtest.

Mit beiden Beinen auf dem Boden und nach vorn – Mission und Vision

Deine Mission beschreibt, was du im Hier und Jetzt tust und warum du es tust. Sie erklärt deinen aktuellen Lebenszweck und deine täglichen Handlungen.

Deine Mission konzentriert sich auf das, was du gerade tust. Sie beschreibt die konkreten Dinge, die du täglich machst. Deine Mission sollte klar und verständlich sein, um dir und anderen ein klares Bild von deinem aktuellen Lebenszweck zu geben. Sie richtet sich an dich selbst und an die Menschen um dich herum, um ihnen zu zeigen, was dir wichtig ist und warum.

Deine Mission könnte sein: »Ich unterstütze meine Familie, indem ich für sie da bin, ihnen zuhöre und helfe, ihre Probleme zu lösen. Ich arbeite klug an meiner Karriere, um finanzielle Sicherheit und persönliche Erfüllung zu erreichen.«

Deine Vision beschreibt, wohin du in der Zukunft möchtest. Sie ist ein langfristiges Zielbild, das dich inspiriert und motiviert.

Sie konzentriert sich auf deine langfristigen Ziele, soll dich und andere inspirieren und motivieren. Eine Vision ist oft ehrgeizig und stellt das ideale Szenario dar, das du erreichen möchtest. Sie dient als Leitbild für deine Entscheidungen und langfristigen Pläne.

Deine Vision könnte sein: »Ich strebe danach, ein erfülltes und glückliches Leben zu führen, in dem ich beruflich erfolgreich bin, eine gesunde Work-Life-Balance habe und starke, liebevolle Beziehungen. Ich helfe anderen und bewirke positive Veränderungen in der Welt.«

Take it, make it or leave it

Beide Konzepte sind wichtig, da deine Mission dein tägliches Handeln und deinen aktuellen Fokus lenkt, während deine Vision deine langfristigen Ziele und strategischen Ausrichtungen vorgibt. Prüfe immer mal wieder, ob beide noch passen oder du nachjustieren musst, damit sie aktuell bleiben und zu dir passen.

Mission und Vision zeigen: Wir brauchen Klarheit und Mut, um etwas bewegen zu können

Wickie schaute mich groß an: »Wieso denn Mut?« »Nun ja, wir sind oft die besten Verhinderer, Boykottierer und Manipulierer für uns selbst. So viele Menschen machen sich etwas vor, drücken sich darum, eine Mission und Vision für sich zu finden.« »Warum ist das so?«, hakte er nach. »Es kostet weniger Energie, in den Tag hineinzuleben, sich von den Vorgaben anderer leiten zu lassen, im Fahrwasser mitzuschwimmen und mitzumachen, was andere tun. Einen eigenen Plan erstellen? Überlegen, was einem wirklich wichtig ist? Planen, was man in diesem Leben erreichen möchte? Das fühlt sich für viele unbequem und unangenehm an, denn es ist auch die Beschäftigung mit der eigenen Endlichkeit und letztendlich anstrengend, sich messen lassen zu müssen mit Vorgaben, die man selbst aufgestellt hat.«

Ich erklärte ihm, dass die Frage, ob man dies macht, vom Lebenskonzept abhängt: Möchte ich mich verwirklichen? Möchte ich mich trauen, herauszufinden und zu leben, was wirklich in mir steckt? Möchte ich Leichtigkeit und Freude privat und bei der Arbeit fühlen, lange gesund leben und dabei in mir ruhen? Viele würden bei den letzten Worten nicken, bei den ersten aber nicht unbedingt dabei sein. Aber wir dürfen uns entscheiden. Jeden Moment. Für uns. Das ist, finde ich, eine großartige

Nachricht. Sie heißt, dass wir uns ermächtigen und befreien von Ausreden wie: »Es macht doch keinen Unterschied, was ich tue« oder »Ich bin doch schon so alt, lebe so lange hier, arbeite hier so lange, dass jeglicher Wandel umständlich ist.« Sobald du durch diese Tür der Veränderung gegangen bist, die sich so unangenehm anfühlt, wirst du sehen, wie gut es sich anfühlt.

Es gibt einen Satz, der gut ausdrückt, wie gut uns Klarheit darüber tut, ob ich eine Situation verändern soll, um für meine Mission und Vision voranzugehen:

»Take it, make it or leave it«

Dieser Satz bringt prägnant zum Ausdruck, wie wichtig es ist, zu wissen, wie man mit einer Situation umgeht, um die eigenen Ziele und Visionen erfolgreich zu verfolgen.

Dieser Spruch bedeutet im Zusammenhang mit sich bietenden Chancen Folgendes:

❶ **Take it (Annehmen):**
Du erkennst und akzeptierst die Möglichkeiten und Chancen, die dir in einer Situation geboten werden. Du entscheidest dich, in der Situation, Beziehung oder dem Job zu bleiben und aktiv daran zu arbeiten, das Beste daraus zu machen.

❷ **Make it (Gestalten):**
Du bleibst in der Situation, setzt alles daran, sie aktiv zu gestalten und positiv zu beeinflussen. Du übernimmst Verantwortung und investierst Zeit und Energie, um erfolgreich zu sein. Du nutzt die Chancen, um positive Veränderungen zu bewirken, sei es durch Verbesserung deiner Leistung im Job, das Aufrechterhalten und

Vertiefen der Beziehung oder das Lösen von Problemen in der aktuellen Situation. Du glaubst an dich und an diese Umstände, hast den Glauben daran, dass du hier gestalten und dich weiterentwickeln kannst.

❸ Leave it (Verlassen):
Du erkennst, dass die Situation, Beziehung oder der Job nicht das Richtige für dich ist und entscheidest dich, diese zu verlassen, um nach neuen Chancen und Möglichkeiten zu suchen, um deine Kraft wieder für Positives freisetzen zu können.

Die Praxis dieses Schlüsselsatzes in verschiedenen Kontexten deines Lebens:

In Beziehungen bedeutet das:
Take it: Du akzeptierst die Herausforderungen und arbeitest an der Beziehung.
Make it: Du investierst aktiv Zeit und Mühe, um die Beziehung zu verbessern und zu stärken.
Leave it: Du erkennst, dass die Beziehung nicht funktioniert, und entscheidest dich, sie zu beenden.

Für deinen Job heißt das:
Take it: Du akzeptierst die Gegebenheiten und Chancen im Job.
Make it: Du gibst dein Bestes, um beruflich erfolgreich zu sein und dich weiterzuentwickeln.
Leave it: Du erkennst, dass der Job nicht zu dir passt, und suchst nach neuen beruflichen Möglichkeiten.

In einer allgemeinen Lebenssituation meint es:
Take it: Du erkennst die Chancen, die dir das Leben bietet.
Make it: Du nutzt diese Chancen aktiv, um dein Leben positiv zu gestalten.
Leave it: Du entscheidest dich, unvorteilhafte Situationen zu verlassen, um nach besseren Möglichkeiten zu suchen.

In jeder Situation geht es darum, sich deiner Chancen bewusst zu werden und eine bewusste Entscheidung zu treffen, wie du mit diesen Möglichkeiten umgehst – ob du sie annimmst, aktiv gestaltest oder dich entscheidest, weiterzuziehen.

»*Für ein erfülltes Leben:*
Nimm an, gestalte aktiv oder geh weiter.«

10.

Beats & Rhythms: Die Kraft der Musik

Integriere wirksam positive Musik, Worte und Rhythmus in dein Leben

»Mir fehlt mein Flügel, das Klavierspielen hat mir immer so gutgetan.« Ich schaute nachdenklich durch das Krankenhausfenster in die Ferne, bewegte meine zehn Finger über eine virtuelle Tastatur und summte dazu leise ein paar Töne. »Aber ich bin schon so stark, dass ich wieder singen könnte. Lass uns doch mal Musik zusammen machen, du spielst doch E-Gitarre.« Wickie schaute mich belustigt an. »Ha, ha, ha, so schnell kannst du gar nicht schauen, da hab ich Hausverbot. Die hier lachen doch nur im Keller.« »So schlimm fänden sie es doch vielleicht nicht, aber die Vorstellung ist lustig. Und weißt du was: Eigentlich wäre das genau das Richtige für dieses und alle anderen Krankenhäuser. Hier fehlen Farbe, Musik, gute Laune. Wie soll man denn da gesund werden können, bei so viel Trübsal? Das wäre für das Personal hier genauso gut wie für die Patienten. Es gibt doch Ärzte wie Eckart von Hirschhausen, die mit roter Nase in Kinderabteilungen gehen und dort die Kinder bespaßen, mit ihnen Quatsch machen, ihnen vorlesen, um sie von ihrer Krankheit abzulenken und ihnen zu zeigen, wie schön Leben sein kann. Wir wissen doch alle, wie viel es ausmacht, wenn du krank bist, und alle bedauern dich, reden über deine Krankheit, als wenn es kein anderes Thema gäbe, erzählen dir Geschichten von anderen erkrankten Personen. Das Größte ist dann noch, wenn Menschen versuchen, sich dabei noch zu übertrumpfen: ›Ich kenne eine Geschichte, da ist es dem Erkrankten sooooo schlecht gegangen, er konnte danach dies und das nicht mehr.‹ Dass das dem Erkrankten nicht guttut, es sei denn, er steht über der Situation und kann darüber lachen, das ist wohl klar. Also, stell dich nicht so an, Wickie. Wir machen etwas Musik. Muss ja nicht so laut sein. Komm, lass uns loslegen – ich texte meinen Gesundheitssong und du hilfst mir – wir finden einen super Rhythmus und dann los, dann werde ich den Song so lange hören und dazu singen, bis ich wieder fit bin – und wenn ich dann das Krankenhaus in ein paar Tagen verlasse, spielen wir das zum Abschied und du holst dafür deine E-Gitarre. Wir müssen danach ja nicht mehr ins Krankenhaus zurück.«

»Oh Gott, die im Rollstuhl flüchtende, singende Patientin und ihr E-Gitarre spielender Begleiter – was für eine Headline, was für ein Kopfkino! Man wird uns für verrückt erklären!« »Sowieso«, lachte ich. »Vor Tagen fast für tot erklärt und dann das? Die Leute werden sich die Augen reiben. Komm, Quatsch beiseite. Lass uns das machen. Meine Großmutter wusste schon, dass das eine gute Idee ist. Die hat sich zu den Liedern, die sie über den Tag vor sich hin sang, heilende Texte überlegt, wenn sie krank war, Sachen nicht liefen oder einfach, um wieder richtig gute Laune zu bekommen. Für die gute Laune textete sie auch Blödsinn-Texte, die sich reimten. Wirklich witzig – und es half! Alle lachten sich kaputt, sie natürlich eingeschlossen.«

Musik ist einfach so kraftvoll. Ich merke manchmal: Da wird ein Lied im Radio, in einem Kaufhaus oder anderswo gespielt – und ich bekomme gute Laune – oder schlechte. Entweder weil das Lied mit einem coolen Rhythmus oder Text so dazu einlädt, mitzusingen, oder weil ich damit Erinnerungen verbinde. Ich kenne viele Leute, bei denen das so ist, und mir ist das auch schon mal passiert: Da sitzt man im Auto, Café oder Restaurant, hört einem Lied zu und plötzlich bekommt man schlechte Laune, muss an sich halten, um nicht zu weinen, oder bekommt strahlende Augen. Musik ist so mächtig.

Musik greift tief in unser Gehirn und unsere Emotionen ein. Ihre Fähigkeit, starke Gefühle zu wecken, Erinnerungen hervorzurufen und sogar physische Reaktionen zu beeinflussen, macht sie zu einem unglaublich kraftvollen Medium. Egal ob im Auto, Café oder Restaurant – Musik begleitet uns, beeinflusst unsere Stimmung und kann uns in Sekunden von Traurigkeit zu Freude oder umgekehrt führen.

Verschiedene Studien zeigen, dass Musik starke emotionale Reaktionen hervorrufen kann, die von Freude und Erregung bis hin zu Traurigkeit und Melancholie reichen. Diese Reaktionen sind das Ergebnis komplexer Wechselwirkungen zwischen akustischen Reizen und den neuronalen Netzwerken in unserem Gehirn. Die Studie »Anatomically distinct dopamine release during anticipation and experience of peak emotion to music« des Forscherteams um Valorie Salimpoor vom Montreal Neurological Institute, McGill University, zeigt, dass Musik das Belohnungssystem im Gehirn aktiviert, ähnlich wie andere lustvolle Reize, z. B. Essen oder Drogen. Durch die Freisetzung von Dopamin im Striatum erleben wir intensive Glücksgefühle und Motivation. Dies erklärt, warum Musik uns oft so stark berühren kann. (Brandstötter, 2018)

Auf der psychologischen Ebene kann Musik als Auslöser für Erinnerungen dienen. Dieses Phänomen wird als »musikalisches Gedächtnis« bezeichnet und ist das Ergebnis der engen Verbindung zwischen dem Hippocampus, der für das Gedächtnis verantwortlich ist, und den auditorischen Bereichen des Gehirns. Ein bestimmtes Lied kann daher alte Erinnerungen und die damit verbundenen Emotionen wieder zum Vorschein bringen, was sowohl positive als auch negative Gefühle hervorrufen kann.

Medizinisch betrachtet wird Musiktherapie zunehmend als Mittel zur Behandlung verschiedener psychischer und physischer Erkrankungen eingesetzt. Studien haben gezeigt, dass Musiktherapie Depressionen lindern und Angstzustände reduzieren kann. Zum Beispiel fanden Forscher heraus, dass Patienten, die sich einer Herzoperation unterzogen und während der Genesung Musik hörten, weniger Stress und Schmerz erlebten. Dies wurde in einer Arbeit von Susan David und David Dileo, international bekannten Musiktherapeuten, bestätigt. (Bradt & Dileo, 2015)

In der Neurowissenschaft zeigt die Forschung, dass Musik tiefe Auswirkungen auf das autonome Nervensystem hat. Dies reguliert die

Herzfrequenz, den Blutdruck und die Atmung. Während langsame und ruhige Musik die Herzfrequenz und den Blutdruck senken kann und zu einem Zustand der Entspannung führt, kann schnelle und laute Musik den gegenteiligen Effekt haben.

»*Musik ist kraftvoll* – sie weckt Erinnerungen, verändert Stimmungen und berührt uns tief.«

Menuett mit Gänsehaut

Ein weiteres interessantes Phänomen ist die »Gänsehaut«, die manche Menschen beim Hören besonders bewegender Musik erleben. Diese Reaktion wird durch die Aktivierung des Sympathikus-Nervensystems verursacht und ist ein Zeichen für die intensive emotionale Wirkung, die Musik auf uns haben kann.

»Gänsehaut bekomme ich immer, wenn ich irgendwo das Menuett G-Dur aus dem Notenbüchlein für Anna Magdalena Bach höre.« Ich begann, die ersten Takte zu summen: Di da de de de di dadde, die dubadu de de di di da da … »Als ich sieben Jahre alt war«, erzählte ich nachdenklich, »spielte ich eine Sonate von Anna Magdalena Bach am Klavier. Mein Klavierlehrer, Herr Müller, war ein kleiner, immer korrekt mit Anzug, mittelblauem Hemd und anthrazitfarbener Krawatte gekleideter, älterer Mann mit einem warmen Lächeln und einer tiefen Liebe zur Musik. Die grau-braunen Haare standen ihm wie bei Einstein immer etwas zu Berge, denn er fuhr sich mit den Händen wild durch die Haare, wenn ihm eine Note oder Melodie nicht so ganz passte: ›Oh, mon dieu!‹, rief er dann immer aus, lächelte dabei aber, als wenn er sich selbst für den melodischen Fauxpas entschuldigen wolle. Er hatte mich, seit ich sechs Jahre alt war, geduldig und mit viel Hingabe unterrichtet. Er war es auch, der mein Talent für Musik erkannte. Er hörte nicht auf, bei meinen Eltern zu bohren, dass ich gefördert werden müsse, bei Wettbewerben und an Meisterkursen teilnehmen sollte.« Ich hielt kurz inne und fuhr dann fort: »Eines Tages, während ich in einer Klavierstunde das Menuett G-Dur aus dem Notenbüchlein für Anna Magdalena Bach spielte, bemerkte ich, dass Herr Müller nach unten schaute, ungewöhnlich still und in Gedanken versunken war. Nachdem ich das Stück beendet hatte, sah er mich mit traurigen Augen an und sagte: ›Du spielst das wirklich schön, aber ich muss dir etwas Wichtiges erzählen.‹ Meine Finger zitterten noch auf den Tasten, als er mir die Nachricht überbrachte: ›Ich habe Krebs und die Ärzte sagen, dass er unheilbar ist. Ich habe nur noch ein paar Monate, sagen sie. Wenn alles gut läuft.‹ Seine Worte trafen mich wie ein Schlag ins Gesicht. Herr Müller war immer so stark und voller Leben gewesen. In diesem Moment fühlte ich mich hilflos und überwältigt von Trauer. Ich brachte kein Wort heraus und Tränen liefen über mein Gesicht. Er nahm meine Hand und sagte: ›Musik hat eine heilende Kraft. Egal was passiert, hör niemals auf zu spielen.‹ Seit diesem Tag hatte das Menuett G-Dur aus dem Notenbüchlein für Anna Magdalena Bach eine völlig neue Bedeutung für mich. Jedes Mal, wenn ich die ersten Takte spielte, fühlte ich eine tiefe Melancholie und eine Verbindung zu meinem geliebten Lehrer. Obwohl es schwer war, versuchte ich, die Musik als ein Geschenk und eine Erinnerung an seine Weisheit und Freundlichkeit zu sehen.« Ich machte wieder eine Pause, wollte die Geschichte aber zu Ende erzählen. »Es vergingen Monate und Herr Müllers Zustand verschlechterte sich. Doch er bestand darauf, unsere Klavierstunden fortzusetzen, solange es ihm möglich war. Er sagte oft: ›Die Musik hält mich am Leben.‹ Seine Entschlossenheit und sein Mut inspirierten mich, weiterzuspielen, auch wenn es mir schwerfiel. Vor seinem Tod bekam er noch mit, was seine Unterstützung in mir entfaltet hatte: Mühelos gewann ich Wettbewerbe, Stipendien, spielte Konzerte. Solange er konnte, saß er immer in der ersten Reihe. Beim letzten Mal, als er bei einem meiner Auftritte in Publikum saß, sah ich, nachdem ich mich nach meinem Spiel auf meinen Platz neben ihn gesetzt hatte und zur Seite schaute, wie ihm eine Träne langsam über die Wange lief. ›Hast du Schmerzen?‹, flüsterte ich besorgt. ›Nein, es ist das Glück, das ich darüber empfinde, dass ich hier sitzen und dir zuhören darf‹, antwortete er, nahm meine Hand und drückte sie leicht. Ein wehmütiges Lächeln huschte über sein Gesicht. Ich umarmte ihn vorsichtig, als ob ich nichts kaputtmachen wollte. Es sollte das letzte Mal gewesen sein, dass wir uns sahen.« Ich musste schlucken.

»Nach seinem Tod war das Spielen des Menuetts ein Akt der Trauerbewältigung für mich. Das Leben ging weiter. Aber jedes Mal, wenn ich das Stück hörte oder spielte, musste ich weinen. Die Noten schienen seine Stimme zu tragen, seine Ratschläge und seine Liebe zur Musik. Es war, als ob er immer noch bei mir war, mich anleitete und ermutigte. Jetzt, viele Jahre später, spiele ich das Menuett wieder. Die Tränen kommen immer noch, aber es sind nicht mehr nur Tränen der Trauer. Es sind auch Tränen der Dankbarkeit. Und der Erinnerung an einen außergewöhnlichen Lehrer, der mir nicht nur das Klavierspielen beigebracht hat, sondern auch, wie man mit Verlust und Schmerz umgeht. Seine Lektionen über das Leben, Musik und Mut bleiben für immer in meinem Herzen und kommen jedes Mal hoch, wenn ich Klavier spiele.«

Musik ist Therapie

Die Wirkung von Musik auf die Stimmung und das Wohlbefinden ist tiefgreifend und vielfältig. Studien zeigen, dass fröhliche Musik mit schnellen Tempi und Dur-Tonarten positive Emotionen wie Freude verstärkt und das Energielevel anhebt. Ein bekanntes Beispiel ist Vivaldis »Frühling« aus den »Vier Jahreszeiten«, das häufig als erfrischend und belebend empfunden wird. Im Gegensatz dazu können langsame Tempi und Moll-Tonarten melancholische oder traurige Gefühle hervorrufen. Die langsamen Tempi und dissonanten Harmonien dieser Stücke vermitteln eine gewisse Schwere und Ernsthaftigkeit. Mahlers Symphonien, insbesondere die Adagio-Sätze, sind bekannt dafür, tieftraurig zu machen.

Auf neuronaler Ebene aktiviert Musik das Belohnungssystem des Gehirns, vor allem das ventrale Striatum, das auch bei der Verarbeitung von Belohnungen und positiven Emotionen beteiligt ist. Fröhliche Musik erhöht die Dopaminausschüttung, also den Neurotransmitter, der mit Glücksgefühlen verbunden ist. Traurige Musik hingegen aktiviert vorrangig das limbische System, einschließlich der Amygdala, die für die Verarbeitung von Emotionen wie Trauer und Angst zuständig ist. Das wurde von Prof. Buscher von der Universität Münster bestätigt. (Buscher, 2015)

Rhythmische Sounds und regelmäßige Beats können zudem das Herz-Kreislauf-System positiv beeinflussen, indem sie den Blutdruck und die Herzfrequenz regulieren. Ein moderater Rhythmus, wie er in vielen klassischen Stücken oder Jazzstandards zu finden ist, kann beruhigend wirken und Stress reduzieren.

Aber was sollte man am besten hören, wenn man sich stärken möchte? Nach meinem Telefonat mit einem international anerkannten Musiktherapeuten war ich eine Spur schlauer – und fühlte mich vollbepackt mit Informationen.

»Okay, jetzt weiß ich, welche Art von Musik für was gut ist«, sagte ich zu Wickie und gab ihm wieder, was der Therapeut mir erklärt hatte:

❶ **Klassische Musik**:
Studien haben gezeigt, dass das Hören von klassischer Musik, insbesondere von Komponisten wie Mozart und Bach, die Konzentration und das Gedächtnis verbessern kann. Dies wird als der »Mozart-Effekt« bezeichnet.

❷ **Naturklänge und Entspannungsmusik**:
Diese Stile sind bekannt für ihre beruhigende Wirkung. Sie werden oft in Meditations- und Yoga-Sessions verwendet, um den Geist zu entspannen und Stress abzubauen.

❸ **Upbeat Pop und Rock**:
Diese Musikrichtungen sind energiegeladen, können die Stimmung heben und das Aktivitätsniveau steigern. Sie sind besonders effektiv, um Motivation und Produktivität zu erhöhen.

»Und jetzt kommt es«, ich blickte Wickie geheimnisvoll an. »Über den Tag verteilt sollten es auch noch unterschiedliche Musikstile sein – also kein Hip-Hop vor dem Schlafengehen!« Wickie zeigte sich interessiert: »Was hat er denn geraten – brauchen wir dann morgens, mittags und abends je ein eigenes Lied? Das wird ja richtig Arbeit! Ich dachte, wir machen das so, wie es uns gefällt. Na ja, lass mal hören!«

»Also, er hat mir Folgendes erzählt: Die Wahl der Musik, die du über den Tag verteilt hörst, kann einen großen Einfluss auf deine Stimmung, Produktivität und dein allgemeines Wohlbefinden haben. Morgens solltest du fröhliche und energetische Musik, wie Pop, Upbeat Jazz, klassische Musik – Mozart, Vivaldi etc. – hören. Denn Musik mit einem schnellen Tempo und Dur-Tonarten kann dich beleben und aufwecken.

Fröhliche Melodien fördern die Ausschüttung von Dopamin, was deine Laune hebt und dir einen guten Start in den Tag ermöglicht.

Vormittags ist konzentrationsfördernde Musik gut, dazu gehört instrumentale Musik, wie Klassik. Studien haben gezeigt, dass klassische Musik, insbesondere Barock mit 60 bis 70 Schlägen pro Minute, die Konzentration und Produktivität steigern kann. Instrumentale Stücke ohne Text lenken weniger ab und können helfen, fokussiert zu bleiben.

In der Mittagspause hilft entspannende und erholsame Musik wie Naturklänge oder ruhige Jazzstücke. Sie helfen, den Geist zu entspannen und Stress abzubauen. Eine kurze Pause mit relaxter Musik kann deine Energiereserven auffüllen und dich für den Nachmittag vorbereiten. Such dir einen ruhigen Ort, setze Kopfhörer auf und genieße ein paar Minuten Entspannungsmusik, um dich zu erholen.

Nachmittags ist motivierende und fokussierte Musik gut. Dazu gehören elektronische Klänge, Lo-Fi Hip-Hop und akustische Gitarrensounds. Musik mit einem moderaten Tempo kann dir helfen, ein Nachmittags-Tief zu überwinden und dich zu motivieren. Lo-Fi Hip-Hop und elektronische Musik sind oft rhythmisch und repetitiv, was helfen kann, die Produktivität aufrechtzuerhalten.

Am Abend ist ein beruhigender und entspannender Sound der Stile Acoustic, Softrock oder sanfter Jazz-Balladen das Richtige. Langsamere, friedliche Musik kann helfen, den Tag ausklingen zu lassen und den Übergang in den Abend zu erleichtern. Diese Art Musik kann die

Produktion von Melatonin fördern, einem Hormon, das für einen gesunden Schlaf-Wach-Rhythmus wichtig ist.

Vor dem Zubettgehen hilft dir Einschlafmusik wie Klassik (z. B. Chopins ›Nocturnes‹) und auch Naturklänge. Beruhigende leise Töne und langsame Tempi können dir helfen, dich zu entspannen und dich auf den Schlaf vorzubereiten.

Durch das gezielte Hören verschiedener Musikarten zu unterschiedlichen Tageszeiten kannst du deine Stimmung und Produktivität positiv beeinflussen und ein allgemeines Gefühl von Wohlbefinden fördern. Insgesamt sagte er noch: Sowohl Musizieren als auch Musik hören bieten wertvolle kognitive, psychologische und soziale Vorteile, aber sie tun dies auf unterschiedliche Weisen. Während das Musizieren besonders gut für die Förderung von kognitiven Fähigkeiten und sozialer Interaktion ist, kann das Hören von Musik eine einfache und effektive Methode sein, um die Stimmung zu verbessern und Stress abzubauen. Musizieren hilft dem Körper aber noch mehr: Das aktive Spielen eines Instruments oder Singen erfordern eine tiefe Konzentration, die als ›Flow‹ bezeichnet wird – ein Zustand, der Stress reduziert und das Wohlbefinden steigert.«

»Na dann, wer hätte das gedacht«, lachte Wickie. »Lass uns ans Werk gehen und Komponisten und Tonmeister werden.«

Mit dem ganzen Körper singen

»Ich finde übrigens, dass Singen eine ganz besondere Kraft hat«, überlegte ich laut und erzählte Wickie von meinem ersten Erlebnis, als ich als Kind einen halben Tag lang in einem Kinderchor mitsingen durfte. »Als ich zehn Jahre alt war, besuchte ich meine Cousine, die in einem kleinen Dorf lebte. Es war ein warmer Frühlingstag, als sie mich fragte, ob ich Lust hätte, sie zu ihrem Kinderchor zu begleiten. Ich war neugierig und freute mich, etwas Neues auszuprobieren. Der Chor probte in einer alten, aber beeindruckenden Kirche mit hohen Decken und bunten Glasfenstern. Schon beim Betreten des Kirchenraums spürte ich eine besondere Atmosphäre, eine Mischung aus Ehrfurcht und freudiger Erwartung. Der Chorleiter, ein freundlicher Mann mit lebhaften Augen, begrüßte mich herzlich und lud mich ein, mitzumachen. Wir sangen Gospels, und ich spürte sofort die Kraft der Lieder, wie sie durch mich hindurchging. Die Texte waren mitreißend und voller Energie, geschrieben vom Chorleiter selbst. Sie handelten von Hoffnung, Gemeinschaft und Stärke. Wir sangen laut und leidenschaftlich, und ich fühlte mich, als ob ich Teil von etwas Großem und Wundervollem wäre. Während wir sangen und tanzten, vibrierte der große Kirchenraum förmlich vor Energie. Unsere Stimmen erfüllten den Raum. Wir bewegten uns im Takt der Musik, klatschten in die Hände und lachten miteinander. Es war wie eine große Gemeinschaft voller positiver Power. Dieser halbe Tag im Kinderchor war eine der schönsten Erfahrungen meiner Kindheit. Ich fühlte mich so lebendig und verbunden mit den anderen Kindern und der Musik. Die Kraft der Lieder und die Gemeinschaft im Chor hinterließen einen bleibenden Eindruck bei mir. Wenn ich eine der Melodien heute höre, dann weiß ich den Text dazu noch komplett, sehe das Bild von uns in dem großen Kirchenschiff vor mir und höre den gewaltigen Sound, der den ganzen Raum erfüllte und in unseren Körpern bebte. Manchmal macht es mir sogar Gänsehaut. Unglaublich, wie sehr diese Erinnerung sich gehalten hat! Seit diesem Tag weiß ich, wie stark prägend und verbindend Musik sein kann.«

»Gab es einen Moment, in dem du gespürt hast, wie sehr dir der Gesang auch allein guttut?«, fragte Wickie.

»Ja, den gab es. Um das Singen wirklich zu einer ganzheitlichen Erfahrung zu machen, ist es wichtig, den gesamten Körper mit einzubeziehen. Ich sage dir mal, wie das geht. Beginne damit, deine Füße fest auf den Boden zu stellen, etwa schulterbreit auseinander. Stell dir vor, du bist ein Baum, der tief im Boden verwurzelt ist. Deine Füße sind die Wurzeln, die sich in die Erde graben und dich fest und stabil halten. Stehe aufrecht, aber entspannt. Lass deine Schultern locker und deinen Brustkorb offen. Atme tief ein, aber nicht nur in die Brust. Atme in deinen gesamten Körper hinein, als ob du deinen Atem bis in deine Zehenspitzen schicken könntest. Spüre, wie sich dein Bauch, deine Seiten und sogar dein Rücken mit Luft füllen. Diese tiefe Atmung gibt dir die Grundlage, die du für kraftvolles und ausdrucksstarkes Singen benötigst. Wenn du beginnst zu singen, konzentriere dich darauf, den Klang aus deinem Kern, deinem Zentrum, herausströmen zu lassen. Stell dir vor, dass deine Stimme aus deinem Bauch kommt, nicht nur aus deinem Hals. Lass den Atem und den Klang durch deinen ganzen Körper fließen, von den Füßen bis zum Kopf. Spüre die Vibrationen in deinem Brustkorb, deinem Rücken und sogar in deinem Gesicht. Achte darauf, wie dein Körper auf den Klang reagiert. Lass dich von der Musik tragen und bewege dich mit ihr, wie ein Baum im Wind. Du kannst deine Arme leicht heben, um die Energie zu lenken, oder dich sanft hin und her wiegen. Diese Bewegungen helfen dir, die Spannung loszulassen und den Klang freier fließen zu lassen.

Visualisiere, wie deine Stimme die Luft um dich herum erfüllt, als ob du den Raum mit deinem Gesang bemalst. Fühle die Verbindung zwischen deinem Atem, deinem Körper und deiner Stimme.

Wenn du auf diese Weise singst, wird jeder Ton zu einer tiefen, körperlichen Erfahrung. Du wirst nicht nur singen, sondern die Musik in dir spüren und leben. Diese Ganzkörpererfahrung macht das Singen nicht nur zu einem klanglichen, sondern auch zu einem emotionalen und physischen Erlebnis.

Mit dieser Anleitung fühlte ich nach vielen Jahren Gesangsunterricht plötzlich den Durchbruch mit meiner Stimme. Sie klang ohne Anstrengung vollmundig, füllte meinen Körper und den ganzen Raum und trug auch leise unendlich weit, wirkte weich und doch kraftvoll. Und es gab nur noch eine Steigerung: dazu zu tanzen. Einfach so, ohne vorgegebene Schrittfolgen, nur zum Rhythmus und zur Melodie des Liedes, so als würde der Körper sie aufnehmen und interpretieren.«

»Okay, das hab ich jetzt verstanden«, Wickie lachte. »Du hast das so toll beschrieben, da wäre ich gern dabei gewesen! Gibt es davon vielleicht sogar eine Aufzeichnung?« »Doch, die gibt es«, nickte ich. Ich hab sie auch auf meinem Rechner. Ich spiele sie dir nachher mal vor. Aber eines nach dem anderen. Jetzt starten wir mal mit meinem ersten Lied.«

Stärkung deiner inneren Kraft durch Affirmationen und die Komposition eines eigenen Musikstücks

Die Stärkung der inneren Kraft durch Affirmationen und die Komposition eines eigenen Musikstücks ist so wirksam, weil positive Gedanken mit der emotionalen Kraft der Musik kombiniert werden. Dies kann deine mentale Stärke erheblich verbessern und dir helfen, deine Ziele zu erreichen.

Schritt 1: Deine kraftvolle Affirmation finden

Im ersten Schritt findest du deine persönliche Affirmation. Affirmationen sind kraftvolle, positive Aussagen, die dein Unterbewusstsein beeinflussen und dir helfen, dich auf deine Stärken zu konzentrieren. Nimm dir einen Moment Zeit und überlege, welche Herausforderungen du gerade hast und welche Ziele du erreichen möchtest. Notiere diese Gedanken und formuliere daraus positive Aussagen. Wenn du dir zum Beispiel mehr Selbstvertrauen wünschst, könnte deine Affirmation lauten: »Ich bin voller Selbstvertrauen und Stärke.« Schreibe mehrere Affirmationen auf und wähle diejenige, die sich am stärksten anfühlt.

Folgende Affirmationen halfen mir, mich auf positive Gedanken und Gefühle zu konzentrieren, die innere Stärke zu mobilisieren und eine friedliche Haltung gegenüber meiner eigenen Situation zu entwickeln:

Ich bin stark und mutig.
Ich akzeptiere meine Situation und finde Frieden in jedem Moment.
Ich bin umgeben von Liebe und Unterstützung.
Ich finde Freude und Schönheit in kleinen Dingen.
Ich bin dankbar für jeden Tag und jede Erfahrung.
Ich lasse los und vertraue dem Fluss des Lebens.
Ich finde inneren Frieden und Gelassenheit.
Ich bin verbunden mit meiner inneren Kraft und Weisheit.
Ich finde Ruhe in der Gegenwart und lasse Sorgen los.
Ich nehme die Liebe und Unterstützung meiner Freunde an.

Schritt 2: Ein starkes Lied finden

Musik hat eine unglaubliche Macht, unsere Emotionen zu beeinflussen. Denke an Lieder, die dich glücklich machen, dir Stärke verleihen oder dich motivieren. Welche Musikstücke bringen dich in deine Kraft? Höre dir verschiedene Beispiele an und achte darauf, wie du dich dabei fühlst. Wähle ein Lied aus, das dich am meisten inspiriert und stärkt. Notiere den Titel und höre es dir regelmäßig an. Folgende Lieder hatte ich mir damals herausgesucht:

❶ »You Raise Me Up« von Josh Groban – ein kraftvolles Stück über Unterstützung und das Überwinden von Herausforderungen

❷ »Stronger (What Doesn't Kill You)« von Kelly Clarkson – ein Lied über das Überwinden von Herausforderungen und darüber, wie man Stärke aus schwierigen Situationen zieht

❸ »Eye of the Tiger« von Survivor – ein Klassiker, der Kraft und Entschlossenheit vermittelt

❹ »Don't Stop Believin« von Journey – ein Titel, der dazu ermutigt, niemals den Glauben an sich selbst und die eigenen Träume zu verlieren

❺ »You Can Get It If You Really Want« von Jimmy Cliff – ein Song, dessen Refrain »Du kannst es schaffen, wenn du wirklich willst« schon aussagt, worum es geht

Schritt 3: Deinen Rhythmus und deine Melodie finden

Jetzt entdecken wir einen Rhythmus und eine Melodie, die dir Kraft geben und dich dich zu Hause fühlen lassen. Ein starker Rhythmus kann dich energetisieren und zentrieren. Klatsche zu verschiedenen Rhythmen oder benutze einfache Instrumente, um herauszufinden, welcher Beat dir Energie gibt. Wähle einen aus und überlege dir eine Melodie, die dazu passt und dir ein Gefühl von Geborgenheit gibt. Die Rhythmen folgender Songs fand ich gut, weil sie mir Hoffnung und Kraft gaben:

❶ »Rise Up« von Andra Day ermutigt mit seinem langsamen, kraftvollen Rhythmus und dem deutlichen Beat zum Aufstehen und Weitermachen. Er gibt mir das Gefühl von Beständigkeit und Stärke.

❷ »Fight Song« von Rachel Platten hat einen treibenden, energischen Beat, der ein Gefühl von Entschlossenheit und Widerstandskraft vermittelt. Er gibt mir das Gefühl, dass ich alles überwinden kann.

❸ »The Climb« von Miley Cyrus mit seinem langsamen und stetigen Rhythmus gibt mir das Gefühl von Fortschritt und Beharrlichkeit. Der ermutigende Rhythmus erinnert daran, dass der Weg zum Ziel wichtig ist, unabhängig von den Hindernissen.

❹ »Stronger (What Doesn't Kill You)« von Kelly Clarkson spornt mit dem schnellen Tempo, seinem kraftvollen und positiven Beat dazu an, weiterzukämpfen. Der dynamische Rhythmus von »Stronger« gibt mir das Gefühl, gestärkt aus jeder Herausforderung hervorzugehen.

❺ Der Klassiker »Eye of the Tiger« von Survivor hat einen unverwechselbaren, treibenden Beat, der ein Gefühl von Entschlossenheit und Kraft vermittelt. Der ikonische Rhythmus ist anregend und ermutigend. Perfekt, um sich zu motivieren und nicht aufzugeben.

Schritt 4: Deinen Text rhythmisch passend aufsprechen

Verbinde nun deine Affirmation mit dem kraftvollen Rhythmus deiner Wahl. Übe, beides harmonisch zusammenzubringen. Passe die Worte an den Beat an und spüre die Kraft darin. Sprich deine Affirmation laut und rhythmisch. Wiederhole dies mehrmals, bis es sich natürlich anfühlt. Mein Favorit war damals »Don't Stop Believin«.

Schritt 5: Affirmation mit Musik unterlegen

Kombiniere jetzt deine Affirmation mit der gewählten Musik und nimm beides auf. Verwende für die Aufzeichnung deiner Affirmation eine Aufnahme-App oder ein einfaches Aufnahmegerät. Füge sie mit der Musik zusammen, entweder durch eine App oder ein Musikbearbeitungsprogramm. Passen Text und Musik gut zusammen? Probiere es so lange, bis es sich für dich richtig anhört.

Schritt 6: Regelmäßiges Hören und Manifestieren

Der Schlüssel zum Erfolg ist die regelmäßige Wiederholung. Höre dir deine Aufnahme mindestens einmal täglich an, idealerweise morgens nach dem Aufwachen und abends vor dem Schlafengehen. Schaffe eine entspannte Atmosphäre, wenn du sie dir anhörst. Setz dich bequem hin, schließe die Augen und konzentriere dich auf die Worte und die Musik. Singe oder sprich die Affirmationen aktiv mit, um die Wirkung zu verstärken. Beobachte die positiven Veränderungen in deinem Leben und notiere, wie du dich nach regelmäßiger Anwendung fühlst.

Die folgende Abbildung zeigt dir noch einmal zusammengefasst, auf was es ankommt, wenn du dir deinen eigenen Longevity-Song komponieren willst, und wie einfach es geht (Abb. 7):

Wie du deinen eigenen Power-Song komponierst

| Schritt 1: Finde deine kraftvolle Affirmation | Schritt 2: Finde ein starkes Lied | Schritt 3: Fühle deinen Rhythmus und die passende Melodie | Schritt 4: Sprich deinen Text im passenden Rhythmus | Schritt 5: Begleite deine Affirmation mit deiner Musik | Schritt 6: Manifestiere deine Affirmation durch regelmäßiges Hören und Mitsprechen |

Abb. 7 Wie du deinen eigenen Power-Song komponierst

Ich konzentrierte mich ganz auf diese Songs – nahm mir fünfmal am Tag für jeweils 15 Minuten bewusst Zeit zum Singen und Zuhören. Ich machte das ganz konsequent. Denn ich wusste: Wenn ich meinen Geist, meine Emotionen und meinen Körper auf Heilung programmiere, dann ist das eine mächtige Unterstützung auf dem steinigen Weg, den ich noch vor mir hatte mit diesem geschwächten, geschundenen, ausgemergelten Körper.

11.

Elegance & Charisma: Von innen nach außen

Pflege dein Äußeres, deine Selbstliebe und dein Körperbewusstsein für ein geerdetes Selbstvertrauen

»Was magst du am liebsten an deinem Körper«, fragte mich Wickie. »Was ist das denn für eine Frage?« Ich lachte verlegen und strich mir mit der rechten Hand über meinen Kopf. »Gerade jetzt. Frag mich doch mal in einem Jahr, wenn ich wieder etwas Farbe im Gesicht habe und nicht so aussehe wie ein Gespenst. Wenn ich wieder laufen kann, und meine Haare wieder etwas länger sind.« »Nein, ich meine das im Ernst«, sagte er. »Oh je, das ist nicht einfach. Du weißt doch, wir Frauen sind immer so selbstkritisch.«

Tiefgreifende generelle Selbstkritik ist das Gegenteil eines geerdeten Selbstvertrauens. Unter einem geerdeten Selbstvertrauen versteht man eine Art von Selbstvertrauen, das tief verwurzelt, stabil und realistisch ist. Es basiert auf einem soliden Verständnis der eigenen Stärken und Schwächen sowie einer realistischen Einschätzung der eigenen Fähigkeiten und Grenzen. Im Gegensatz zu oberflächlichem oder übertriebenem Selbstvertrauen, das oft auf Unsicherheiten oder unrealistischen Erwartungen basiert, ist geerdetes Selbstvertrauen:

❶ **Selbstkenntnis**: Es kommt aus einer ehrlichen und reflektierten Kenntnis der eigenen Fähigkeiten, Talente und auch der eigenen Schwächen. Menschen mit geerdetem Selbstvertrauen wissen, was sie gut können, aber sie sind sich auch ihrer Grenzen bewusst.

❷ **Resilienz**: Diese Form des Selbstvertrauens bleibt auch in schwierigen Zeiten stabil. Es ermöglicht einem, Herausforderungen und Rückschlägen mit Gelassenheit und Anpassungsfähigkeit zu begegnen, ohne sich selbst infrage zu stellen.

❸ **Authentizität**: Geerdetes Selbstvertrauen ist authentisch und nicht von externen Bestätigungen abhängig. Es basiert auf innerer Überzeugung und Selbstakzeptanz, anstatt sich durch die Meinung anderer beeinflussen zu lassen.

❹ **Realismus**: Es bedeutet, realistische Erwartungen an sich selbst zu haben und nicht in übermäßigen Optimismus oder Selbsttäuschung zu verfallen. Menschen mit geerdetem Selbstvertrauen erkennen die Realität ihrer Situation an und setzen sich erreichbare Ziele.

❺ **Stabilität**: Während oberflächliches Selbstvertrauen oft schwankt und von äußerem Lob oder Kritik abhängt, bleibt geerdetes Selbstvertrauen konstant, da es auf einem festen Fundament von innerer Stärke und Selbstverständnis beruht.

Ich erinnere mich genau an den Moment, als ich mit Verdacht auf eine schwere Kopfverletzung ins Krankenhaus eingeliefert wurde. Meine Haare waren damals von Blut verklebt. Die Neonlichter der Notaufnahme flackerten über mir, und ich hörte das hektische Summen der Ärzte und Krankenschwestern um mich herum. Der Geruch von Desinfektionsmittel überdeckte alle anderen Gerüche, und das Piepen der Maschinen klang wie ein beunruhigender Soundtrack zu meinem Zustand.

»Wir müssen sofort handeln«, hörte ich eine der Ärztinnen wie durch einen Wattebausch, wie durch eine Milchglaswand sagen, während sich ein Kopf mit brauner Hornbrille, einer blauen Maske vor Mund und Nase und einer blauen OP-Haube mit gerunzelter Stirn sorgenvoll über mich beugte. »Wir dürfen hier keine Fehler machen.«

Ein anderer Arzt trat näher, hielt eine Schere in der Hand und sprach sanft zu mir: »Hören Sie mich? Es tut mir leid, aber wir müssen Ihre

Haare jetzt abschneiden, um die Wunde richtig zu versorgen.« Er sagte das so lapidar wie: Sie müssen jetzt Ihren Pullover ausziehen. In diesem Moment brach etwas in mir. Meine Haare waren für mich immer ein Symbol meiner Weiblichkeit gewesen, und der Gedanke, sie zu verlieren, war unerträglich.

»Bitte, gibt es keinen anderen Weg?«, fragte ich mit zitternder Stimme, doch ich wusste, dass es keine Alternative gab. Tränen rannen über mein Gesicht, als die ersten Strähnen fielen. Ich mochte nicht nach unten schauen. Der Schmerz, den ich in diesem Moment fühlte, war tief emotional. Es war, als würde ein Teil meiner Identität abgeschnitten.

Nach dem Eingriff lag ich allein in einem kargen Krankenhauszimmer. Die kahlen Wände und der sterile Geruch verstärkten mein Gefühl von Verlorenheit. ›Allein. Alles verloren. Wie geht es weiter? Was ist mit meinem Partner?‹ Ein Gedankengewitter überfiel mich. Ich berührte meinen Kopf, fühlte die unregelmäßigen Stoppeln und die Verbände, die meine Verletzungen bedeckten. Es war schwer, nicht in Verzweiflung zu versinken.

Emotional heilen

Die ersten Tage vergingen, eine Woche, und ich begann, emotional langsam zu heilen. Ich wurde mit meinen Wunden, Brüchen und Narben konfrontiert, auch mit meinen inneren, die nun Teil meiner neuen Realität waren. Eine Krankenschwester, die täglich nach mir sah, sagte eines Tages zu mir: »Sie sind stärker, als Sie denken. Ihre Narben erzählen Ihre Geschichte und machen Sie einzigartig. Ich sehe nicht viele wie Sie. Sie schaffen das. Sie machen mir sogar Mut. Wenn ich meine Wehwehchen gegen das sehe, was Sie gerade durchmachen müssen, dann verpufft das Grämen, sich Bemitleiden und sich Ärgern schnell.« Sie schaute kurz auf. »Ja, Sie sind ein Vorbild für mich.«

Ihre Worte waren der Anfang eines neuen Denkprozesses. Ich begann, im Spiegel nicht nur die Verletzungen zu sehen, sondern auch das Strahlen meiner Augen, die Tiefe und die Geschichten, die sie erzählten. Meine Augen bekamen für mich eine neue Intensität, Ausstrahlung und Bedeutung, die ich vorher nie bemerkt hatte.

Mit der Zeit lernte ich, meinen Körper zu akzeptieren und sogar zu lieben. Jede Narbe, jede Verletzung war ein Zeugnis meines Überlebens, meiner Zuversicht und meiner Stärke. Ich stellte mir vor, wie ich aussehen würde, wenn alles überstanden war – nicht nur äußerlich geheilt, sondern auch innerlich gewachsen, das Alte wie neu erschaffen.

Ich begann, mich auf meine inneren Werte zu konzentrieren. Meine Gedanken wurden klarer und positiver, und ich erkannte für mich, dass wahre Schönheit von innen kommt. Ich strahlte eine neue Zuversicht und Kraft aus, die nicht von meinem äußeren Erscheinungsbild abhing. Aber sie färbte darauf ab. Immer öfter fragte mich das Krankenhauspersonal, was mein Geheimnis sei. Ich würde immer jünger aussehen.

Ja, ich versuchte nichts mehr mit Druck, sondern übte, auf der Welle meiner inneren Stärke zu surfen. Ich lernte immer mehr, wie sehr meine Attraktivität nicht durch äußere Merkmale definiert wurde, sondern durch meine innere Stärke und meinen Mut. Diese Erkenntnis half mir, mich selbst zu lieben und anzunehmen, wie ich war. Ich begann zu verstehen, dass wahre Schönheit aus der Tiefe des Herzens kommt.

Heute sehe ich mich im Spiegel und sehe eine starke, wunderschöne und lebendige Person. Meine Augen strahlen meistens vor Zuversicht und Hoffnung. Ich bin stolz auf die Person, die ich geworden bin durch all diese letzten Tagen, Wochen und Monate. Ich bin stolz darauf, dass ich mich selbst liebe, ohne Wenn und Aber.

Wie beeinflusst Selbstliebe dein äußeres Erscheinungsbild und deine Ausstrahlung?

Selbstliebe, definiert als die Akzeptanz und Wertschätzung der eigenen Person, hat tiefgreifende Auswirkungen auf das äußere Erscheinungsbild und die persönliche Ausstrahlung. Zahlreiche Studien und psychologische Untersuchungen haben gezeigt, dass die innere Haltung gegenüber sich selbst einen direkten Einfluss auf das äußere Erscheinungsbild hat. Diese Verbindung zwischen innerer Haltung und äußerer Erscheinung kann auch den Prozess der Verjüngung beeinflussen.

Selbstliebe ist eng mit einem positiven Selbstbild verbunden. Menschen, die sich selbst lieben, neigen dazu, ein höheres Selbstwertgefühl zu haben. Ein starkes Selbstwertgefühl beeinflusst das Verhalten, die Körperhaltung und die allgemeine Präsenz einer Person: Sie werden als attraktiver wahrgenommen, weil sie mehr Selbstvertrauen ausstrahlen. Diese positive Ausstrahlung kann dazu beitragen, dass Menschen jünger wirken, da sie durch ihre Selbstsicherheit und innere Zufriedenheit eine natürliche Frische und Vitalität ausstrahlen.

Die Art und Weise, wie man sich selbst sieht, beeinflusst auch die körperliche Erscheinung. Menschen, die sich selbst lieben, kümmern sich besser um ihren Körper. Sie achten auf eine gesunde Ernährung, regelmäßige Bewegung und ausreichenden Schlaf. Diese gesunden Lebensgewohnheiten haben direkte positive Auswirkungen auf die Haut, die Körperform und die allgemeine Gesundheit und fördern somit auch eine Verjüngung des äußeren Erscheinungsbildes. Ein gesunder Lebensstil kann die Hautstruktur verbessern, feine Linien und Falten minimieren und zu einem frischeren, jugendlicheren Aussehen beitragen.

Selbstfürsorge-Praktiken, die oft aus Selbstliebe resultieren, reduzieren Stress und steigern das allgemeine Wohlbefinden. Weniger Stress bedeutet weniger Hautprobleme wie Akne oder Psoriasis und kann sogar den Alterungsprozess verlangsamen. Durch gezielte Selbstfürsorge wird der Körper in seiner natürlichen Fähigkeit unterstützt, sich zu regenerieren und die Zeichen des Alters hinauszuzögern.

Die Körperhaltung spielt eine wesentliche Rolle bei der Ausstrahlung. Menschen, die sich selbst lieben, stehen und sitzen aufrechter und bewegen sich geschmeidiger. Sie haben in der Regel einen aufgeschlosseneren und freundlicheren Gesichtsausdruck, gelöste Hand- und dynamische Gehbewegungen. Eine aufrechte Körperhaltung und ein entspanntes Gesicht werden oft als Zeichen von Selbstbewusstsein und innerer Stärke wahrgenommen. Und das erhöht die Attraktivität.

Der »Halo-Effekt« ist ein bekanntes psychologisches Phänomen, bei dem eine positive Wahrnehmung in einem Bereich (zum Beispiel Selbstbewusstsein) die Wahrnehmung anderer Eigenschaften (wie Attraktivität) positiv beeinflusst. Selbstliebe kann diesen Effekt verstärken: Menschen, die sich selbst lieben, strahlen positive jugendliche Energie aus, die ihre Umgebung wahrnimmt und darauf reagiert. Diese positive Energie macht sie in den Augen anderer attraktiver, jünger und sympathischer. Menschen, die sich selbst lieben, fühlen sich seltener einsam und sind weniger anfällig für depressive Neigungen. Dies wiederum wirkt sich positiv auf ihre körperliche Gesundheit und ihr äußeres Erscheinungsbild aus.

Wickie hatte mir aufmerksam zugehört – er kramte dabei in seinen Unterlagen, vor allem in einem kobaltblauen DIN A5-Heft, in das er seit Wochen Notizen machte. »Was machst du da eigentlich?«, fragte ich ihn neugierig. »Ach, ich suche nur raus, was ich selbst schon aufgeschrieben habe, von deinen Telefonaten oder dem, was du danach davon erzählt hast. Wichtig ist ja jetzt, wie man so ein Körperbewusstsein bekommt und pflegt. Bei dir sehe ich, wie sehr du dich geändert hast, seit du vor ein paar Tagen begonnen hast, herumzutelefonieren.« Wickie lächelte. »Ja«, antwortete ich, »es ist schon unglaublich, wie schnell der Körper lernen kann, wenn alle Sinne und der Glaube dabei sind. Mir haben einige – der Osteopath und auch meine Ärztin, weißt du, die mit dem Schlüssel – und noch weitere gesagt, was wirklich hilft.

»*Selbstliebe* stärkt Ausstrahlung und verleiht natürliche Jugendlichkeit.«

Tägliche Rituale für ein positives Körperbewusstsein

Ein positives Körperbewusstsein zu entwickeln, erfordert tägliche Rituale und eine bewusste Selbstpflege. Durch regelmäßige Bewegung, achtsame Praktiken, Affirmationen und eine gesunde Ernährung kannst du dein Selbstvertrauen stärken und eine tiefere Verbindung zu deinem Körper herstellen. Drei spezifische Praktiken, die dabei helfen können, sind Yoga, Meditation und Körpermassagen. Yoga fördert Flexibilität und Körperbewusstsein, Meditation hilft, den Geist zu beruhigen und die Verbindung zum eigenen Körper zu stärken, während regelmäßige Massagen Verspannungen lösen und das Wohlbefinden steigern können.

❶ **Beginne deinen Tag mit einer Morgenroutine**
Eine bewusste Morgenroutine kann den Ton für den ganzen Tag setzen. Nimm dir nach dem Aufstehen ein paar Minuten Zeit, um dich zu ehnen und tief durchzuatmen. Diese einfache Praxis hilft dir, dich mit deinem Körper zu verbinden und achtsam in den Tag zu starten. Studien zeigen, dass bereits fünf Minuten Stretching und Atemübungen am Morgen die Stimmung und das Körperbewusstsein verbessern können.

»Ich kann ja momentan noch nicht viel machen«, ergänzte ich meine Auflistung, »aber ich strecke immer meine Arme und mache Atemübungen nach Wim Hof (Hof, 2021), sobald ich aufgewacht bin. Das hilft mir, positiv und kraftvoll in den Tag zu starten.«

❷ **Regelmäßige Selbstpflege**

Selbstpflege ist mehr als nur eine physische Handlung – sie ist ein Akt der Selbstliebe. Regelmäßige Pflege-Rituale wie ein entspannendes Bad, das Auftragen einer angenehmen Gesichtsmaske oder eine kurze Massage können dir helfen, dich in deinem Körper wohlzufühlen. Viele Menschen berichten, dass sie sich durch Selbstpflege-Rituale weniger gestresst und zufriedener fühlen.

»Für mich beginnt das morgens, wenn ich mir mit kaltem Wasser erst mein Gesicht und dann meinen ganzen Körper erfrische«, erklärte ich Wicki. »Zwischendurch creme ich meine Hände mit einem selbstgemachten, gut duftenden Serum ein. Das riecht gut und gibt mir das Gefühl, gut für mich zu sorgen.«

❸ **Bewegung und Sport**

Regelmäßige körperliche Aktivität ist entscheidend für ein positives Körperbewusstsein. Sport stärkt nicht nur deinen Körper, sondern auch dein Selbstvertrauen. Du musst kein Leistungssportler sein – finde etwas, das dir Spaß macht, sei es Yoga, Schwimmen, Tanzen oder Laufen. Regelmäßige Bewegung steigert das Selbstwertgefühl und reduziert depressive Symptome.

»Okay, das ist momentan nicht so einfach«, fasste ich diesen Punkt für meine Situation zusammen, »aber auch hier beginne ich einfach, wenn auch mit kleinen Schritten. Aber ich bleibe dran. Ich habe einen Ball, den drücke ich regelmäßig über den Tag verteilt, um die Handmuskeln zu trainieren. Und ich beginne langsam, Dehnübungen und Zehenbewegungen zu kombinieren, damit ich meine Beine allmählich wieder spüre.«

❹ **Achtsamkeit und Meditation**
Achtsamkeitsübungen und Meditation können dir helfen, eine tiefere Verbindung zu deinem Körper herzustellen. Nimm dir täglich einige Minuten Zeit, um dich auf deinen Atem zu konzentrieren und deinen Körper bewusst wahrzunehmen. Achtsamkeitspraktiken verbessern das Körperbewusstsein und die emotionale Gesundheit.

»Ich habe das vor meiner OP nie gedacht«, sinnierte ich, »aber die Wirkung ist immens. Mittlerweile ist das ein fester Bestandteil meines Tages und ich freue mich schon immer darauf. Denn die Meditation bringt mich auf neue Gedanken und es erfüllt mich mit Dankbarkeit, wenn ich wieder aus der Meditation herausgehe und erfüllt bin von Kraft und Hoffnung.«

❺ **Körperhaltung verbessern**
Eine gute Haltung des Körpers ist nicht nur wichtig für deine Gesundheit, sondern auch für dein Selbstbewusstsein. Achte darauf, aufrecht zu stehen und zu sitzen. Übungen wie Yoga und Pilates können dir bei der Optimierung helfen. Regelmäßige Yogaübungen verbessern die Körperhaltung und das Körperbewusstsein erheblich. Wir vergessen oft, wie wichtig das ist, aber wir sehen bei anderen Menschen ganz eindeutig, wie die Haltung auch nach außen hin wirkt. Während ein gebeugter Körper den Eindruck von Belastung macht, strahlt eine gerade, aufgerichtete Statur Souveränität, Klarheit und Kraft aus.

❻ **Positive Affirmationen**
Affirmationen sind kraftvolle Werkzeuge, um dein Körperbewusstsein zu stärken. Beginne und beende deinen Tag mit positiven Aussagen über deinen Body, zum Beispiel: »Ich bin dankbar für meinen starken und gesunden Körper.« Studien zeigen, dass Affirmationen das Selbstwertgefühl

steigern und negative Gedankenmuster reduzieren können. Wir sollten dabei Wert darauf legen, so zu formulieren, als ob wir schon dort wären, wo wir hinwollen.

»Ich habe das ja nun in meine eigenen Songs eingebaut und zusätzlich eine Playlist erstellt mit Songs, deren Texte gut als Affirmationen passen und die ich als sehr kraftvoll empfinde.«

❼ Gesunde Ernährung

Eine ausgewogene und gesunde Ernährung spielt eine wichtige Rolle für dein Wohlbefinden. Ernähre dich bewusst und achte darauf, deinem Körper die Nährstoffe zu geben, die er braucht. Die richtige Versorgung mit Lebensmitteln kann nicht nur deine Vitalität verbessern, sondern auch dein Selbstbewusstsein stärken. Eine gesunde Ernährung beeinflusst die mentale Fitness positiv.

Die folgende Grafik fasst gut zusammen, wie du ein positives Körperbewusstsein aufbaust (Abb. 8).

So baust du ein positives Körperbewusstsein auf

1. Mit einer Morgenroutine starten
2. Regelmäßige Selbstpflege
3. Bewegung und Sport
4. Achtsamkeit und Meditation
5. Verbessere deine Körperhaltung
6. Positive Affirmationen
7. Gesunde Ernährung

Abb. 8 So baust du ein positives Körperbewusstsein auf

»Bei mir hat es Berge versetzt«, erzählte ich Wickie von meinem schwierigen Weg durch den Ernährungsdschungel des Krankenhauses. »Ich erinnere mich noch an die ersten Wochen hier: Ich bekam ein Gericht mit Geschmacksverstärkern – heftiger Hautausschlag, ein angeschwollener Mundraum und ein juckendes Gesicht waren die Reaktion. Panisch drückte ich den Notfallknopf, und die Krankenschwestern eilten herbei. Sie verabreichten mir ein Antiallergikum, das auch abschwellend wirken sollte. Doch es stellte sich heraus, dass ich auf dieses Medikament allergisch war. Mein Zustand verschlechterte sich weiter, mein Magen rebellierte. Während dieser Zeit versuchte ich, meine Ernährung im Krankenhaus anzupassen, um meine Genesung zu unterstützen. Doch auch hier gab es Herausforderungen. Ich musste erst herausfinden, was ich nicht mehr vertrug, und bekam immer wieder Speisen, auf die ich heftig reagierte: Brot, Nudeln und Kuchen aus Weißmehl, Käse, Joghurt und Kakao aus Kuhmilch und Früchte wie Mangos, Äpfel, Kirschen, Aprikosen. Nach einem Bissen Brot bekam ich heftige Bauchschmerzen und Übelkeit. Der Joghurt, den ich am nächsten Tag probierte, verschlimmerte die Situation nur noch weiter. Und die Kirschen, auf die ich mich so gefreut hatte, verursachten heftige Krämpfe. Eine der Krankenschwestern brachte mir schließlich einen Kaffee, um mich aufzumuntern. Doch der verursachte sofort Herzrasen und Magenschmerzen. Mein Zustand wurde schlimmer, als ich eines Abends rohe Zwiebeln im grünen Salat aß. In der Hoffnung, etwas Süßes würde mich trösten, bat ich um ein paar Kekse, aber der raffinierte Zucker im Keks und der Vollmilchüberzug führten zu heftigen Bauchschmerzen. Auch das Mineralwasser, was mir die Krankenschwestern wegen der vielen Mineralien empfohlen hatten, schwächte mich, ich hatte das Gefühl, es zerreißt meinen Bauch.«

Erster Geburtstag mit Kuchen und Kerze

Diese ersten Wochen waren die schlimmsten meines Lebens. Irgendwann konnte ich einfach nicht mehr. Jede falsche Medikation und jede falsche Mahlzeit machten mich schwächer. Ich fühlte mich hilflos und ausgeliefert. Aber eines Tages begann ich zu verstehen, wie stark Ernährung unsere Gesundheit und Fitness bestimmt. Ich nahm mir den Rat der Ernährungsexpertin, mit der ich telefoniert hatte, zu Herzen. Ich sprach mit den Ärzten und bestand darauf, nur noch Essen, Getränke und Medikamente zu bekommen, die ich vertrug. Ich hatte Glück – die Küche machte mit und half mir sogar dabei. Ich stellte meine Ernährung radikal um und fand Alternativen, die mir guttaten. Die Unterstützung der Küche hat mich sehr berührt.

Genau einen Monat und drei Tage nach der ärztlichen Diagnose, dass ich noch drei Tage zu leben hätte, klopfte es mittags an der Tür. »Meine« Ärztin mit dem Schlüssel war gerade zu Besuch und saß an meinem Bett. Wir beide schauten auf die Tür – wer konnte das sein? Herein kam der Küchenchef und stellte sich vor. Er sagte, ihn habe meine Geschichte so berührt. Und dass es sich lohne, aufzustehen und das eigene Leben in die Hand zu nehmen, egal wo man steht. Auf einem Teller brachte er mir einen kleinen Kuchen aus Dinkelmehl mit einer Kerze darauf. »Ich weiß, du hast noch einen Weg vor dir, aber für mich ist heute dein erster Geburtstag und ich weiß, du wirst es schaffen. Du bist meine Heldin.« Ich lächelte ihn überrascht an und merkte, wie mir in dem Moment die Tränen kamen. »Ich würde Sie jetzt gern umarmen, aber ich kann noch nicht. Das holen wir nach!« Er nickte, aber so, wie jemand mit Zuversicht nickt, verabschiedete sich und verließ den Raum.

Die nächsten Monate waren eine unglaublich harte Zeit, aber ich lernte, auf meinen Körper zu hören und ihn zu respektieren. Nach und nach besserte sich mein Zustand. Ich lernte, dass frisch zubereitetes Essen das Beste ist, egal ob Smoothies oder Gemüse oder Fisch. Ich erkannte auch, dass eine Speise umso besser ist, je weniger Inhaltsstoffe sie hat, und dass viele der Süßstoffe, Farbstoffe und Geschmacksverstärker Gift für den Körper sind.

Ich verstand letztendlich, dass mein Körper eine Stimme hat und ich genau hinhören sollte, denn er weiß oft viel besser als Beschreibungen auf der Verpackung, was ihm guttut und warum.

Das Geheimnis vom langen Leben: Die Blue-Zone-Menschen

»Wie war das noch?« Wickie schaute mich prüfend an. »Du hast doch in den letzten Tagen auch mit einem solchen Blue-Zone-Typen gesprochen, oder?« Ich lachte: »Ein ›solcher Typ‹, das klingt lustig. Hab ich dir nicht davon erzählt?« »Du machst ja so viel schon richtig«, meinte er. »Aber das Schlafen, da kannst du wirklich noch etwas lernen – du machst einfach zu viel. Pausen, haltmachen, reflektieren oder einfach mal nichts machen, relaxen, schlafen, das ist so wichtig, habe ich gehört. Sagen die Blue-Zone-Leute das nicht auch?« »Mhm ja, das ist schon auch wichtig: den Rhythmus des Körpers verstehen, ihm Ruhe geben und die Möglichkeit, wieder aufzutanken.« Durch die Vermittlung eines Freundes rief mich eines Tages Maria an, die in Sardinien lebte. Ich erzählte Wickie die Geschichte der Blue-Zone-Menschen: »In den sogenannten ›Blue Zones‹ leben Menschen, die nicht nur ein hohes Alter erreichen, sondern auch außergewöhnlich gesund und zufrieden sind. Diese Zonen sind geografische Regionen, in denen die Lebenserwartung überdurchschnittlich hoch ist. Zu den bekanntesten Blue Zones gehören Okinawa in Japan, Sardinien in Italien, Ikaria in Griechenland, die Nicoya-Halbinsel in Costa Rica und Loma Linda in Kalifornien, USA.

Maria aus Sardinien ist 102 Jahre alt und lebt in einem kleinen Bergdorf. Jeden Morgen beginnt sie ihren Tag mit einem Spaziergang durch die Hügel, um frische Luft zu schnappen und ihre Beine zu bewegen. Bewegung ist ein essenzieller Bestandteil ihres Lebens. Sie ist körperlich aktiv, indem sie ihren Garten pflegt und sich um ihre Tiere kümmert. Maria legt großen Wert auf eine einfache, aber nährstoffreiche Ernährung. Ihre Mahlzeiten bestehen hauptsächlich aus Gemüse, Vollkornprodukten,

Hülsenfrüchten und Olivenöl. Fleisch isst sie selten und in kleinen Mengen. In Sardinien ist das soziale Leben sehr wichtig. Maria verbringt viel Zeit mit ihrer Familie und ihren Nachbarn. Sie pflegen enge Beziehungen und unterstützen sich gegenseitig, was ein starkes Gefühl der Gemeinschaft schafft. Diese sozialen Bindungen sind entscheidend für das psychische Wohlbefinden und tragen zur Langlebigkeit bei.

Ein weiteres Geheimnis ihres langen Lebens ist ihre positive Einstellung. Maria lebt bewusst im Moment und konzentriert sich auf die einfachen Freuden des Lebens. Sie nimmt sich Zeit für sich selbst, meditiert und praktiziert Dankbarkeit. Diese Bewusstheit hilft ihr, stressige Situationen gelassen zu meistern und ihr inneres Gleichgewicht zu bewahren.

Bewegung ist nicht nur äußerlich, sondern auch innerlich wichtig. Maria hält ihren Geist durch regelmäßiges Lesen und Lernen aktiv. Sie bleibt neugierig und offen für neue Erfahrungen, was ihr hilft, geistig fit zu bleiben. Diese innerliche Bewegung ist genauso wichtig wie körperliche Aktivität, um gesund zu altern.«

Was können wir von Maria lernen? Maria gab mir sieben Tipps, die uns helfen können, ein längeres, gesünderes und jugendlicheres Leben zu führen:

❶ **Bewegung in den Alltag integrieren:** Bleibe körperlich aktiv durch einfache Tätigkeiten wie Spazierengehen, Gärtnern oder Treppensteigen.

❷ **Gesunde Ernährung:** Setze auf pflanzenbasierte Lebensmittel, Vollkornprodukte und gesunde Fette. Reduziere den Konsum von Fleisch und Zucker. Vermeide verarbeitete Produkte, vor allem solche, die du als Fertigprodukte kaufen kannst.

❸ **Soziale Beziehungen pflegen:** Verbringe Zeit mit Familie und Freunden, baue starke soziale Netzwerke auf und unterstützt euch gegenseitig.

❹ **Positive Einstellung:** Praktiziere Dankbarkeit, lebe im Moment und konzentriere dich auf die positiven Aspekte des Lebens.

❺ **Innerliche Bewegung:** Halte deinen Geist aktiv durch Lesen, Lernen und neue Erfahrungen.

❻ **Bewusstheit:** Nimm dir Zeit für Meditation oder Achtsamkeitsübungen, um dein inneres Gleichgewicht zu finden und Stress abzubauen.

❼ **Ziele und Sinn im Leben:** Finde eine Aufgabe oder Leidenschaft, die dir Sinn und Erfüllung gibt, und verfolge sie mit Hingabe.

»Es gibt aber noch weitere Dinge, die helfen, jugendlich und gesund zu bleiben – davon hat Maria gar nicht erzählt«, beendete ich die Geschichte. »Das haben mir aber andere verraten, wie Walter, der Arzt, mein Großonkel oder ein international bekannter Coach aus den USA.«

Schlaf – der verkannte Unterstützer für ein langes Leben

Richtiges Schlafen spielt eine entscheidende Rolle für unsere Gesundheit und unser Wohlbefinden. Es fördert auch die Verjüngung, da während des Tiefschlafs wichtige Reparaturprozesse im Körper stattfinden, wie die Regeneration von Zellen und die Freisetzung von Wachstumshormonen. Diese Prozesse tragen zur Erhaltung gesunder Haut, zum Muskelaufbau und zur allgemeinen Zellgesundheit bei, was das jugendliche Erscheinungsbild unterstützt. Dies sind die grundlegenden Prinzipien, basierend auf medizinischem Hintergrundwissen und Fakten:

Regelmäßige Schlafenszeiten sind von großer Bedeutung. Indem du jeden Tag zur gleichen Zeit ins Bett gehst und aufstehst, hilfst du dem zirkadianen Rhythmus, sich zu stabilisieren und die Qualität deines Schlafs zu verbessern.

Die Schlafumgebung ist entscheidend. Ein ruhiger, dunkler Raum mit einer idealen Temperatur zwischen 16 und 20 °C fördert gesunden Schlaf und ist ein optimales Umfeld für deine Erholung.

Die Wahl der Matratze und des Kissens ist ebenso wichtig. Eine geeignete Unterlage und ein ergonomisches Kissen unterstützen deine gute Körperhaltung und verhindern Rücken- oder Nackenschmerzen, die deinen Schlaf stören könnten.

Elektronik kann ein Störfaktor für deinen gesunden Schlaf sein. Das Blaulicht von Bildschirmen kann den Schlaf-Wach-Rhythmus stören. Daher solltest du Handy, Tablet und Co. mindestens eine Stunde vor dem Zubettgehen ausschalten.

Alkohol und Koffein können deinen Schlaf negativ beeinflussen. Alkohol stört die Schlafarchitektur und führt oft zu nächtlichem Aufwachen, während Koffein die Schlafqualität beeinträchtigen kann, insbesondere wenn es am späten Nachmittag oder Abend konsumiert wird.

Eine gute Schlafhygiene umfasst beruhigende Routinen vor dem Zubettgehen. Dazu können ein entspannendes Bad, Lesen oder Meditation gehören. Diese Rituale helfen, den Geist zu beruhigen und den Übergang in den Schlaf zu erleichtern.

Die empfohlene Schlafdauer für Erwachsene liegt zwischen sieben und neun Stunden pro Nacht, um optimale Gesundheitsvorteile zu erzielen. Zu diesen gehören unter anderem eine verbesserte kognitive Funktion, gestärkte Immunität, ein geringeres Risiko für Herz-Kreislauf-Erkrankungen und eine bessere mentale Gesundheit.

Der Schlaf besteht aus verschiedenen Phasen wie Leichtschlaf, Tiefschlaf und REM-Schlaf, die jeweils spezifische Funktionen für die Erholung des Körpers und des Gehirns haben. Deshalb ist es so wichtig, ungestört und ausreichend lange zu schlafen, um das Optimum aus jeder Nachtruhe herauszuholen.

Schlaf ist entscheidend, um Körper und Geist gesund zu halten. Er verbessert nicht nur die physische Erholung, sondern auch die geistige Leistungsfähigkeit und das seelische Wohlbefinden. Meine Großmutter verstand das gut: Sie investierte in die optimale Schlafumgebung – von der perfekten Matratze bis hin zur Magnetfeldmatte, die die Durchblutung fördert. Ihr Ritual, jeden Morgen in ein Traumtagebuch zu schreiben, unterstreicht, wie wichtig ihr Schlaf für ihr Wohlbefinden war.

Kälte und Hitze für deine Gesundheit

Wusstest du, dass die richtige Anwendung von Kälte und Hitze dein Wohlbefinden erheblich steigern kann? Meine Großmutter schwor darauf, und auch Experten bestätigen die Vorteile dieser Methoden. Doch wann nutzt du am besten Kälte, wann Hitze, und warum sind Wechselanwendungen so effektiv?

Hier erfährst du, wie du diese Anwendungen gezielt für deine Gesundheit einsetzen kannst.

Kälteanwendungen wie Kryotherapie, Eisbaden oder kalte Duschen wirken entzündungshemmend und schmerzlindernd. Durch die Kälte wird der Stoffwechsel angekurbelt, die Durchblutung verbessert und die Regeneration von Muskeln und Gewebe beschleunigt. Auch auf deinen Hormonhaushalt hat Kälte einen positiven Effekt. Diese Anwendungen sind besonders nach Verletzungen oder intensiven Trainingseinheiten hilfreich, da sie die Heilung fördern. Wusstest du, dass Kryotherapie sogar in der Beautybranche verwendet wird, um den Verjüngungsprozess anzuregen?

Hitzeanwendungen wie Saunagänge oder heiße Bäder fördern die Entgiftung des Körpers durch intensives Schwitzen. Regelmäßige Saunabesuche senken den Blutdruck, unterstützen das Herz-Kreislauf-System und reinigen die Haut. Zudem fördern sie die Entspannung der Muskeln und tragen zu einem allgemeinen Wohlgefühl bei. Wer regelmäßig die Sauna nutzt, reduziert nachweislich das Risiko für Herz-Kreislauf-Erkrankungen und profitiert von einem gesünderen Lebensstil.

<u>Wechselanwendungen</u> kombinieren die Vorteile von Kälte und Hitze. Der regelmäßige Wechsel zwischen kalten und warmen Reizen kurbelt deine Blutzirkulation an, stärkt dein Immunsystem und hilft dir, Muskelschmerzen zu lindern. Diese Methode eignet sich hervorragend, um Stress abzubauen und deine allgemeine Leistungsfähigkeit zu steigern. Viele Menschen kombinieren dies bei Saunagängen, indem sie danach in ein ciskaltes Tauchbecken eintauchen. Aber Vorsicht: Du solltest dich wohlfühlen. Solltest du dich schwach fühlen und erschöpft sein, können der Saunagang und der Wechsel von Heiß zu Kalt auf deinen Kreislauf schlagen. Das solltest du unbedingt vermeiden. Wenn du dir nicht sicher bist, höre auf deine innere Stimme und warte ab, bis du dich besser fühlst. Sollte der Zustand länger andauern, konsultiere am besten einen Arzt.

<u>Insgesamt gilt:</u> Welche Methode für dich am besten geeignet ist, hängt von deinen persönlichen Zielen und deiner körperlichen Verfassung ab. Nutze Kälte zur Entzündungshemmung, Hitze zur Entgiftung und Förderung der Durchblutung, oder setze auf Wechselanwendungen für eine ganzheitliche Regeneration und Stärkung deines Immunsystems. Probiere aus, was dir guttut.

Von emotionaler und sozialer Intelligenz

Neben Kälte und Hitze gibt es auch viele mentale Bereiche, die psychische und physische Gesundheit, Wendigkeit und Jugendlichkeit fördern.

»Was hat das eine denn jetzt mit dem anderen zu tun? Jetzt springst du aber«, meinte Wickie. »Na ja, wer beispielsweise emotional intelligent ist, spürt, was ihm guttut«, erklärte ich.

Emotionale und soziale Intelligenz spielen eine entscheidende Rolle für das Wohlbefinden von Geist und Körper. Menschen mit hoher emotionaler Intelligenz können tendenziell besser mit Stress umgehen, was sich positiv auf die psychische Gesundheit auswirkt. Soziale Intelligenz hingegen fördert starke zwischenmenschliche Beziehungen und ist ein Schlüsselfaktor für beruflichen Erfolg und persönliche Zufriedenheit. Ein bedeutender Aspekt der emotionalen Intelligenz ist die Fähigkeit zur Selbstregulation, die es Menschen ermöglicht, ihre eigenen Emotionen zu erkennen, zu verstehen und zu kontrollieren. Dies führt zu einer verbesserten Stressbewältigung und trägt dazu bei, dass man weniger anfällig für gesundheitliche Probleme wie Herzkrankheiten oder Magen-Darm-Erkrankungen ist. Personen mit höherer emotionaler Intelligenz können eine bessere Lebensqualität haben und seltener chronische Krankheiten entwickeln.

Soziale Intelligenz dagegen bezieht sich auf die Fähigkeit, die Emotionen anderer wahrzunehmen, zu verstehen und angemessen darauf zu reagieren. Diese Fähigkeit ist nicht nur in zwischenmenschlichen Beziehungen von Vorteil, sondern auch im beruflichen Umfeld. Unternehmen, die eine Kultur der sozialen Intelligenz fördern, erleben oft höhere Mitarbeiterzufriedenheit und bessere Leistungsergebnisse.

Wie kannst du nun ganz einfach deine emotionale und soziale Intelligenz fördern?

Hier sind vier Tipps für dich:

- Stell dir vor, du kannst in einem angespannten Moment tief durchatmen, deine Gedanken sammeln und dann klar und ruhig entscheiden, wie du weitermachen möchtest.

- Aktives Zuhören ist ein echter Gamechanger, wenn es um soziale Intelligenz geht. Indem du dich wirklich auf dein Gegenüber einlässt und nicht nur auf die Worte, sondern auch auf die Emotionen dahinter achtest, schaffst du eine tiefere Verbindung. Du wirst überrascht sein, wie viel du plötzlich von dem wahrnimmst, was vorher ungesagt blieb.

- Konflikte? Die kannst du mit den richtigen Techniken geschickt lösen. Ob du dich für Mediation entscheidest, wo ein neutraler Dritter hilft, die Wogen zu glätten, oder ob du die Kunst des Kompromisses wählst, bei dem beide Seiten gewinnen – du wirst merken, dass es dir leichter fällt, schwierige Situationen zu meistern. Deeskalation ist ebenfalls eine starke Methode: Wenn du spürst, dass die Spannung steigt, kannst du aktiv dafür sorgen, dass die Situation nicht eskaliert, sondern sich beruhigt.

- Empathisches Verhalten ist wie der Klebstoff, der Beziehungen zusammenhält. Wenn du dich in die Lage des anderen versetzt, öffnet das Türen zu einem tieferen Verständnis und macht jede Interaktion wertvoller. So stärkst du nicht nur deine zwischenmenschlichen Kompetenzen, sondern auch die Beziehungen zu den Menschen um dich herum.

»Sag mal, hast du eigentlich nie Angst gehabt, du packst es nicht?«, fragte Wickie forschend. Ich schaute ihn überlegend an: »Doch, als ich ankam, aufwachte, meine Haare kurz waren – ich hatte es dir vorhin schon mal erzählt. Da war auch ein paarmal diese Angst da, die dich packt. Und dann denkst du: ›Klappt das überhaupt, welche Chancen habe ich?‹ Ich habe dann aber direkt reagiert, ohne mich in den Sog aus Verunsicherung, Panik und schlechten Gefühlen reinziehen zu lassen. Ich habe die Angst umarmt.«

Die Angst zu umarmen bedeutet, sie als natürlichen Teil des Lebens anzuerkennen und zu verstehen, dass sie uns etwas Wichtiges über uns selbst lehren kann. Indem wir uns der Angst stellen und sie akzeptieren, können wir wachsen und persönliche Stärke entwickeln. Sie kann uns helfen, unsere Grenzen zu erkennen und zu erweitern, indem wir uns herausfordern und neue Erfahrungen machen.

»Durch das Verständnis und die Akzeptanz, dass sie dazugehört, lernte ich, sie zu nutzen, um mutiger und widerstandsfähiger zu werden.« »Ist das so etwas wie Shadow-Arbeit?« »Na ja, ein bisschen. Was weißt du denn davon?«, fragte ich Wickie. »Ich hab mal davon gehört.« Ich erklärte: »Shadow-Arbeit bezieht sich auf den Prozess, sich mit den verdrängten, unbewussten Teilen unserer Persönlichkeit auseinanderzusetzen, die oft negative Emotionen oder Eigenschaften beinhalten, die wir lieber vermeiden oder ignorieren. Diese Schattenaspekte können sich in Form von Ängsten, Wut, Eifersucht oder anderen unerwünschten Gefühlen manifestieren. Der Zweck dieser Arbeit ist, diese Schatten ins Bewusstsein zu bringen, sie anzuerkennen und zu integrieren, um persönliches Wachstum und psychische Gesundheit zu fördern. Also auch das ist ein Teil, der hilfreich ist, wenn wir in unsere Kraft kommen wollen. Ich beschäftige mich regelmäßig damit, indem ich in mich hineinhöre und dann daran arbeite.«

Von guten Storys und Rollenspielen

»Neben der Arbeit mit dem eigenen Schatten finde ich Storytelling richtig gut«, ergänzte ich. »Kennst du das?« »Ja klar, in der Werbung ist das unsere tägliche Basis. Wir verkaufen den Menschen Geschichten«, erklärte Wickie. »Aber auf dich übertragen, da weiß ich nicht, wie das gehen soll.«

Storytelling ist die Kunst und Technik, Geschichten zu erzählen, die Emotionen ansprechen, Botschaften vermitteln und Erinnerungen schaffen können. Es geht darum, eine narrative Struktur zu nutzen, um Inhalte in einer fesselnden und bedeutungsvollen Weise zu präsentieren. Im Kontext des »Hero's Journey«, einer klassischen Erzählstruktur, durchläuft der Protagonist eine Reihe von Phasen. Die 12 Schritte der Heldenreise nach Joseph Campbell, dem sogenannten Urvater der Heldenreise, sind die folgenden: der Ruf zum Abenteuer, die Ablehnung des Rufs, die Begegnung mit dem Mentor, das Überschreiten der Schwelle, Prüfungen, Verbündete und Feinde, die Annäherung, die Tortur, die Belohnung, der Weg zurück, die Auferstehung, die Rückkehr und die Freiheit zu leben. (Grammarly, 2023)

Storytelling hat das Potenzial, komplexe Themen wie die Verarbeitung von Traumata oder die persönliche Transformation durch den eigenen Heldenweg auf eine zugängliche und wirkungsvolle Weise zu vermitteln. Indem man die Lücken der Erinnerung füllt und die eigene Geschichte neu interpretiert, können Menschen ihre Erfahrungen reflektieren, heilen und andere Menschen inspirieren.

Für eine optimale Wirkung des Storytellings sind mehrere Aspekte zu beachten:

❶ **Authentizität:** Die Geschichte sollte persönlich und wirklich möglich sein.

❷ **Struktur und Spannung:** Eine klare Struktur mit einem Spannungsbogen, einem Höhepunkt und einem Ziel ist entscheidend.

❸ **Emotionale Resonanz:** Durch die Nutzung von Emotionen wie Mitgefühl, Freude oder Spannung wird die Geschichte lebendig und einprägsam.

❹ **Visuelle und auditive Elemente:** Bilder, Metaphern und Sprache helfen, die Vorstellungskraft anzuregen und die Geschichte lebendiger zu gestalten.

❺ **Ziel:** Was soll das Storytelling erreichen?

Perspektiven wechseln

Ganz besonders wirkungsvoll ist es, wenn man Storytelling mit Role Play kombiniert. Role Play ist eine psychologische Methode, bei der Personen in eine Rolle schlüpfen, um eigene oder fremdeVerhaltensweisen und Perspektiven zu erforschen. Es ermöglicht den Teilnehmern, durch Nachahmung und Darstellung anderer Charaktere oder Situationen mehr über sich selbst und andere zu erfahren. Diese Methode kann durch das Eintauchen in eine andere Person helfen, mit der anderen Perspektive mehr Möglichkeiten zu sehen. Durch das Wechseln der Perspektive auf den

»anderen Stuhl« kann man auch seine eigenen Reaktionen besser verstehen und neue Lösungsansätze entwickeln.

Als mir der Arzt im Krankenhaus gesagt hatte, dass ich nur noch wenige Tage zu leben hätte, überkam mich eine überwältigende Angst. Doch anstatt in Verzweiflung zu versinken, fasste ich einen Entschluss: Ich würde gesund werden, gegen alle Widrigkeiten. Ich wusste, dass ich dafür eine immense innere Stärke benötigen würde, und erinnerte mich damals an die Techniken des Storytellings und des Rollenspiels, die mir in der Vergangenheit schon manchmal geholfen hatten.

Zuerst begann ich, meine Geschichte im Kopf quasi umzuschreiben. In meiner Vorstellung war ich nicht diejenige, die dem Tod entgegensah, sondern diejenige, die ihn überwand. Ich visualisierte mich selbst als starke, gesunde Frau, die den Ärzten und sich selbst beweist, dass Heilung möglich ist. Diese innere Geschichte gab mir Mut und Energie.

Im Rollenspiel schlüpfte ich in die Rolle einer erfahrenen Heilerin, die mir selbst erklärte, wie ich meine körperlichen und mentalen Ressourcen mobilisieren kann, um den Heilungsprozess zu unterstützen. Ich stellte mir vor, wie diese Heilerin mir Tipps gab, wie ich meinen Körper und Geist stärke. Diese Methode half mir, mein Bewusstsein zu schärfen, meinen Lebenswillen zu aktivieren und in eine Rolle zu schlüpfen, die es mir ermöglichte, meinen Heilungsweg hoffnungsvoll zu gehen.

Durch diese Kombination aus Storytelling und Rollenspiel gewann ich die Kraft, fest an meine Genesung zu glauben.

Die Gegenwart gestalten

Wer mein Krankenzimmer ein paar Monate zuvor gesehen hatte und es im Vergleich dazu jetzt sah, traute seinen Augen nicht. Das vormals triste kleine dunkle Zimmer war nun bunt. Wickie riss die Augen auf: »Unglaublich, der Raum sieht jetzt ganz anders aus! Nicht mehr wie in einem Krankenhaus, sondern wie in einem Gesundungshaus.« Bunte Bilder an den Wänden, frische Blumen auf dem Tisch, Motivationssprüche-Aufsteller, die farbenfrohe Tagesdecke auf meinem Bett und eine Figur, die für mich eine hohe Symbolkraft hat, die Prinzessinnen-Handpuppe, die mir ein afrikanisches Kind während meines Krankenhausaufenthaltes geschenkt hatte.

Wickie lachte. »Ja, und ich glaube, viele fänden es so schöner. Aber in einer Welt, in der alles schneller gehen muss, wird auch das oft vergessen«, sagte ich und zeigte auf die ehemals leeren Wände. »Dabei hilft uns die Ästhetik im Alltag, jeden Moment ganz besonders zu machen.«

Eine bekannte Medizinerin und Eigentümerin von außergewöhnlich schönen Krankenhäusern sagte mir einmal: »Ästhetik spielt eine bedeutende Rolle für das emotionale Wohlbefinden und die psychische Gesundheit, da sie positive emotionale Reaktionen und kognitive Anregung fördern kann.« Schöne und ästhetisch ansprechende Umgebungen können Stress reduzieren, die Stimmung heben und das allgemeine Wohlbefinden steigern. Studien zeigen, dass visuelle Reize wie harmonische Farben und ästhetische Formen Glücksgefühle auslösen können. (Mayer de Groot, 2018) Indem man bewusst ästhetische Elemente in den Alltag integriert – zum Beispiel eine liebevoll gestaltete Tischdekoration beim Essen oder ein entspannendes Baderitual mit ätherischen Ölen und Kerzenlicht – kann man die Sinne schärfen, sich selbst eine Freude bereiten und das Gefühl der Selbstwirksamkeit und Selbstpflege steigern. Ich lachte: »Diesen Raum erkennt man jetzt nicht mehr wieder. Wir haben einen Wohlfühlraum daraus gemacht.«

Bleibe neugierig …

»Was ist daaaas?« Ich holte die Prinzessinnen-Handpuppe, die schon ihr Alter hatte, von der Anrichte und gab sie vorsichtig meiner kleinen

Tochter. Sie schaute mich fragend an. »Die hat mir Kraft gegeben damals im Krankenhaus«, erklärte ich ihr. »Ich habe sie von einem afrikanischen Mädchen geschenkt bekommen, damit ich ein Leben voller Glück bekomme. Sie hatte von mir gehört und wollte mir helfen.« Meine Tochter fuhr vorsichtig mit ihren Fingern durch die Wollfaden-Haare der Prinzessin. »Gibt sie dir heute auch noch Kraft?« Ich lachte: »Ja, klar! Die hat mir zur Seite gestanden, vor ein paar Jahren, als gar nicht klar war, ob ich es schaffe, zu überleben, ob ich jemals wieder gehen und ob ich jemals Kinder bekommen kann. Danke, dass es dich gibt, Schatz.« »Danke, dass es dich gibt, Mama.« »Ich bin gleich wieder da, ich bin kurz weg, in einem Café am See verabredet. Du weißt schon mit wem, mit der Ärztin, die mir damals zur Seite gestanden hat.«

Schlusswort

Dieses Buch ist aus dem tiefen Wunsch heraus entstanden, dir zu helfen, dich selbst zu lieben, Lebensfreude zu finden und eine jugendliche Ausstrahlung zu bewahren. Meine eigene Reise war voller Herausforderungen – von einem Unfall mit dramatischen Folgen bis hin zum Wiedererstarken, zu Vitalität und Jugendlichkeit nach zahlreichen Operationen. Diese Erlebnisse haben mich gelehrt, dass wir die Kraft in uns selbst finden müssen, um unser Leben positiv zu verändern.

Ich möchte dir zeigen, dass es möglich ist, auch in den dunkelsten Zeiten Licht zu finden. Du bist nicht allein. Mit den passenden Werkzeugen und der richtigen Einstellung kannst du dein Leben in eine Richtung lenken, die dich erfüllt und glücklich macht. Mein Ziel ist es, dir das Wissen und die Inspiration zu geben, die du brauchst, um dein volles Potenzial zu entfalten.

Durch Self-Leadership kannst du die Verantwortung für dich übernehmen und wirklich leben. Es geht darum, bewusste Entscheidungen zu treffen und für deine Gesundheit und dein Wohlbefinden einzustehen. Diese Selbstführung wird nicht nur dein eigenes Leben bereichern, sondern auch dazu beitragen, dass wir gemeinsam eine bessere und bewusstere Welt schaffen.

In meinem Buch teile ich nicht nur meine persönlichen Erfahrungen, sondern auch wertvolle Tipps und Übungen, die dir helfen, deinen eigenen genetischen Glückscode zu entdecken. Ich möchte, dass du leichter, jugendlicher und mit mehr Sinn durch dein Leben gehst. Deine Ausstrahlung und Freude sollen sich voll entfalten – von innen heraus.

Wenn du das Gefühl hast, dass du mehr aus dir machen möchtest, dann lade ich dich ein, diesen Weg mit mir zu gehen. Gemeinsam können wir alte Muster durchbrechen und neue, positive Gewohnheiten etablieren. Es ist nie zu spät, neu anzufangen und das Leben zu leben, das du dir wünschst.

Ich hoffe, dass mein Buch dir als Leitfaden und Inspiration dient. Lass uns gemeinsam daran arbeiten, besser und bewusster zu sein. Du hast die Macht, dein Leben zu verändern und deine Träume zu verwirklichen. Nutze sie.

Von Herzen danke ich dir, dass du bereit bist, diese Reise anzutreten. Möge der genetische Glückscode dir den Schlüssel zu einem erfüllten und glücklichen Dasein geben. Deine Zukunft beginnt jetzt, und ich freue mich darauf, dich auf diesem Weg zu begleiten.

EMBRACE YOU(RSELF)!

Literatur-
verzeichnis

Aerzteblatt (2013): Mittelmeer-Diät schützt vor Herzinfarkt und Schlaganfall. Unter: https://www.aerzteblatt.de/nachrichten/53537/Mittelmeer-Diaet-schuetzt-vor-Herzinfarkt-und-Schlaganfall, zuletzt abgerufen am 29.6.2024

Aerzteblatt (2017): Darmkrebs: Ballaststoffreiche Ernährung verbessert Überlebenschance. Unter: https://www.aerzteblatt.de/nachrichten/83290/Darmkrebs-Ballaststoffreiche-Ernaehrung-verbessert-Ueberlebenschance, zuletzt abgerufen am 29.6.2024

Aerzteblatt (2020): WHO gibt neue Aktivitätsempfehlungen heraus – »für die Gesundheit zählt jede Bewegung«, Ärzteblatt 26.11.2020. Unter: https://www.aerzteblatt.de/nachrichten/118657/WHO-gibt-neue-Aktivitaetsempfehlungen-heraus-fuer-die-Gesundheit-zaehlt-jede-Bewegung, zuletzt abgerufen am 30.6.2024

Algoe, S. B., Haidt, J., & Gable, S. L. (2008): Beyond reciprocity: Gratitude and relationships in everyday life. Emotion, 8(3), 425-429. doi:10.1037/1528-3542.8.3.425, Unter: https://psycnet.apa.org/doiLanding?doi=10.1037%2F1528-3542.8.3.425, zuletzt abgerufen am 29.6.2024

American Physiological Society (2006): Just the expectation of a mirthful laughter experience boosts endorphins 27 percent, HGH 87 percent. Unter: https://www.eurekalert.org/news-releases/816131, zuletzt abgerufen am 30.6.2024

American Psychological Association (2017): What is Cognitive Behavioral Therapy? Unter: https://www.apa.org/ptsd-guideline/patients-and-families/cognitive-behavioral, zuletzt abgerufen am 29.6.2024

Arnsten, Amy (2009): Stress signalling pathways that impair prefrontal cortex structure and function. Nat Rev Neurosci 10, 410–422 (2009). https://doi.org/10.1038/nrn2648. Unter: https://www.nature.com/articles/nrn2648#citeas, zuletzt abgerufen am 30.6.2024

Baumeister, Roy, Tierney, John (2019): The Power of Bad. How the Negativity Effect Rules Us and How We Can Rule It. New York: Penguin Press

Bechthold, Angela (2013): Blutgruppendiäten ohne bewiesenen Nutzen. In: Deutsche Gesellschaft für Ernährung, online unter: https://www.dge.de/presse/meldungen/2011-2018/blutgruppendiaeten-ohne-bewiesenen-nutzen/, zuletzt abgerufen am 16.8.2024

Bennett, Peter et al. (2003): Salivary cortisol, stress, anxiety and depression. Unter: https://research-information.bris.ac.uk/en/publications/salivary-cortisol-stress-anxiety-and-depression, zuletzt abgerufen am 30.6.2024

Berk, Lee et al. (1989): Neuroendocrine and Stress Hormone Changes During Mirthful Laughter. The American Journal of the Medical Sciences Volume 298, Issue 6, December 1989, Pages 390-396. Unter: https://www.sciencedirect.com/science/article/abs/pii/S0002962915361929, zuletzt abgerufen am 30.6.2024

Berk, Lee et al. (2001): Modulation of neuroimmune parameters during the eustress of humor-associated mirthful laughter. Altern Ther Health Med 2001 Mar, 7(2):62-72, 74-6. Unter: https://pubmed.ncbi.nlm.nih.gov/11253418/, zuletzt abgerufen am 30.6.2024

Blackburn, Elizabeth, Epel, Elissa (2013): Verkappte Gefahr. Telomere. Spektrum 1010.2013. Unter: https://www.spektrum.de/magazin/verkappte-gefahr/1206737, zuletzt abgerufen am 30.6.2024

Bodie, Graham et al. (2013): The Temporal Stability and Situational Contingency of Active-Empathic Listening. Western Journal of Communication Volume 77, 2013, Issue 2: ADVANCES IN RELATIONAL DYNAMICS

RESEARCH, pp. 113-138. https://doi.org/10.1080/10570314.2012.656216. Unter: https://www.tandfonline.com/doi/abs/10.1080/10570314.2012.656216, zuletzt abgerufen am 30.6.2024

Bohn, Ursula, Crummenerl, Claudia und Schaefer, Dominique (2017): Culture First! Von den Vorreitern des digitalen Wandels lernen. Change-Management Studie 2017. CapGemini. Unter: https://www.capgemini.com/consulting-de/wp-content/uploads/sites/32/2017/10/change-management-studie-2017.pdf, zuletzt abgerufen am 29.6.2024

Branden, Nathaniel (1995): Six Pillars of Self-Esteem: The Definitive Work on Self-Esteem by the Leading Pioneer in the Field. New York: Random House Publishing Group

Brandstötter, Lisa-Maria (2018): Musik und Drogen. Masterarbeit. Universität Wien. Unter: https://services.phaidra.univie.ac.at/api/object/o:1345776/get, zuletzt abgerufen am 30.6.2024

Bradt, Joke, Dileo, Cheryl (2015): Music for stress and anxiety reduction in coronary heart disease patients. Cochrane Database Syst Rev 2009 Apr 15:(2):CD006577. doi: 10.1002/14651858.CD006577.pub2. Unter: https://pubmed.ncbi.nlm.nih.gov/19370642/, zuletzt abgerufen am 30.6.2024

Bratman, Gregory et al. (2015): Nature experience reduces rumination and subgenual prefrontal cortex activation. doi: 10.1073/pnas.1510459112. Unter: https://pubmed.ncbi.nlm.nih.gov/26124129/, zuletzt abgerufen am 30.6.2024

Breathball (2023): Besser schlafen mit der 4:7:8 Atemtechnik von Dr. Weil. Unter: https://breathball.com/de/atemubung/besser-schlafen-mit-der-478-atemtechnik-von-dr-weil/, zuletzt abgerufen am 30.6.2024

Brown, Brene (2015): Daring Greatly: How the Courage to Be Vulnerable Transforms the Way We Live, Love, Parent, and Lead. New York: Penguin Random House

Bundeszentrum für Ernährung (2024): Ernährungspyramide: Was esse ich? In: BZFE, online unter: https://www.bzfe.de/ernaehrung/die-ernaehrungspyramide/die-ernaehrungspyramide-eine-fuer-alle/ernaehrungspyramide-was-esse-ich/, zuletzt abgerufen am. 16.8.2024

Buscher, Konrad (2015): Musik und Gehirn. Facharztwissen 20.8.2015. Unter: https://www.medicoconsult.de/musik_und_gehirn/#Froehliche_und_traurige_Musik, zuletzt abgerufen am 30.6.2024

Cikara, Mina, Fiske, Susan T. (2012): Stereotypes and schadenfreude: Behavioral and physiological markers of pleasure at others' misfortunes. Social Psychological and Personality Science, 3, Seiten 63-71.

Conner, Tamlin (2018): Everyday creative activity as a path to flourishing. Unter: https://libres.uncg.edu/ir/uncg/f/P_Silvia_Everyday_2018.pdf, zuletzt abgerufen am 29.6.2024

DKV (2024): Dash-Diät bei hohem Blutdruck. In: DKV.com, online unter: https://www.dkv.com/herzgesundheit-dash-diaet-bei-hohem-blutdruck.html, zuletzt abgerufen am 16.8.2024.

D'Adamo, Peter (2017): J' 4 Blutgruppen – 4 Strategien für ein gesundes Leben. München: Piper

Doidge, Norman (2007): The Brain That Changes Itself: Stories of Personal Triumph from the Frontiers of Brain Science. USA: James H. Silberman Books

Donnersberg-Apotheke (2024): Was passiert im Körper beim Fasten? In: https://www.donnersbergapotheke-darmstadt.de/leistungen/heilfasten, zuletzt aufgerufen am 25.11.2024

Duckworth, Angela (2016): Grit: The Power of Passion and Perseverance. New York: Scribner

Dweck, Carol (2007): Mindset: The New Psychology of Success. New York: Ballantine Books

Deutsche Gesellschaft für Ernährung (DGE; 2024): Gut essen und trinken – die DGE-Empfehlungen. Unter: https://www.dge.de/gesunde-ernaehrung/gut-essen-und-trinken/dge-empfehlungen/, zuletzt abgerufen am 29.6.2024

Emmons, Robert A., McCullough, Michael E. (2003): Counting blessings versus burdens: An experimental investigation of gratitude and subjective well-being in daily life. Journal of Personality and Social Psychology, 84(2), 377-389. doi:10.1037/0022-3514.84.2.377, Unter: https://psycnet.apa.org/doiLanding?doi=10.1037%2F0022-3514.84.2.377, zuletzt abgerufen am 30.6.2024

Emmons, Robert A., Stern, Robin (2013): Gratitude as a psychotherapeutic intervention. Journal of Clinical Psychology, 69(8), 846-855. doi:10.1002/jclp.22020. Unter: https://greatergood.berkeley.edu/, zuletzt abgerufen am 29.6.2024

Faster Capital (2023): Bewusstes Leben dankbares Leben Dankbares Leben Das Herz des bewussten Lebens. In: Faster Capital, online unter: https://fastercapital.com/de/inhalt/Bewusstes-Leben--dankbares-Leben--Dankbares-Leben--Das-Herz-des-bewussten-Lebens.html, zuletzt abgerufen am 16.8.2024

Fitterer, Christine (2024): Was ist Achtsamkeit? In: Mindful Work, online unter: https://mindfulwork.de/de/was-ist-achtsamkeit/, zuletzt abgerufen am 16.8.2024

Fredrickson, Barbara (2001): The Role of Positive Emotions in Positive Psychology. The Broaden-and-Build Theory of Positive Emotions. Am Psychol. 2001 Mar; 56(3): 218–226. doi: 10.1037//0003-066x.56.3.218. Unter: https://www.ncbi.nlm.nih.gov/pmc/articles/PMC3122271/, zuletzt abgerufen am 30.6.2024

Gallup (2021): Employee Engagement. Survey.
Unter: https://www.gallup.com/394373/indicator-employee-engagement.aspx, zuletzt abgerufen am 30.6.2024

Gladwell, Malcolm (2007): Blink: The Power of Thinking Without Thinking. NewYork: Back Bay Books

Göldner, Adrian (2020): Interview – Wie Meditation das Gehirn verändert – Sara Lazar. Unter: https://www.mentalegesundheit.com/post/interview-wie-meditation-das-gehirn-veraendert-sara-lazar, zuletzt abgerufen am 30.6.2024

Grammalry (2023): Die 12 Schritte der Heldenreise. In: Grammarly 28.9.2023, online unter: https://www-grammarly-com.translate.goog/blog/heros-journey/?_x_tr_sl=en&_x_tr_tl=de&_x_tr_hl=de&_x_tr_pto=rq, zuletzt abgerufen am 21.8.2024

Greater Good Science Center at UC Berkeley (2018): The Science of Gratitude. A white paper prepared for the John Templeton Foundation. Unter: https://ggsc.berkeley.edu/images/uploads/GGSC-JTF_White_Paper-Gratitude-FINAL.pdf, zuletzt abgerufen am 30.6.2024

Großmann-Krieger, Julia (2016): Forschung: Warum uns das Helfen glücklich macht. In: Geo 4, online unter: https://www.geo.de/wissen/gesundheit/20164-rtkl-forschung-warum-uns-das-helfen-gluecklich-macht, zuletzt abgerufen am 16.8.2024.

Harlis, Frauke (2019): Wie Dankbarkeit dein Gehirn verändert In: Gönn dir 6 Minuten, online unter: https://6minutenverlag.de/blogs/article/wie-dankbarkeit-dein-gehirn-veraendert?srsltid=AfmBOoqirXL3apNmOkJbiKj1kyf1O1sXBFqYxp-tlJ-la3W7tuBX7Q_O, zuletzt abgerufen am 16.8.2024

Harvard Health Publishing (2011): In Praise of Gratitude. Harvard Health Publishing. Unter: https://www.health.harvard.edu/blog/in-praise-of-gratitude-201211215561, zuletzt abgerufen am 30.6.2024

Harvard University (2015): Supportive Relationships and Active Skill-Building Strengthen the Foundations of Resilience. WORKING PAPER 13. Unter: http://developingchild.harvard.edu/wp-content/uploads/2015/05/The-Science-of-Resilience1.pdf, zuletzt abgerufen am 30.6.2024

Hay, Howard (1999): Trennkost. Heitersheim: Eurobuch

Hay, Louise (1991): The Power is within you. New York: Hay House
Heather, Brandy (2023): Rediscover the Lost Art of Play as an Adult. Unter: https://changesbigandsmall.com/rediscover-play-as-an-adult/, zuletzt abgerufen am 29.6.2024

Heather, Brandy (2023): Rediscover the Lost Art of Play as an Adult. Unter: https://changesbigandsmall.com/rediscover-play-as-an-adult/, zuletzt abgerufen am 29.6.2024

Hecht, Benjamin (2024): Wie viel Zucker am Tag ist gesund? Diesen Wert empfehlen Fachleute. Unter: https://utopia.de/ratgeber/wie-viel-zucker-am-tag-ist-gesund-diesen-wert-empfehlen-fachleute/, zuletzt abgerufen am 29.6.2024

Hennig, Julia-Sarah (2024): Wasserreiche Lebensmittel – Warum Wasser essen sich lohnt. In: Foodspring, online unter: https://www.foodspring.de/magazine/wasserreiche-lebensmittel, zuletzt abgerufen am 16.8.2024

Heinig, Silke (2019): Heilende Wirkung auf die Psyche. In: NZZ 25.11.2019, online unter: https://jobs.nzz.ch/ratgeber/artikel/482/heilende-wirkung-auf-die-psyche, zuletzt abgerufen am 16.8.2024

Hoch, Eva, Schneider, Miriam (2018): Ergebnisse der CaPRis-Studie. Cannabis: Potential und Risiken. Eine wissenschaftliche Analyse. Unter: https://www.bundesgesundheitsministerium.de/fileadmin/Dateien/5_Publikationen/Drogen_und_Sucht/Berichte/Broschuere/BMG_CaPris_A5_Info_web.pdf, zuletzt abgerufen am 29.6.2024

Hölzel, Britta et al. (2011): How Does Mindfulness Meditation Work? Proposing Mechanisms of Action From a Conceptual and Neural Perspective. Perspect Psychol Sci. 2011 Nov;6(6):537-59. doi: 10.1177/1745691611419671. Unter: https://pubmed.ncbi.nlm.nih.gov/?term=H%C3%B6lzel+BK&cauthor_id=26168376, zuletzt abgerufen am 29.6.2024

Hof, Wim (2021): Die Wim-Hof-Methode: Sprenge deine Grenzen und aktiviere dein volles Potenzial. Mit der Kraft der Kälte, bewusster Atmung und mentaler Stärke gesünder, leistungsfähiger und glücklicher werden. München: Integral

Holt-Lunstad, Julianne et al. (2010): Social Relationships and Mortality Risk: A Meta-analytic Review. Unter: https://journals.plos.org/plosmedicine/article/file?type=printable&id=10.1371/journal.pmed.1000316, zuletzt abgerufen am 30.6.2024

ISF Crew (2022): The Benefits of Practicing Mindful Meditation: How it Can Help You Live a Happier, Healthier Life. Unter: https://medium.com/@isfcrew/the-benefits-of-practicing-mindful-meditation-how-it-can-help-you-live-a-happier-healthier-life-c72548704d95, zuletzt abgerufen am 30.6.2024

Jerath, Ravinder et al. (2006): Physiology of long pranayamic breathing: Neural respiratory elements may provide a mechanism that explains how slow deep breathing shifts the autonomic nervous system. Unter: https://pubmed.ncbi.nlm.nih.gov/16624497/, zuletzt abgerufen am 30.6.2024

Kabat-Zinn, Jon (2003): Mindfulness-Based Stress Reduction: The Evolution of a Mindfulness-Based Stress Reduction Program. Unter: https://www.sciencedirect.com/science/article/abs/pii/S1744388107000540, zuletzt abgerufen am 30.6.2024

Korczak, Dieter, Kister, Christine (2013): Wirksamkeit von Diäten zur nachhaltigen Gewichtsreduktion bei Übergewicht und Adipositas. Schriftenreihe Health Technology Assessment, Bd. 127.. DOI: 10.3205/hta000112L. Unter: https://portal.dimdi.de/de/hta/hta_berichte/hta345_bericht_de.pdf, zuletzt abgerufen am 30.6.2024

Kowianski, Przemyslaw et al. (2018): BDNF: A Key Factor with Multipotent Impact on Brain Signaling and Synaptic Plasticity. Cell Mol Neurobiol 2018 Apr, 38(3): pp. 579-593. doi: 10.1007/s10571-017-0510-4. Unter: https://pubmed.ncbi.nlm.nih.gov/28623429/, zuletzt abgerufen am 30.6.2024

Kushi, Michio, Kushi, Aveline (2006): Das grosse Buch der makrobiotischen Ernährung und Lebensweise: Ausgeglichen Essen für ein harmonisches Leben. Berlin: Ost-West-Verlag

Lahiri, Vikramjit et al. (2019): Watch What You (Self-) Eat: Autophagic Mechanisms that Modulate Metabolism. https://doi.org/10.1016/j.cmet.2019.03.003
Autophagy. Unter: https://www.cell.com/cell-metabolism/pdf/S1550-4131(19)30131-7.pdf, zuletzt abgerufen am 30.6.2024

Landry, Lauren (2020): Why Managers Should Involve Their Team in the Decision-Making Process. Harvard Business School Online 5.3.2020. Unter: https://online.hbs.edu/blog/post/team-decision-making, zuletzt abgerufen am 29.6.2024

Li, Guiyi et al (2020): How experience shapes the brain. In: eLifesciences 15.03.3030, Unter: https://elifesciences.org/digests/52743/how-experience-shapes-the-brain, zuletzt abgerufen am 29.6.2024

Massachusetts General Hospital (2023): Our strength is yours. In: Massachusetts General Hospital, online unter: https://www.massgeneral.org/, zuletzt abgerufen am 29.6.2024.

Masten, Ann (2001): Ordinary magic: Resilience processes in development. American Psychologist, 56(3), 227–238. https://doi.org/10.1037/0003-066X.56.3.227. Unter: https://psycnet.apa.org/record/2001-00465-004, zuletzt abgerufen am 30.6.2024

Mayer de Groot, Ralf et al. (2018): Die unbewusste Macht & Wirkung von Farben in Design und Marketing: Verblüffende Neuigkeiten der Farbpsychologie, Hirn- & Marktforschung sowie Behavioral Economics. Unter: http://www.mayerdegroot.com/fileadmin/downloads/de/Veroeffentlichungen-2018/Die_unbewusste_Macht_von_Farben_in_Design_und_Marketing.pdf, zuletzt abgerufen am 30.6.2024

Mayo Clinic Stuff (2022): Exercise and stress: Get moving to manage stress. Unter: https://www.mayoclinic.org/healthy-lifestyle/stress-management/in-depth/exercise-and-stress/art-20044469, zuletzt abgerufen am 30.6.2024

Mayo Clinic Stuff (2023b): Healthy Lifestyle: Stress Management. In: Mayo Clinic, online unter: https://www.mayoclinic.org/healthy-lifestyle/stress-management/in-depth/stress-relief/art-20044456, zuletzt abgerufen am 16.8.2024

Mayo Clinic Stuff (2023): Meditation: A simple, fast way to reduce stress. Unter: https://www.mayoclinic.org/tests-procedures/meditation/in-depth/meditation/art-20045858, zuletzt abgerufen am 30.6.2024

McEwen, Bruce (2007): Physiology and neurobiology of stress and adaptation: central role of the brain. Physiological Reviews 2007 Jul; 87(3): pp. 873-904. doi: 10.1152/physrev.00041.2006. Unter: https://pubmed.ncbi.nlm.nih.gov/17615391/, zuletzt abgerufen am 30.6.2024

McGreevey, Sue (2011): Eight weeks to a better brain. Meditation study shows changes associated with awareness, stress. The Harvard Gazette 21.1.2011. Unter: https://news.harvard.edu/gazette/story/2011/01/eight-weeks-to-a-better-brain/, zuletzt abgerufen am 30.6.2024

MDR (2022): Besser altern: Optimismus verlängert das Leben. Unter: https://www.mdr.de/wissen/medizin-gesundheit/besser-alt-werden-optimisten-leben-laenger-102.html, zuletzt abgerufen am 30.6.2024

MedMedia (2019): Metaanalyse: Vollkornprodukte können das Diabetes-Risiko senken. Unter: https://www.medmedia.at/relatus-med/metaanalyse-vollkornprodukte-koennen-das-diabetes-risiko-senken/, zuletzt abgerufen am 30.6.2024

Meier, Susanne (2024): Makrobiotik – Ein langes Leben durch Krebsprävention. Unter: https://www.zentrum-der-gesundheit.de/krankheiten/krebserkrankungen/krebspraevention/makrobiotik, zuletzt abgerufen am 30.6.2024

Merck (2015): Status der Neugier. Überblick. Unter: https://www.merck-group.com/company/curiosity/status-curiosity-report-de.pdf, zuletzt abgerufen am 29.6.2024

Metzner, Susanne, Busch, Veronika (2015): Musik in der Depressionsbehandlung aus musiktherapeutischer und musikpsychologischer Sicht. In: Bernatzky, G., Kreutz, G. (Herausgeber): Musik und Medizin. Springer, Wien. doi.org/10.1007/978-3-7091-1599-2_14. Unter: https://link.springer.com/chapter/10.1007/978-3-7091-1599-2_14#citeas, zuletzt abgerufen am 30.6.2024

Michler, Inga (2019): Der wahre Schlüssel zum längeren Leben. In: Welt. Wirtschaft, 10.7.2019. Unter: https://www.welt.de/wirtschaft/karriere/bildung/article196601069/Lebenslanges-Lernen-Wer-laenger-lernt-lebt-auch-laenger.html, zuletzt abgerufen am 29.6.2024

National Cancer Institute (2020): Physical Activity and Cancer. Unter: https://www.cancer.gov/about-cancer/causes-prevention/risk/obesity/physical-activity-fact-sheet, zuletzt abgerufen am 30.6.2024

Neff, Kristin (2019): Selbstmitgefühl – Das Übungsbuch: Ein bewährter Weg zu Selbstakzeptanz, innerer Stärke und Freundschaft mit sich selbst. Freiburg: Arbor

New Work Hub (o. J.): Dein Guide für Talentmanagement in der New Work-Ära. New Work Blog. Unter: https://newworkhub.de/blog/guide-talentmanagement-new-work, zuletzt abgerufen am 29.6.2024

Oberliesen, Elise (2023): Need a Change? Go for a Walk. AARP 3.10.2023. Unter: https://blog.aarp.org/staying-sharp/need-change-mindful-walking/, zuletzt abgerufen am 30.6.2024

Petschnegg, Laura (2024): Das innere Kind heilen. Unter: https://www.zentrum-der-gesundheit.de/bibliothek/ratgeber/lebenshilfe/inneres-kind, zuletzt abgerufen am 29.6.2024

Phelps, Elizabeth et al. (2013): Emotion and Decision Making: Multiple Modulatory Neural Circuits. Annual Review of Neuroscience 37(1) July 2013 37(1). DOI:10.1146/annurev-neuro-071013-014119. Unter: https://www.researchgate.net/publication/262930669_Emotion_and_Decision_Making_Multiple_Modulatory_Neural_Circuits, zuletzt abgerufen am 30.6.2024

Powell, Alvin (2018): When science meets mindfulness. Researchers study how it seems to change the brain in depressed patients. The Harvard Gazette 9.4.2018. Unter: https://news.harvard.edu/gazette/story/2018/04/harvard-researchers-study-how-mindfulness-may-change-the-brain-in-depressed-patients/, zuletzt abgerufen am 29.6.2024

Ratey, John J. (2008): Spark: The revolutionary new science of exercise and the brain. Unter: Journal of Autism and Developmental Disorders 44(4), April 2014, DOI:10.1007/s10803-014-2044-7.
Unter: https://www.researchgate.net/publication/263612030_John_J_Ratey_2008_Spark_The_revolutionary_new_science_of_exercise_and_the_brain_Unabridged_9_hours_28_minutes, zuletzt abgerufen am 29.6.2024.

Rouleau, Codie et al. (2015): The impact of mindfulness-based interventions on symptom burden, positive psychological outcomes, and biomarkers in cancer patients. Cancer Manag Res. 2015; 7: 121–131. Published online 2015 Jun 1. doi: 10.2147/CMAR.S64165.
Unter: https://www.ncbi.nlm.nih.gov/pmc/articles/PMC4457221/, zuletzt abgerufen am 30.6.2024

Rosenthal, Robert, Jacobson, Lenore (1968): Pygmalion in the classroom. The Urban review Volume 3, pages 16-20, https://doi.org/10.1007/BF02322211. Unter: https://link.springer.com/article/10.1007/BF02322211#citeas, zuletzt abgerufen am 30.6.2024

Sapolsky, Robert (2004): Why Zebras Don't Get Ulcers. 3rd edition. New York: Henry Holt and Company.

Schneider, Maren (2019): Stressfrei durch Meditation. München: O.W. Barth

Segerstrom, Suzanne, Miller, Gregory (2004): Psychological stress and the human immune system: a meta-analytic study of 30 years of inquiry, Psychol Bull. 2004 Jul;130(4):601-30. doi: 10.1037/0033-2909.130.4.601. Unter: https://pubmed.ncbi.nlm.nih.gov/15250815/, zuletzt abgerufen am 29.6.2024

Sonamedic (2024): Selbstmitgefühl – Sei dir selbst ein guter Freund. Unter: https://sonamedic.de/wissen/selbstmitgefuehl/, zuletzt abgerufen am 30.6.2024

Sin, Nancy (2016): The Protective Role of Positive Well-Being in Cardiovascular Disease: Review of Current Evidence, Mechanisms, and Clinical Implications. Curr Cardiol Rep. 2016 Nov; 18(11): 106. doi: 10.1007/s11886-016-0792-z. Unter: https://www.ncbi.nlm.nih.gov/pmc/articles/PMC5060088/, zuletzt abgerufen am 30.6.2024

Tang, Wanxin et al. (2021): Touch-Based Stressless Cortisol Sensing. Advanced Materials, Volume33, Issue18, 6.5. 2021, https://doi.org/10.1002/adma.202008465. Unter: https://onlinelibrary.wiley.com/doi/abs/10.1002/adma.202008465, zuletzt abgerufen am 30.6.2024

The Decision Lab (2024): Daniel Kahneman. The Father of Behavioral Science. Unter: https://thedecisionlab.com/thinkers/economics/daniel-kahneman, zuletzt abgerufen am 30.6.2024

Tschech, Bärbel (2022): Fastenmethoden, Fasten – Auszeit für Körper und Geist, in: Pascoe, https://www.pascoe.de/anwendungsbereiche/abnehmen-fasten/fasten.html, zuletzt abgerufen am 25.11.2024

University of Michigan (2017): HRS Psychosocial and Lifestyle Questionnaire 2006-2016. Unter: https://hrs.isr.umich.edu/publications/biblio/9066, zuletzt abgerufen am 30.6.2024

University of Pennsylvania (2012): Authentic Happiness.
Unter: https://www.authentichappiness.sas.upenn.edu/resources, zuletzt abgerufen am 29.6.2024

Von Walden (2024): Gluten – Ein Problemprotein im Kreuzverhör. Unter: https://www.vanwalden.com/gluten-problemprotein/, zuletzt abgerufen am 29.6.2024

Wood, Wendy, Neal, David T. (2007): A new look at habits and the habit-goal interface. Psychological Review, 114(4), 843–863. https://doi.org/10.1037/0033-295X.114.4.843. Unter: https://psycnet.apa.org/record/2007-13558-001, zuletzt abgerufen am 30.6.2024

WHO (2014): Welthungerindex: Zwei Milliarden Menschen leiden an Mikronährstoffmangel. Unter: https://www.weltagrarbericht.de/aktuelles/nachrichten/news/de/29864.html, zuletzt abgerufen am 30.6.2024

WHO (2022): Fünf Empfehlungen zur Reduzierung der Salzzufuhr für ein längeres und gesünderes Leben. Unter: https://www.who.int/europe/de/home/14-03-2022-5-recommendations-to-reduce-salt-intake-to-live-longer-and-healthier-lives, zuletzt abgerufen am 30.6.2024

WHO (2023): Anxiety disorders. Unter: https://www.who.int/news-room/fact-sheets/detail/anxiety-disorders, zuletzt abgerufen am 30.6.2024

Yuan, Xiaojie (2022): Effect of Intermittent Fasting Diet on Glucose and Lipid Metabolism and Insulin Resistance in Patients with Impaired Glucose and Lipid Metabolism: A Systematic Review and Meta-Analysis. International Journal of Endocrinoloty 24.3.2022. https://doi.org/10.1155/2022/6999907, zuletzt abgerufen am 30.6.2024

Zahn, R., Garrido, G., Moll, J., & Grafman, J. (2009): Individual differences in posterior cortical volume correlate with proneness to pride and gratitude. Social Cognitive and Affective Neuroscience, 9(5), 650-656. doi:10.1093/scan/nsp005, Unter: https://www.ncbi.nlm.nih.gov/pmc/articles/PMC2779191/, zuletzt abgerufen am 30.6.2024

Glossar

A

- **Achtsamkeit:** Die bewusste Wahrnehmung des gegenwärtigen Moments ohne Bewertung; hilft, Stress zu reduzieren und das Wohlbefinden zu steigern.
- **Antioxidantien:** Substanzen, die schädliche freie Radikale im Körper neutralisieren und Zellschäden vorbeugen.
- **Aminosäuren:** Bausteine von Proteinen, die wichtig für den Aufbau von Muskeln und die allgemeine Körperfunktion sind.

B

- **B-Vitamine:** Eine Gruppe von Vitaminen, die den Energiestoffwechsel unterstützen und für die Gesundheit von Nervensystem und Haut wichtig sind.
- **Burn-out:** Ein Zustand emotionaler, physischer und mentaler Erschöpfung, oft durch chronischen Stress verursacht.

C

- **Cortisol:** Ein Stresshormon, das den Energiehaushalt und die Reaktion des Körpers auf Stress reguliert.

D

- **Darmflora:** Die Gesamtheit der Mikroorganismen im Darm, die für die Verdauung und das Immunsystem wichtig sind.
- **Dopamin:** Ein Neurotransmitter, der für Motivation, Belohnung und Glücksgefühle verantwortlich ist.
- **Detox:** Ein Prozess oder eine Diät zur Entgiftung des Körpers, meist durch Verzicht auf bestimmte Lebensmittel und Getränke.

E

- **Endorphine:** Glückshormone, die im Körper bei Bewegung und Freude freigesetzt werden und Schmerzen lindern.
- **Ernährungspyramide:** Ein visuelles Modell, das zeigt, wie eine ausgewogene Ernährung aus verschiedenen Lebensmittelgruppen zusammengesetzt ist.
- **Eisen:** Ein essenzielles Mineral, das für den Sauerstofftransport im Blut und die Energieproduktion notwendig ist.

F

- **Folsäure:** Ein B-Vitamin, das besonders in der Schwangerschaft wichtig ist und zur Zellteilung beiträgt.

G

- **Gluten:** Ein Protein, das in Weizen und anderen Getreiden vorkommt und bei manchen Menschen Verdauungsprobleme verursachen kann.
- **GABA (Gamma-Aminobuttersäure):** Ein Neurotransmitter, der zur Beruhigung des Nervensystems beiträgt und Angst reduziert.

H

- **Hormone:** Chemische Botenstoffe, die verschiedene Funktionen im Körper wie Stoffwechsel, Wachstum und Emotionen steuern.
- **Hydration:** Die Aufrechterhaltung des Flüssigkeitshaushalts im Körper durch ausreichendes Trinken.
- **Hypertonie:** Medizinischer Begriff für Bluthochdruck, der durch chronischen Stress und ungesunde Ernährung verursacht werden kann.

I

- **Immunsystem:** Das Abwehrsystem des Körpers gegen Krankheitserreger; kann durch eine ausgewogene Ernährung und Stressmanagement gestärkt werden.
- **Intermittierendes Fasten:** Eine Ernährungsweise, bei der zwischen Ess- und Fastenphasen gewechselt wird, um den Stoffwechsel zu unterstützen.

J

- **Journaling:** Das regelmäßige Aufschreiben von Gedanken und Gefühlen als Methode zur Selbstreflexion und Stressbewältigung.

K

- **Kalzium:** Ein Mineral, das für den Aufbau und die Erhaltung starker Knochen und Zähne notwendig ist.
- **Kombucha:** Ein fermentiertes Getränk, das reich an Probiotika ist und die Darmgesundheit fördern kann.
- **Kognitiv:** Bezug auf mentale Prozesse wie Denken, Erinnern, Problemlösen und Entscheidungsfindung.

M

- **Meditation:** Eine Praxis der Achtsamkeit und inneren Ruhe, die durch Konzentration auf den Atem oder ein Mantra erreicht wird.
- **Magnesium:** Ein essenzielles Mineral, das für Muskelfunktion, Nervenübertragung und Herzgesundheit wichtig ist.
- **Mindfulness-Based Stress Reduction (MBSR):** Ein Programm zur Stressbewältigung durch Achtsamkeitstechniken, entwickelt von Jon Kabat-Zinn.

N

- **Nährstoffdichte:** Ein Maß für den Gehalt an Nährstoffen in einem Lebensmittel im Verhältnis zu seiner Kalorienmenge.
- **Neurotransmitter:** Chemische Botenstoffe im Gehirn, die Signale zwischen Nervenzellen übertragen und unser Verhalten beeinflussen.

O

- **Omega-3-Fettsäuren:** Essenzielle Fettsäuren, die entzündungshemmend wirken und für Herzgesundheit und Gehirnfunktion wichtig sind.
- **Oxytocin:** Ein Hormon, das bei sozialer Bindung und Stressabbau eine Rolle spielt, oft als »Kuschelhormon« bezeichnet.

P

- **Probiotika:** Lebende Mikroorganismen, die die Darmgesundheit unterstützen und das Immunsystem stärken.

Q

- **Qi (Chi):** In der traditionellen chinesischen Medizin die Lebensenergie, die durch den Körper fließt und Gesundheit und Wohlbefinden beeinflusst.

R

- **Resilienz:** Die Fähigkeit, sich von Stress, Herausforderungen und Rückschlägen zu erholen und gestärkt daraus hervorzugehen.

S

- **Serotonin:** Ein Neurotransmitter, der für die Regulierung von Stimmung, Schlaf und Appetit verantwortlich ist.
- **Selbstmitgefühl:** Die Fähigkeit, sich selbst mit Verständnis, Freundlichkeit und Akzeptanz zu begegnen, besonders in schwierigen Zeiten.

T

- **Tiefenentspannung:** Ein Zustand tiefer körperlicher und geistiger Ruhe, der durch Praktiken wie Meditation oder Yoga Nidra erreicht werden kann.

U

- **Ungesättigte Fette:** Gesunde Fette, die in pflanzlichen Ölen, Nüssen und Samen vorkommen. Sie unterstützen die Herzgesundheit und können den Cholesterinspiegel senken.

V

- **Vitamin C:** Ein wasserlösliches Vitamin, das als starkes Antioxidans wirkt, das Immunsystem stärkt und die Hautgesundheit fördert. Reichlich vorhanden in Zitrusfrüchten und Paprika.

W

- **Wasserhaushalt:** Die Balance der Flüssigkeitszufuhr und -ausscheidung im Körper, die für alle physiologischen Prozesse entscheidend ist. Eine ausreichende Hydration ist wichtig für die allgemeine Gesundheit.

- **Wellness:** Ein umfassendes Konzept, das körperliche, geistige und emotionale Gesundheit umfasst. Es schließt oft Praktiken wie gesunde Ernährung, Bewegung und Entspannung ein.

Y

- **Yin und Yang:** Konzepte aus der chinesischen Medizin, die das Gleichgewicht zwischen entgegengesetzten Kräften im Körper darstellen. Yin steht für Ruhe und Passivität, Yang für Aktivität und Energie.

- **Yoga Nidra:** Eine Tiefenentspannungstechnik, die auch als »yogischer Schlaf« bekannt ist. Sie führt zu tiefem inneren Frieden und mentaler Erholung, oft durch geführte Meditation.

- **Yogi:** Eine Person, die Yoga praktiziert und die Prinzipien des Yoga in ihrem Leben integriert. Kann auch jemand sein, der tiefe spirituelle Erkenntnisse durch Yoga und Meditation sucht.

Z

- **Zink:** Ein Mineral, das für das Immunsystem, die Wundheilung und den Zellstoffwechsel wichtig ist. In Lebensmitteln wie Nüssen, Samen und Fleisch enthalten.
- **Zen:** Eine Form des Buddhismus und eine Meditationspraxis, die auf Achtsamkeit und innerer Ruhe basiert. Ziel ist es, den Geist zu klären und ein tiefes Verständnis der Realität zu erlangen.